新・MINERVA
福祉ライブラリー
34

福祉専門職のための
統合的・多面的アセスメント

相互作用を深め最適な支援を導くための基礎

渡部律子 著

ミネルヴァ書房

まえがき

　私は，まだ社会福祉士の資格などなかった1970年代に社会福祉実習を行った。その当時実習からの帰り道，「もし，私に魔法が使えたら」という子どもじみたことを考え続けていたが，私のような実習生に大したことができないのはわかっていた。しかし，様々な課題を抱えながらワーカーの下にやってくるクライエントを前にして「ワーカーには，何ができるのか，どうすれば少しでも役に立つワーカーになれるのか」と自問自答を繰り返していた。その後40年以上の歳月が流れた。その間，実践や教育に関わりながら経験を積むに従い，ワーカーにジレンマはつきものであること，そうやって悩みながら成長することはわかったが，どうすれば少しでもクライエントの役に立つワーカーになれるのかという課題は容易に解決できず，そのことをずっと考え続けてきた。

　本書は，そのような私がなんとかたどり着いた，ワーカーにとって学習可能な知識とスキルともいえる「アセスメント」を主要なテーマとしている。アセスメントは事前評価と訳されることも多く，一定のフォームに沿って情報を得ていくこと，などと受け取られることもある。もちろん，クライエントの問題によって必要不可欠な情報が異なってくるため，そのような情報も必要となる。しかし，本書では，領域を問わず使用できるアセスメントをテーマとしている。このアセスメントでは，クライエントの経験している問題の解決や軽減に向けて最適な支援のあり方をクライエントと一緒に見つけ出していくための「統合的・多面的」なクライエント状況の理解と，支援によりクライエントの生活にどのような変化が期待できるかの予測ができることを目指している。

　しかし，ワーカーがクライエントにとって役立つ人材となるためには，単にアセスメントの仕組みを知っているだけでは不十分である。アセスメントを下支えする基盤の理解が不可欠である。そこで，本書は，アセスメントとその基盤の両方を1冊の本にまとめることにした。アセスメントの意義や役割のみでなく，ワーカーという仕事の持つ課題，相談援助面接などにも触れた上で，

i

「統合的・多面的アセスメント」実施に必要な情報の枠組みを9項目紹介するとともに，そのような情報がなぜ必要であるのか，支援の際にどのように役立つのかの理解を深めるために，実践事例や理論的基盤もできる限り取り入れた。

　問題の背景をしっかりと理解できなければ，解決法を見つけられないはずである。ソーシャルワークの第一人者たちはこのことを自覚して，「適切なアセスメントのない援助は，当たってもまぐれあたり，時には害にもなる」とまで言い切ってきた。このことを実践・教育を通じて私も実感している。40数年前とは異なり，ワーカーに必要なことは「魔法ではなく，ソーシャルワークの使命の認識，実践の基盤となる知識・スキルの学習の継続と，それらの応用可能性を実践を通してふり返り続ける地道な営み」であると言えるようになった。

　本書が対人援助の現場で働く皆様や教育・研究にたずさわる方々にとって少しでも役立ち，その結果，クライエントの福利の向上に繋がることを心から願っている。

2019年7月

渡部律子

目　　次

まえがき

序　章　ソーシャルワークの中のアセスメント ……………………………1
　　　　──なぜ統合的・多面的であるべきなのか

　1　クライエントの行動の「意味」を見出す ………………………………1
　　　　──アセスメントの重要性を痛感したある出来事

　2　ソーシャルワーク実践のゴールが見えない ……………………………3
　　　　──アセスメントに関心を持った理由

　3　知性と感性を駆使してクライエントと向き合う ………………………4
　　　　──優れたソーシャルワーカーの共通点

　4　適切なアセスメントは実践力向上に必要不可欠 ………………………7
　　　　──日本の実践現場で思うこと

　5　ソーシャルワークの共通基盤 ……………………………………………8
　　　　──ジェネラリスト・エコロジカル・ストレングス視点に基づくアセスメント

　6　アセスメントをどのように捉えるのか──本書の視点 ………………9

　7　理論と実践をつなぐ──本書の構成 ……………………………………13

第Ⅰ部　省察的ソーシャルワークとアセスメント

第1章　アセスメントとは何か …………………………………………… 24
　　　　──ソーシャルワークにおける役割・特徴と欠かせない視点

　1　アセスメントと実践 ……………………………………………………… 24

　2　不適切なアセスメントによって生じた問題 …………………………… 25
　　　　──ソーシャルワーカーが作った困難事例

iii

3 アセスメントなき援助は地図の無い旅 …………………………… 26
　　　──ソーシャルワークにおける役割

4 情報の収集・分析・統合と報告書作成──アセスメントのプロセス …… 30

5 統合的・多面的アセスメントのための情報枠組み ………………… 34
　　　──統合的・多面的に問題状況を理解するために

6 リスク・家族・環境に関するソーシャルワーカーの役割 ………… 40

7 本章のまとめ ………………………………………………………… 47

第2章　ソーシャルワークの使命とアイデンティティ ……………… 50
　　　──アセスメントに与える影響を考える

1 ソーシャルワーカーの使命──誰のために何をするのか ………… 50

2 ソーシャルワークのアイデンティティをめぐる現実 ……………… 52

3 ソーシャルワークのアイデンティティに関する先行研究 ………… 55

4 広範な領域で働くソーシャルワーカーの「共通項」 ……………… 62

5 本章のまとめ ………………………………………………………… 64

第3章　アセスメントと援助のプロセス ……………………………… 69

1 ソーシャルワークの援助プロセス ………………………………… 69

2 各援助プロセスとアセスメントとの関係性 ……………………… 72

3 本章のまとめ ………………………………………………………… 83

第4章　相談援助面接──アセスメントと相談援助面接力との関係 …… 85

1 面接が果たす役割──必要不可欠な「相談援助面接力」 ………… 85

2 援助的関係性が面接に与える影響 ………………………………… 88

3 援助関係に影響を及ぼす要因 ……………………………………… 89

4 相談援助面接のプロセス──起承転結 …………………………… 95

5 言語反応バリエーションと避けるべき15の応答パターン ……… 99

目　次

　　6　本章のまとめ ……………………………………………………………108

第5章　アセスメントと省察力 ……………………………………………111
　　　　──専門職としての価値観・知識・スキルの統合
　　1　実践の振り返り …………………………………………………………111
　　2　省察的実践とは何か──定義と語源から ……………………………113
　　3　プロフェッショナルとして成長するために必要な要素 ……………117
　　　　──行為の中の省察・暗黙知
　　4　循環型の経験・理論の相互作用と累積的な連結 ……………………122
　　5　経験・エキスパート・省察的実践 ……………………………………126
　　6　記録と省察的実践・自己覚知の関係性 ………………………………127
　　7　本章のまとめ ……………………………………………………………130

第6章　アセスメントとスーパービジョン ……………………………133
　　1　思考プロセスを言葉にする──「沈黙は金なり」? ………………133
　　2　実践力向上に欠かせないスーパービジョン …………………………135
　　3　スーパービジョンの存在意義 …………………………………………141
　　4　スーパービジョンのステップ …………………………………………146
　　5　スーパーバイザーに要求される力 ……………………………………148
　　6　アセスメント情報の適切さの確認 ……………………………………150
　　7　本章のまとめ ……………………………………………………………152

第Ⅱ部　統合的・多面的アセスメントで得られる
　　　　クライエント情報

第7章　クライエントの意図をつかむ …………………………………158
　　　　──なぜ援助を受けようと思ったのか
　　1　クライエントの問題意識──アセスメント面接初期に理解すべきこと …158

v

2 主訴を明確にしないクライエントの思い……………………………………161
　　──「わかっていてもできない」を受け止める

3 クライエントが抱える問題の具体的特性………………………………169
　　──客観的情報の抽出による推測

4 クライエントが持つ問題の捉え方の差異………………………………177
　　──思考・感情・行動のすべてが一致しているとは限らない

5 問題理解に必要な固有の情報…………………………………………185
　　──医療・健康・精神衛生・認知力・経済状況・学力等

6 本章のまとめ………………………………………………………………186

第8章　クライエント自身の特性を知る……………………………187
　　──ライフサイクル・人間関係・環境・ストレングス・価値観

1 クライエントの「歴史」を知る意義……………………………………187
　　──「歴史」は現状の把握を助ける

2 ライフサイクルにおける現在地………………………………………190
　　──人生の中で「今」はどのような段階にいるのか

3 クライエントを取り巻く人間関係……………………………………193
　　──家族・友人を含む他者との関係性

4 クライエントが持つ価値観と人生のゴール…………………………203
　　──最終目標の共有・設定

5 本章のまとめ………………………………………………………………206

第9章　クライエントの問題対処力と資源を把握する………………207

1 クライエントの問題対処力の理解……………………………………207

2 問題対処に関連する様々な資源………………………………………213

3 問題対処とアセスメント面接…………………………………………224
　　──ソーシャルサポートの情報を支援につなぐ方法

4 クライエントのニーズに必要な外部資源……………………………226

5 本章のまとめ………………………………………………………………234

目　次

あとがき
参考文献
索　引

vii

事例一覧

1－1	親子の歴史を考慮しなかったために生じかけた新たな「問題」	25
1－2	一人暮らしの高齢男性，大家（民生委員）の仲立ちで生活再建	43
2－1	ソーシャルワーカーのイメージ──他職種からの受け取られ方	53
2－2	アイデンティティ形成と役割モデル	59
2－3	働く場所により業務内容が大幅に異なるソーシャルワーカー	62
4－1	要介護の夫がいる体調の悪い女性	86
4－2	ワーカー・クライエント間のパワーの違いを認識する必要性	94
4－3	山手ワーカーの電話面接──事務所にて	101
4－4	近藤ワーカーの電話面接──事務所にて	102
5－1	省察的ソーシャルワーカーの第1歩	112
5－2	経験を積めば優れた仕事ができるのか	114
5－3	優れた実践を言葉にして伝えられるか	114
5－4	最も効果的な問題解決法とは	121
5－5	私の辛さをわかってほしい	123
6－1	著名な家族療法家のスーパーバイザーと自己覚知	135
7－1	相談の始まりに主訴を語るクライエント	161
7－2	相談の始まりに「問題は無い」と語るクライエント	161
7－3	自分から支援を求めてこなかった介護者の息子	163
7－4	アンビバレントな思い（両価的な感情）の理解	164
7－5	クライエントの提供してくれる情報の根拠は何か	171
7－6	児童養護施設で暮らしている小学校5年生の晃君	172
7－7	「娘がひどい」と訴える母親	177
7－8	「ひどい」と言われた娘の言葉	178
7－9	「ひどい」と言われた娘の考え・実感・実際の行動	178
7－10	何度も児童養護施設と家を行き来する女児と母親	180
8－1	86歳でこんなに楽しい人生があるなんて	188
8－2	クライエントの強さに関心を払えなかったワーカー	198
8－3	「君，僕の教え子の写真を見ますか？」	200
8－4	「仕事ができない自分など生きている意味が無い」	204
8－5	「あなたはここで一番優れたワーカーだ」	204
9－1	問題状況の中でも前向きに将来を考える人	208

事例一覧

9-2　2人の少年の「いじめ」の受け取り方とその後の対処行動 ……………213
9-3　サポーターが本人のストレス源………………………………………………222
9-4　コーピング理論の応用──ノーマン・カズンズの例から ………………223
9-5　子育て相談に来た母親からソーシャルサポートの状況を聞かせてもらう ……224
9-6　電話でのインテーク面接と相談内容…………………………………………228
9-7　インテーク面接後の妻との事前面接における経緯説明 …………………229
9-8　夫妻揃ってのアセスメント面接と援助計画作成……………………………230

ix

<table>
<tr><td>序　章</td><td>ソーシャルワークの中のアセスメント
──なぜ統合的・多面的であるべきなのか</td></tr>
</table>

1　クライエントの行動の「意味」を見出す[(1)]
──アセスメントの重要性を痛感したある出来事──

　ソーシャルワーク教育に携わり30年ほどになるが，今も筆者に強烈な印象を残している出来事がある。それは，シカゴ大学ソーシャルワーク大学院で教鞭を執り始めて間もない頃のことであった。筆者は授業を受け持つとともに，実習生のスーパーバイザー役割も担っていた。その時に担当した28歳の女子学生がソーシャルワーカーにとってクライエント理解がいかに重要か，そしてそのためには，クライエントの置かれている状況の「アセスメント」が必要不可欠であることを再認識させてくれた。少々長くなるが，彼女とのエピソードを紹介したい。

　ある日，全米的にも有名な精神障がい者の地域生活支援を行う機関で実習をしていた学生が，筆者の研究室の前に立っていた。「どうしても聞いてもらいたいことがある」と思いつめた表情だった。とにかく研究室の中で話を聞こうということになり，部屋に入ってもらうと「私は高い授業料を払って，また難関を潜り抜けて，この大学院にやってきた。それはソーシャルワーカーとして自分を磨くためだ。実習はその中でもとても重要な役割を担っていて，本当に期待をしていた。でも，今，私がやっていることは言い方は悪いけれど，対象が大人に代わったベビーシッター（アダルトシッター）と運転手だ。こんなことをするために大学院に来た訳ではない」と強い口調で語った。この学生はどちらかというといつも物静かな人だったのが，この時は，我慢の限界といった様子で，彼女の憤りが筆者にも強く伝わってきた。

　筆者は彼女の置かれている状況，特にクライエントがどのような人かをよく知りたかったので，もっと詳しく説明をしてほしいと伝えた所，次のような話をしてくれた。彼女が担当しているのは，地域生活を始めてまだそれほど年数

が経っていない男性で，最近，癌が見つかり，今その治療の最中である。実習生である彼女に課せられた役割は，このクライエントが通院する際に付き添うこと，その付き添いの前後に少しクライエントと時間を過ごすということであった。この「付き添いとして共に時間を過ごす」ことに，彼女はソーシャルワーカーとして，何の意味も見出せないと語ったのである。

　この話を聞いた筆者は，彼女の実習での様子をより深く理解するために，ロールプレイをしてみようと提案をした。彼女がクライエント役，筆者が実習生である彼女の役割をとった。まず，彼女がクライエントの家を訪ね挨拶をする場面から始めた所，クライエント役の彼女は，椅子に座り不安そうに足をゆすりはじめた。筆者は彼女に何故そうしているのかと尋ねると，「彼は，私が行くといつもこんな風に足をゆすって，落ち着かない様子です」と話してくれた。そこで「彼はどんな思いなんだろう」ということを問いかけると，「きっと私が来て一緒に時間を過ごすことに，不安を感じているのだと思う」と答えた。そこで，これをきっかけに，彼の生活史，性格，地域生活での様子，癌との向き合い方，そこに彼女が入ることの意味などを話し合うことになった。1時間以上続いた話し合いで，彼女は徐々にクライエントに対する理解を深めると同時に，このクライエントに対して自分自身が果たせる役割にも気づきはじめた。そして「もう少し頑張ってみます」と言って，筆者の研究室を去って行った。

　それから1カ月ほど経ったある日，また筆者の研究室の前に立っている彼女の姿があった。今度は，前回とは異なり明るい表情であった。そして，「聞いてほしいことがある」と言って語ったことは，「この間，クライエントが私にお茶を入れてくれたのです。そのことを言いたくて……」ということだった。

　以前の彼女であったら，お茶を入れてくれたことに目を留めたり，その意味を見出したりしなかったはずである。しかし，クライエントと自分の役割のアセスメントを行ったことで，「一見，何でもないように見えるお茶を入れてくれたというクライエントの行動の意味」を見出すことができたようだった。「彼は，これまで他人をもてなすという経験をしたことがなかったんです。特に私のような年齢の女性に対する接し方を，よく知らなかったと思います。最初のうちは私がお茶を入れていたんです。それが変化してきたんです」とも語った。

序 章 ソーシャルワークの中のアセスメント

このようなエピソードは，実習指導や実践家のスーパービジョンでもよく経験する。自分がやっていることの意味がわからない，あるいは支援が結果に結びつかないという悩みである。実は筆者も過去にその１人であった。筆者自身そのような思いで悩んだ末に到達した結論が，「まず，しっかりとクライエントを理解するためのアセスメント面接を実施すること」であり，これまで20年以上，そのことを本，専門誌の記事，研修で話し続けてきた。不思議な事に，最近になって立て続けに筆者の本を読まれた方などから，アセスメント実践の成果を聞かせてもらう機会が続いた。研修で出会ったあるワーカーは「(筆者に)初めて会うが，20年ほど前に自分が仕事で行き詰まっている時，書店でたまたま『高齢者援助における相談面接の理論と実際』を手に取り，何をしていけばよいのか見えた気がし，その後，実践を継続してきた」と語って下さった。また他の研修で出会ったケアマネジャーも筆者のことは全く知らなかったが，「力を付けるために『気づきの事例検討会』(本書で紹介していく「統合的・多面的アセスメント」の枠組みを応用したピア・グループスーパービジョン)を実践し続けて，メンバーの力が付いてきた」とお礼を言って下さった。

そのような言葉を聞くにつれ，クライエントをしっかりと理解できるようなアセスメントができれば，ソーシャルワーカーにつきもののジレンマやクライエント援助に関する悩みの解決法も見えてくるらしい，と実感できた。ソーシャルワークのような対人援助職は，仕事の中身がブラックボックスの中に入っていて見えない，という批判を受けることがある。このブラックボックスの中を明確にするためにも，ソーシャルワーカーが「なぜ，このクライエントにこのような支援をするのか」を，明確に説明できるだけのアセスメントを実施することは必要なのである。

2 ソーシャルワーク実践のゴールが見えない
——アセスメントに関心を持った理由——

本書を手にして下さったみなさんは，アセスメントに関心をお持ちのはずである。そのような方々が本書を手にされた理由には，「アセスメントは，いつもきちんと実施している。よくわかっている。ちょっと確認したかった」というものもあれば，「アセスメントって，一体，何なのかわからない」というも

3

のもあるだろう。アセスメントは，「一定の型式に従って必要な質問をしてい
き，クライエントから答えを得ること」「依拠する理論により異なるもの」と
いった風に捉えられていることもあり，アセスメントの定義はソーシャルワー
カーの間でも整理されていないようにも思える。

　本書では，これまで誤解されてきたことも少なくない「ソーシャルワーク・
アセスメント」をテーマに，複数の理論を統合して発展してきたクライエント
を俯瞰的に捉えられるアセスメントの枠組みを「統合的・多面的アセスメン
ト」と呼び，その統合的・多面的アセスメントを支える基盤とその上で成立す
る枠組みを事例，先行研究のレビュー等を織り交ぜながら論じていくことを目
指している。実践に役立つ，しかし，単なるハウツー・ブックでない1冊とし
て，実践現場にいるワーカーの人々やソーシャルワーク教育に携わる人々に読
んでいただきたいと願っている。なぜ，筆者がここまでアセスメントにこだわ
るのかをみなさんにご理解いただくために，もう少しだけ筆者自身の経験を述
べていきたい。

3　知性と感性を駆使してクライエントと向き合う
——優れたソーシャルワーカーの共通点——

（1）徹底した実践の言語化と思考プロセスの重視
——「専門性」から見た日米の違い

　筆者は日本で5年間対人援助の仕事をした後，自分の仕事に疑問を持ち，も
っと明確に成果が表れるような仕事をしたいと思うようになった。クライエン
ト支援という名の下で自分がやっていることに一体「専門性」と呼べるものが
あるのか，「私はソーシャルワーカーです」と胸を張って言える知識やスキル
があり，それを実践で活かしているのか，ずっと疑問を持ち続けていた。ソー
シャルワークのような対人援助の仕事とは，どこまで何をすれば自分が合格点
の仕事をしたかがわかりにくいものでもある。そのため，自分がスランプに陥
った時，そこから逃げ出そうという思いで，成果がわかりやすい仕事をしよう
と考えたのである。

　しかし，高校時代からずっと対人援助の仕事がしたいと考えていた筆者は，
本当に力を付けることは可能なのか，その仕事を支えるような知識やスキルを

序　章　ソーシャルワークの中のアセスメント

手に入れることができないのかと問い直し，30歳を目前にアメリカ留学を実行した。留学前に願っていたことは，「研究者やスーパーバイザーと対等に，自分のやっていることを話し合える力を付ける」ことであり，もし自分にその力が付くなら，「日本に戻って，実践力と説明力の両方を備えた実践家が増えることに貢献する」ことであった。そのような大きな期待を抱いていたものの，言葉もお金も十分な準備ができないままの留学決行であったため，最初の数カ月は学校帰りのスクールバスの中ではほぼ毎日涙がこぼれ，通常めったに手紙を下さらない大学時代の恩師（精神科医）から，「うつ病にならないように」という短い文章の入ったカードをいただくような精神状態で過ごしていた。

　以下の話は他の本（渡部 1999；2011）でも触れたのだが，本書でも少し述べたい。筆者が留学の学びの苦しさの中で少しずつわかってきたことは，「アメリカのソーシャルワーカーの力量は，筆者の想像をはるかに超えるものではない」ということであった。しかし，決定的な違いもあった。それは，仕事内容を「徹底して言語化しようとする姿勢」「実践に様々な理論を応用する試み」「ソーシャルワークにおける《思考プロセスの重視》」「豊富なソーシャルワーク実践教材の存在」であった。アメリカの大学院でソーシャルワークの基本を学ぶにつれて，自分が実践の現場で迷い悩んだ理由が少しずつわかってきた。筆者だけではなく，他の多くのワーカーも同様な悩みを持ち，その悩みの解決策を模索していることもわかってきた。その時に学んだことが，今の仕事につながっていると考えられる。

（2）クライエント理解に基づく問題解決法の提案
——経験から学んだソーシャルワーカーの役割

　当初は2年間の修士課程で実践力を磨きたいと思っていたが，結局予想以上の長期滞在となり，その間，本来は自分が得意ではなかった研究者としての教育を受け，心理学とソーシャルワークの学位をとることを目指した。実践出身で研究がとりたてて得意とはいえない筆者にとっては，研究のプロセスや研究論文執筆のための論理的な議論の進め方などを学ぶことは正直苦痛であった。

　筆者が知りたかったことは，「〇〇の問題で相談に来たクライエントに対して，より効果的なアプローチはあるのか」への答えであり，それらをたくさん

5

学ぶことで自分が成長できると信じていた。しかし，苦手だった「多くの本を読み，様々な理論・研究結果をまとめる」という作業をしながら，「これは実践で起きている○○の理解につながる」といったように，それらがどのように実践現場で応用できるのかできないのかを考える習慣ができていった。第9章で紹介する「ストレスコーピング理論・ソーシャルサポート理論」等は，特にクライエントがどのような資源を持っているのか，それらをどれだけ自分であるいは他者の力を借りて使えるのかの理解に役立つことがわかり，現在でも筆者がクライエントを理解する際の核となってくれている。

　また，「研究論文を読む時にも，ただその内容をそのまま考えなしに受け入れるのではなく，自分の頭で考え判断すること」といった「クリティカル（批判的）な思考」を要求された。その訓練を繰り返していると，その習慣の影響で，実践をしている時にも，単に「今回は上手くいかなかった」という感想から「なぜ，どこでどんな見誤りをしていたのだろうか」というように，思考が変化していっていることに気づいた。学位取得後にソーシャルワークの大学院で教鞭を執り，そこで実習担当教員の立場からの実習生たちへのスーパービジョンを通して，「クライエントの問題やクライエントをどれだけ深く理解できるか（アセスメント），その理解の上でワーカーが自分自身の支援者としての役割を認識できるか（支援ゴール）」の大切さを，さらに強く感じるようになった。

　ワーカーが「何らかの生活課題を抱える人々」と出会い，その解決の支援をする際に，クライエントは「受け身の存在」ではなく，ワーカーと一緒に自分の問題を見つめ，その解決法を探していく存在である。そのプロセスで，ワーカーが使える専門性とは「クライエントの置かれている状況を理解し，可能な問題解決方法を少なくとも2つ以上考え提案できること」であり，この一連の仕事がクライエントにとっても意味のあるソーシャルワークのアセスメントであると気づいた。クライエントにとって最適だと考える方法が選択されたら，それをしっかりと支えていく。ワーカーは「『頭と心のフル回転』をする」べきだという，筆者なりの結論を導き出すことができた。

序　章　ソーシャルワークの中のアセスメント

4　適切なアセスメントは実践力向上に必要不可欠
――日本の実践現場で思うこと――

　1995年に帰国し，20年以上大学での教鞭を執る傍らソーシャルワーカーやケアマネジャーといった対人援助職の研修に携わってきたおかげで，間接的にではあるが実践に触れる機会を得た。そして，優れた仕事をする人たちは，日本もアメリカも同じで本人たちはそれほど意識していないかもしれないが，「常に考え，頭と心（知性と感性）の両方のバランスをとってうまく使っている」ことも見えてきた。しかし残念なことに，このような仕事をする人たちが必ずしも評価されないのが現状である。ソーシャルワーカーに相当するといわれる「社会福祉士」の多くは，社会福祉制度の運用中心の業務体制になっている。そのため制度上，ソーシャルワークの真髄である「クライエントの福利優先（クライエントのウェルビーイングの向上）」から離れていくような成果を要求されることも少なくないように受け取れる。

　しかしソーシャルワークの歴史を振り返ると，ワーカーが理想に向かって王道を歩んできたわけではないこと，そして，制度の狭間で苦しんでいる人たちのために何ができるかを考え，柔軟に対応してきたことがわかる。つまり大切なことは，制度やサービス内容を暗記して，クライエントとサービスを結びつけることだけが仕事ではなく，最終的に制度運用・サービスと結びつけるとしても，そのプロセスで，クライエントの置かれている状況を深く理解できる力を養い，クライエントがワーカーとの対応を通して，「自分の存在が持つ価値」を感じられる専門的な関係性を作り上げる力を養うことにワーカーとしての仕事の意味を見出すことではないだろうか，と考えるに至った。やはりここでも，思考すること，広く・深くクライエントを理解できるアセスメントをすること，根拠を持って（その時点で）最適な支援法を提示できること，の重要性を認識した。

　研修の際，「どうしたら，実践力を向上させることができるのか」と質問されることがある。ソーシャルワークは，様々な特性や環境にいるクライエントに出会う仕事である。そのような仕事では，「絶対にこの方法が正しい」という誰にでもあてはまる公式は存在しない。しかし，基本のプロセスは存在する。

7

第1はクライエントに出会った際に「この人は，どのような背景の中で生きて
きて（クライエントの歴史），そこからどのような価値観・人間関係，社会との
関わり方を作り上げたのか。問題に出会った時どう対処してきたのか，どんな
強さを持っているのか，どのような人々に支えられ（あるいは支えられず）生き
てきたのか。今，自分の目の前にある問題をどのように捉え，自分でどのよう
にできると考え，どんな限界を感じているのか」といったことをクライエント
から教えてもらう（情報収集）ことである。次に，「一体どのような方法で，こ
の問題に取り組むことができるのか」を考え，援助法を提案し（収集した情報
の分析・統合を基にして，あくまでその時点での仮説であることを認識した上での援助
計画作成とその提案），その援助を実施する，ということである。

このプロセスをクライエントとともに行い，その結果として，クライエント
の問題が解決・軽減される，あるいは，クライエントが自分の人生にコントロ
ール感を持てるようになることが，大切だと考えている。これは，クライエン
トの福利向上に，マクロ的な視点が重要であることを認識した上でのことであ
る。

5　ソーシャルワークの共通基盤
──ジェネラリスト・エコロジカル・ストレングス視点に基づくアセスメント──

アセスメントの定義や考え方はもちろん一つではないことを研究者たちは指
摘してきている（例：Martin 2010）。このアセスメントの様々な捉え方や議論
に関しては，第1章で詳しく述べる。この現状を踏まえた上で，まず，本書で
論じていく際の筆者によるソーシャルワーク実践，そして実践プロセスの基本
であるアセスメントの捉え方に影響を与えた要因を述べておきたい。

第1に，筆者が拠り所としたソーシャルワーク理論は，ストレングス視点も
含まれるジェネラリストやエコロジカルな視点である。このような考え方は，
現在日米両国のソーシャルワークでも主要な役割を占めているといえよう。こ
の視点を持つアセスメントの枠組みには，筆者自身が実践・教育を通して学ん
だ複数の考え方が融合されている。そこには時代背景の影響もある。具体的に
いえば，1980年から1990年にかけて受けたミシガン大学での教育がある。[さらに](2)
に，筆者自身が実践家や実践経験を持つ大学院生たちと向き合い実践と理論の

序　章　ソーシャルワークの中のアセスメント

ギャップを論じた経験，筆者が1990年代から教科書として使用してきたヘプワース（D. H. Hepworth）[3]の著作等の影響がある。

　日本に戻り多くの現場の方たちとの関わりの中で，習得してきた視点に必要な修正を加えながら，現在に至っている。このような背景から，個人・家族・彼らを取り巻く環境，その間に起きている相互作用の理解を深め，その理解に基づく最適な援助法を導くための基礎であり有用なプロセスをアセスメントと位置づけている。ソーシャルワーク実践の共通基盤に関する議論で，北島はバートレット（O. Bartlet）の定義を基に，「〈方法〉や〈分野〉にかかわらず，その『専門価値』『専門機能』『専門知識』『専門技術』を共通基盤（common base）とする『ジェネラリスト』としてのソーシャルワーク専門家（プロフェッショナル）がソーシャルワーカーである，という考え方が発展してきたのである」（北島 2016：49）と紹介している。ソーシャルワークが分断化されていくのではなく，共通のクライエント理解の基盤を持った上で，各々の対象領域において必要とされる固有のアセスメント情報やそのために必要な知識を積み上げていくことが望ましいという筆者の基本スタンスとも共通している。

6　アセスメントをどのように捉えるのか——本書の視点

（1）クライエントとの共同作業
——統合的・多面的な「戻るべき枠組み」を基盤として

　読者の方の中には「広範なソーシャルワークの実践場所，対象者，などを特定せずにアセスメントの枠組みを見つけられるのか？」という疑問を持つ方がいらっしゃるだろう。もちろん，学校，病院，社会福祉協議会，児童相談所，福祉事務所，入所施設等々，特性の異なる対象に向けて支援を実施するワーカーにとって「必要不可欠な情報」は異なる。例えば，要介護高齢者の場合には，ADL に見られる日常生活を営むために必要な身体の状態や IADL に見られる日常生活を自立して送るために必要な生活手段がどれだけ使えているのか，といった情報が重要となる。ソーシャルワーク実践理論関連の書籍を見ると，特定の理論を基にした支援アプローチが数多く紹介されている[4]。心理療法の世界を見ても，セラピストたちは自らを「XX 療法家」と呼んでいることなどから

9

わかるように，人間とその問題理解・問題解決法を司る理論により，何を「重要な情報」としてクライエントから教えてもらい（情報収集），それらの情報をどのように組み立てて（情報の分析・統合），必要な援助方法を考えていくか（援助法計画），が異なっていることは明らかである。

　このような点を踏まえると，領域横断のアセスメントの視点や情報枠組みなど見つけられないのではないか，といった疑問が湧いて当然であるし，この疑問は妥当である。このことを裏づけるように，現在刊行されているアセスメントに関する書籍のタイトルには，領域を限定したものが多い。固有の領域に特化した，その領域で深く理解しておくべき知識，情報はもちろん重要である。しかし，本書が取り上げるのは，このような「領域固有の絶対入手必要な情報を得ること」だけに偏らず，それと並行してワーカーが，「クライエントがこれまで出会った人たちとは異なる視点を持ち，より深い問題状況とクライエント理解を目指した面接をクライエント参加の上で実施し，そこで得た理解を基にクライエントにとって最適な支援法」を見つけ出していくために必要なアセスメントの視点であり，そのようなアセスメントを支える基盤である。

　スーパービジョンや事例検討会で，統合的・多面的アセスメントの枠組みを使ってケースを振り返ると，「ワーカーとしての仕事のゴール」が明らかになり，「実践の振り返りにおける修正ポイント発見」も容易になることがわかった。それは，戻るべき枠組みがあるからだろう。アセスメントで大切なことは，情報を得ていくプロセスで起きるクライエントとのやりとりを通じて，クライエントの語る言葉に耳を傾け，状況をより深く理解するために問いかけをしたり，クライエントによる「ある出来事の解釈」を再検討したり，クライエントの気づいていないクライエント自身の持つ力をワーカーがクライエントにフィードバックすることによってクライエントが再認識したり，といったクライエントとの共同作業である，といった基本は対象領域が異なっても大きな違いはないはずだ。

（2）継続的プロセスによる密接に関連し合った情報の把握——目的と実施方法

　たとえソーシャルワーカーの主要なアセスメントの目的が，サービス受給要件充足に関するものであっても，クライエントの置かれている状況を俯瞰的に

序　章　ソーシャルワークの中のアセスメント

表序-1　統合的・多面的アセスメントに必要な情報枠組み

(1)クライエントの問題意識——なぜ，クライエントは援助を受けようと思ったのか？　進んで援助を受けようと思っているのか？
(2)主訴——クライエントは何が問題だと述べているのか？（主訴が明確でない場合には「誰が何を問題と捉えているか？」，クライエントはその「『問題』をどう捉えているか？」を明記）
(3)問題の具体的な特性——問題は，いつ始まりどのぐらいの期間継続しているのか，問題の起こる頻度，問題が起こる場所や時，誰といる時，問題はクライエントが日常生活を営むのにどれほど障害になっているのか？　問題が起きるのに関係した出来事・人・機関は何か？
(4)クライエントの問題の捉え方——問題に関するクライエントの考え，感情，および行動は何か？（クライエントは問題をどのように感じ，考え，それに応じてどのような行動を取っているのか）
(5)クライエントの特性——①どのような人生を歩んできたのか（成育歴），②どんなライフサイクルにいるのか，③家族や友人を含む他者との関係性，④強さ・長所，⑤価値観・人生のゴール，⑥人生で起きた特記事項
(6)クライエントの問題理解に必要な固有の情報——特に当該クライエントの問題を理解するのに必要な情報（例：医療・精神衛生・認知力・経済状況・学力・発達・住居，及び何らかのリスク・アセスメント情報）
(7)クライエントの問題対処力と問題対処のための資源——今回の問題解決のためにどのような方法がとられたか？　クライエントは，これまで人生で起きた問題に対してどのような取り組み方をしてきたか？　どのような問題対処に役立つ資源を持っているのか？　今回の問題に対して使っている方法は，これまでクライエントが他の問題の対処に使ってきたのと同じようなものか？
(8)問題を解決するためにクライエントが使える人的・物的資源（クライエントを取り巻く環境でクライエントの問題解決に有効だと思われるもの）
(9)クライエントのニーズと今後必要な外部資源——どのようなニーズや欲求が満たされないためにこの問題が起こっているのか？　クライエントの問題対処に今後必要な外部資源は何か？

出所：渡部（2018a：184）を一部修正。

見られる統合的・多面的なアセスメント視点を持っていることは役立つと考えている。多くのワーカーの職務上のゴールは，「このクライエントはある制度の利用ができるか」「どのようなサービスが使えるか」を考えること，または「実際にサービスを提供してくれる人々につないでいくか」かもしれない。そのゴールを考えると，「クライエントの深い理解を役立てる機会は無いのではないか？」という疑問を抱く人もいるかもしれない。

　しかし，立派に見える支援プランを作成しても，多くのサービスを提供しても，クライエント自身が満足感を得られないケースが少なくないことも，経験豊かなワーカーなら知っているはずである。つまり，「クライエントのニーズ

を適切にアセスメントできないまま，平均的な支援法を勧めることには課題がある。クライエントがどのような人なのか，を理解できていなければ，提供できるサービスを，「クライエントがどのように使って，今後の生活をどのように変化させていけるのか」を予測できないだろう。プロフェッショナルと呼べるワーカーは，支援後の「予測」もできるはずだ。

　アセスメントは継続的プロセスである。常に最初のアセスメントにおける判断の妥当性を考えながら，必要に応じて「再アセスメント」をする。「初回の面接ではクライエントの話をゆっくりと聞いている時間が無い」と嘆く人々もいるが，本書では，初回面接においてすべての情報を入手することを想定していない。表序-1は，本書で統合的・多面的アセスメントと呼ぶアセスメントのための情報枠組みの9項目と，その概要を示したものである。本書におけるアセスメントにこのような名称を付けたのは，このアセスメントが，①クライエントの年齢，問題領域の違いを越えて使えるものであること，②クライエントにとってより適切な支援法を導くために，クライエント・問題・とりまく環境，これらの相互作用を統合的・多面的に捉えようとしていること，③ジェネラリストモデルを基本にしながら，人・問題・環境の理解に複数の理論を統合して用いようとしていること，にある。これらの情報は，密接に関連し合っており，容易に切り離せないことを認識する必要がある。また，クライエントや問題の特性によってはすべての情報を同じだけ深く知る必要もない。このような情報枠組みを念頭においてクライエントの話に耳を傾け，何を優先すべきかの判断をして，用いることが大切である。

（3）省察的実践を可能にする質の高いアセスメント

　質の高いアセスメントは，「ソーシャルワーカーの仕事に対する使命感（ミッション）」「クライエントに信頼してもらえる援助的関係性」「アセスメントでクライエントからより深い情報を聞かせてもらえる専門職としてのコミュニケーション力（相談援助面接力）」「クライエントやその他の関係者から得た情報を分析・統合してその意味を解釈する際に用いる『人間・社会』を読み解く道標となる各種の理論・臨床知見などの知識」「論理的に思考し根拠を提示しながらアセスメント結果を文書化する力（記録）」などに支えられている。それ

序　章　ソーシャルワークの中のアセスメント

らの基盤を基に、「クライエントは今の状況をどのように捉えているのか」「どうやって、これまで問題に向き合ってきたのか」「クライエントは、どんな暮らしをしたいのか」「そのような暮らしは、どうすればできるのか」「何が、そのような暮らしの実現を阻んでいるのか」「それは、どうすれば変えられるのか」「クライエント自身は変えられると考えているのか」などを考えながら、情報を得て、分析・統合し、援助法を考えていくのである。統合的・多面的アセスメントでは、アセスメントで得た情報が援助に活かされなければ意味がないと考える。その援助法がクライエントにとって「最適」かどうかは実践を通してはじめてわかるということを前提にしている。第5章で述べる「省察的実践」は、「行動しながら思考し、発見を次の実践に応用し、このプロセスを循環的に行い実践を高める」実践だが、本書は、このような実践視点に依拠している。

7　理論と実践をつなぐ——本書の構成

（1）本書の構成

　本書の目的は、前述したようにソーシャルワークの使命である「クライエントの福利の向上」を目指して支援を展開していく際に、必要な統合的・多面的アセスメントの視点とそのアセスメントを支えるソーシャルワークの基盤に関する知見と実際に応用するための視座の提示である。ソーシャルワークのアセスメントにおいて、ワーカーが、それらの情報は何のために必要なのか、どのようにそれを活かすのか、を深く認識していなければ、ワーカーはクライエントに向かって、ただ多くの質問を繰り出すだけで終わってしまう。本書では、統合的・多面的アセスメントに基づく実践は、それを支える基盤があって初めて成立すると考え、以下のような2部9章構成をとることにした。

　第1〜6章はアセスメントの基盤について述べる。第1章では、アセスメントがどのような役割を果たすのか、その定義に関して、先行研究に見られる共通項や論点の整理を行い、ソーシャルワークのアセスメントが何を目指すべきか考察する。その上で、本書で取り上げる統合的・多面的アセスメントの4つの構成要素を解説するとともに、筆者がまとめた統合的・多面的アセスメント

のための情報枠組みを用いることで，何が明らかになってくるのかについて述べる。さらにアセスメントツールとして用いられるエコマップの応用法，システム論に従った家族関係のアセスメント視点を振り返る。アセスメントの実施には，ワーカーが基盤として持っていなければならない視座・知識・スキルが必要である，という前提で論を進めていく。アセスメント面接の際に豊かな情報を得るために必要不可欠な援助的関係性や，その関係性づくりが持つ課題についても言及する。

　第2章では，ワーカーに課せられた使命，さらに，長年にわたりソーシャルワークの課題となっている職業アイデンティティをテーマに取り上げ，それらがアセスメントに及ぼす影響を考えていく。ソーシャルワークのテキストでは，職業倫理・ソーシャルワークの価値観の重要性が解説されるが，それらが実践とどう結びついているかについて，掘り下げて考える機会は多くない。具体的に本書では，ワーカーのアイデンティティという切り口から，専門職としての倫理や価値観をめぐる課題を取り上げ，それらがワーカーのアセスメントや援助法に及ぼす影響を考えていきたい。ミクロ実践と呼ばれる直接援助は決してマクロの課題と無関係ではない。直接援助に所属組織や制度・政策が及ぼす影響を認識し，そこで起きる課題への対応を考えておくことが必要である。そこで第2章では，先行研究レビューを通して，ソーシャルワークの現実課題とともに，課題に向き合うために必要な知見を整理する。ワーカーが，クライエントにとって最適な援助を提供するためには，そして所属組織，他職種，社会から専門職として認められるためには何が必要か，プロフェッショナルとしての成長に関しても論じる。

　第3章では，問題発見・アウトリーチから始まるソーシャルワークのプロセスをテーマに，それぞれのプロセスで必要とされる姿勢・知識・スキルを先行研究から導き出すとともに，アセスメントがそれぞれのプロセスと，どのようにつながっているかを考察していく。

　第4章では，相談援助力とアセスメントの関係性を考える。事例検討会などで，ワーカーが困難を感じるというケースに関して気づくことの一つに，初回面接でのクライエントとワーカーの問題理解のすれ違いがある。クライエントを理解しようとする姿勢とそのために必要なアセスメント視点（どのような情

序　章　ソーシャルワークの中のアセスメント

報を知る必要があるのかの理解）が無ければ，クライエントから十分な情報を得られない。同時に，アセスメント面接の目的や構造を理解し実践することが必要である。相談援助面接の構造（面接の起承転結），特性，留意点，援助関係形成の基本，「傾聴」が援助関係に果たす役割，共感，クライエントとソーシャルワーカーの間に生じるパワーの非対称性，相談援助面接で避けるべき応答パターン，面接における言語反応バリエーションに関して理解を深めていく。

　さらに，実践への応用として，2つの初回面接会話を比較し，面接の進め方によってクライエントに生じる問題解決への期待の異なりを検討するとともに，優れたソーシャルワーカーの面接で用いられている相談援助面接の基本の応用，それがクライエントに及ぼす影響を面接会話を辿りながら考察し，アセスメント面接に必要なワーカーの条件も導き出す。

　第5章では，「省察的実践」をキーワードにして，ワーカーが専門職として成長するために必要不可欠な「省察的ソーシャルワーク実践」のポイントを抽出する。ソーシャルワークは時として感情・情緒優先の職業と捉えられることがある。優しさ，共感力などがあれば，この仕事に向いていると考えている人々もまだまだ少なくない。もちろんそのような力は必要であるが，単なる共感のみでクライエントの問題が解決・軽減するはずはない。クライエントにとって最適な援助を導き出すためには，基礎知識・スキルを基に実践をする中で，常に自らの実践を振り返り，そこで得た気づきを次の実践に応用し，という「循環プロセス」が必要である。本章では，そのような省察的ソーシャルワーク実践について解説するとともに，省察的実践促進と深い関わりを持つ「記録」が「省察的実践で記録が果たす効用」「その実践度の確認の方法」にも言及する。統合的・多面的アセスメントを一連の援助プロセスにしっかりと根づいたものにするために，省察的ソーシャルワークが果たす役割を再確認していく。

　第6章は第5章のテーマの発展ともいえる章であり，スーパービジョン（以下，SV）で，スーパーバイザー（以下，バイザー）に期待される3つの機能（管理的・教育的・支持的な機能）を，カデューシンとハークネスの考えを基に整理し，「SVの存在意義・3つの機能・スーパーバイジーの到達点」を解説する。例えば，SVの教育的機能では，主に実践に関する側面に着目し，スーパーバ

15

イジー（以下，バイジー）の実践内容と知識量を振り返りながら，バイジーが自立したソーシャルワーカーとなれるような支援を提供することが要求されている。バイジーの仕事内容の振り返りでは，面接におけるクライエントとの応答に見られる援助関係形成のあり方，どれだけしっかりと必要な情報を根拠とともに聞いているかを検討する「アセスメント情報内容の適切さと信頼性の確認」「アセスメントを基に作成した支援法のその時点での妥当性の確認」「援助の進行に伴い変化するクライエントの問題状況や環境変化のモニタリングを通した支援の適切さの評価などの担当ケースへの対応の適切さの確認」の必要性などを明らかにする。また，「SVの進行の段階（6段階モデル）」「バイザーに求められる力」「アセスメントとSVの関係性」に関しても論じていく。

　第Ⅱ部の第7～9章までは，統合的・多面的アセスメントのための情報枠組みを取り上げて，「それらの情報がどのようにクライエント理解や最適の援助法選択につながるのか」「情報間の相互関係性はどのようなものか」「アセスメント面接で，どのようにそれらの情報を得られるのか」「情報を分析・解釈する際に応用できる理論・実践モデルは，どのようなものか」を考察する。また，統合的・多面的アセスメントの視点は，様々な理論，実践研究，臨床知見の集積等に裏打ちされていることを再度確認する。この目的のために，できる限り事例やエピソードを使用する。統合的・多面的アセスメントのための情報枠組みは，筆者がこれまで様々な本や論文などで論じてきた。最初は，情報枠組みの視点を16項目⁽⁶⁾としていたが，その後何度か改訂を行い，9項目に整理しなおしたが，16項目の情報自体は，本書で紹介する統合的・多面的アセスメントのための情報枠組みに含まれる小項目として盛り込んでいる。これらについては関連性を考慮して，表序-1中の番号を使って複数をまとめ，第7～9章に解説を掲載する⁽⁷⁾。

　第7章は「（1）クライエントの問題意識」「（2）主訴」「（3）問題の具体的な特性」「（4）クライエントの問題の捉え方」「（6）クライエントの問題理解に必要な固有の情報」の5項目を取り上げる。応用できる理論として，アンビバレント（両価的），学習性無気力理論，マズローの5段階欲求階層，行動理論，認知理論，精神力動理論，自我の防衛機制，を解説していく。

　第8章では，「（5）クライエントの特性」の1項目のみを取り上げる。それ

は，この項目には6つの小項目に相当する項目が含まれているためである。解説する理論は，エリクソンによるライフサイクルの8つの発達課題，ボウルヴィの愛着理論，ストレングス理論およびストレングスに着目した3つの視点「レジリエンスモデル・ナラティブモデル・解決志向モデル」である。個人特性は非常に深く広い情報を含んでおり，第7章の問題の捉え方に影響も与えるし，第9章で取り上げる問題対処とも深く関連する内容を含んでいるが，便宜上，第8章では人間関係形成の仕方，価値観形成，逆境に対する対応力，などの理解を支える考え方を見ていきたい。

　第9章では，「（7）クライエントの問題対処力と問題対処のための資源」「（8）問題を解決するためにクライエントが使える人的・物的資源」「（9）クライエントのニーズと今後必要な外部資源」の3項目を取り上げて解説する。

　主要な理論としては，ラザラスとフォルクマンによるストレスコーピング理論，ソーシャルサポート理論を取り上げる。人が自分に起きた出来事をどう捉えるのか（認知的評価）が，その後の問題対処（コーピングは対処と訳されている）に影響を与えること，また同時に，人が持っている資源がその評価に影響を与えていること，ソーシャルサポートと呼ばれる他者からの支援がいかに大きな役割を果たしているか，を明らかにする。さらに，この対処の仕方が人の健康に及ぼす影響に関しては多くの研究成果があり，ワーカーにとって，対処法，対処法選択に影響する人が持つ様々な資源に関する綿密な情報収集の重要性が示されている。第9章を終えるにあたり，第4章の「相談援助面接」で一部用いた事例のインテークから援助計画作成までのプロセスの概略を紹介した上で，この事例で得られた情報を「統合的・多面的アセスメントの枠組みにどのように落とし込んでいけるのか」「どのように面接の展開に活かされるのか」「援助計画作成に使っていけるのか」についての応用法を示したい。

（2）本書のスタイルと用語の定義
1）スタイル

　本書では，各章の冒頭に各章で取り上げるテーマに関した（読者の方々への）質問を配するとともに，できる限り様々な事例などを使用し，実践への応用や内容の理解を深めることを企図したスタイルをとっている。質問に関しては，

本文中で必ずしも直接回答することを意図していないことをお断りしておきたい。また事例は，どうしても筆者の経験に基づき高齢者領域（要介護高齢者）のものが多くなってしまうため，既存の文献にある事例を一部使用させて頂くことで，児童や生活保護などの領域事例も含める努力をした。医療，学校など他の領域の事例を使えていないが，多様な領域で仕事をするソーシャルワーカーが支援に必要な情報を整理する表や資料を示すことで，その不足を補えるようにした。このように実践と理論の架け橋の役割を果たせるように試みたが，演習ブックやハウツーものになることは避け，ソーシャルワーカーが自らの仕事に応用できるように（限界はあるものの），実践理論や研究結果のレビューを取り入れ紹介している。

　理論の中心は心理学とソーシャルワークで応用されてきた主要理論（例，システム理論）[8]である。その理由は，筆者が心理学とソーシャルワークの両方で学位を取ったという個人的なものと，人間の心・思考・行動の理解の枠組み無しにソーシャルワーク実践はできないと感じているためである。たとえば，他人には努力を放棄しているように見える人が，実は成長過程でそのような無力感を学んでしまっていることは，「学習性無力感」という理論の応用から理解ができる。また，人は様々な方法で自分自身の安定を守ろうとすることは「自我の防衛規制」で，行動の変化が感情や思考をも変化させる可能性があり，時間はかかるかもしれないが行動は変えられることは「行動理論，認知行動理論，社会学習理論」と，各々の理論の応用から理解できる。このような理論を理解しておくことで，ソーシャルワークのアセスメントや援助計画作成をする際に，社会通念・一般常識でのみ人を判断したり問題解決法を考えたりすることを避けられる。さらに，このような理論は，クライエントのアセスメントだけではなく，ソーシャルワーカーが自らの理解を深める「自己覚知」にも役に立つはずである。ソーシャルワークのような対人援助ではクライエントとワーカー間で，転移や逆転移と呼ばれる援助に大きな影響を与える現象も起きる。これらを理解するためにも知識を応用していただければと考えた。これは，自らの実践の背景にある理論を理解し応用してほしいという筆者の願いでもある。

2）用語の定義

　ソーシャルワークで用いられる用語は，時代の変遷や職場によって異なって

いる。本書では，そのことを理解した上で，本書における用語の定義を，以下のように設定する。

① クライエント

英訳をすると顧客，依頼人という意味を持つ。そのため，ソーシャルワークや臨床心理といった対人援助の場だけではなく，一般の会社などでも「クライエント」という用語は使用されている。近年「サービス利用者」「消費者」「お客様」などといった呼び方をすることもある。例えば，イギリスの最近のテキストでは「サービス利用者」という用語が用いられるのが一般的であるが，本書ではソーシャルワークの対象者をクライエントという用語で統一したい。ただし，出典自体が「サービス利用者」と限定している場合には，原典表記を使用する。クライエントとは単数表現になっているが，クライエントが決して「個人」のみを指すものではないことを予めお断りしておく。例えば，「クライエント・システム」という用語では，「クライエント」は個人に限定されない広範な対象を指す用語として使用されている。

この「クライエントを個人のみに限定する」ことに関しては，二木立氏が，「対象をクライエント本人（個人）のみに限定する『バイステックの原則』を日本でそのまま使うのは無理ではないか」と問題提起し，全米ソーシャルワーカー協会ホームページでもクライエントは個人からコミュニティまでを含むことになっていると指摘している（二木 2018b：10）。二木氏が指摘する通り，クライエントとは個人に限定するものではない。もちろん，個人をしっかりと理解することは重要だが，アセスメントではクライエントを個人のみに限定はしない。本書では，家族全体の力動関係を知るための家族システム理論に従った家族力動のアセスメント枠組みも紹介し，クライエントを個人のみに限定しないという立場をとっている。実践の場に目を向けると，介護保険法でクライエントは要介護者個人となっているが介護支援専門員の人々も，実践を重ねるにつれて，「家族を視野に入れたアセスメント」の必要性を感じ，このテーマでの研修を依頼されることが増えてきた。

本書における統合的・多面的アセスメントのための情報枠組みは個人理解用になっているが，第9章で実施する事例への応用では，夫妻がクライエントであったため，妻と夫の両者を対象とした9項目に情報を整理した。夫妻の関係

性を抜きにはアセスメントができないからである。この枠組みを介護支援専門員対象の研修等で使用する際には，要介護者・家族の間にある問題の捉え方や問題への取り組み方の違いの理解が重要なため，家族アセスメント欄も作り，家族全体をクライエントとして捉える試みをしている。

　② 援助・支援

　ソーシャルワーカーとクライエント（あるいは今後クライエントになる可能性のある人）が出会い，そこで展開されていく問題解決・軽減のための活動をソーシャルワーク援助と呼ぶ。英語圏では，日本語に訳すと「介入」となる「Intervention」という用語が使用されることもあるが，この日本語訳は両者の関係が対等ではないと誤解を招くこともあるため本書では使用しない。本書では，主に援助を使うが，時に支援という用語も同様の意味で用いる。これらの用語使用に関して，本書における前提を少し補足したい。まず，「専門職としてのソーシャルワーカーは，クライエントより優位な立場に立っているのではない」という前提の下で用語を使用している。「他者の援助・支援を担う職業にあるソーシャルワーカーは，援助的関係が持つ力の不均衡さ・自分が優位に立つ可能性の高さ，というものを常に意識しながら，クライエントの持つ強さを活かし，クライエント自身が人生の主役であることを感じ続けられる，最適なサポートをするために必要な知識・スキルを常に磨き続けていく」という専門職としてのソーシャルワーカーの仕事，であることを前提としている。

　③ 統合的・多面的アセスメント

　前述のように，アセスメントという用語には，決して単一の定義がある訳ではなく，ある特定の問題やリスク度を評価する際にも，アセスメントという用語が使われる。本書の用語の使用法に従えば，このような場合は，「認知症アセスメント」「虐待リスクのアセスメント」といった固有の表現をしていく。クライエントやクライエントが直面している問題，そしてそれを取り巻く環境を広く個人の内的な問題だけに帰することなく，また同様に社会的な問題だけにのみ帰することなく統合的・多面的に捉えようとするのが，ソーシャルワーク発展の歴史で生み出された視座であり，これは，筆者が学生，教員，スーパーバイザーとして，大きな影響を受けたヘプワース（Hepworth）らのテキストでも採用されている。筆者は，1999年に初めて単著を上梓した際，彼らの枠組

みに準じて統合的・多面的アセスメント視点に基づく情報枠組みを16項目取り出し，日本の実践現場での応用を考えながら少しずつ修正を加えて使い続けている。彼らが第4版のテキストで提唱した多面的アセスメントも，この20年の間に修正されており，最新の第10版では，アセスメントの最初に「リスク理解かニーズ理解か」に着目すること，さらに関連する法制度などに留意することも付け加えられている。しかし，本書の統合的・多面的アセスメントのための情報枠組みの「（1）クライエントの問題意識」「（4）クライエントの問題の捉え方」等の2つを踏まえると，最優先すべきことがリスク・アセスメントかどうかの判断にもつながるといえる。ソーシャルワークを支える理論は多様であり，社会の動向によっても変化し続けていく。本書で紹介する統合的・多面的アセスメントのための情報枠組みも，将来大きな修正が加えられることもあるかもしれない。現時点で，この「統合的・多面的アセスメント」を定義すれば，筆者がこれまでの経験を通して見出した「単一の理論にとらわれることなく応用可能な複数の理論を統合して，クライエント・クライエントの直面している問題・クライエントを取り巻く環境，それらの間の相互作用，に関する理解を促進し，その理解がクライエントの問題解決・軽減にどのように結びつくのかを考えていく際に（現時点で）有益だと判断された情報収集，分析・統合のための枠組み」となるだろう。

注

(1) 本節で紹介するエピソードは，「ソーシャルワークにおけるアセスメントの意義」（『人間福祉学研究』6（1），2013年，3-5頁）の一部に加筆・修正したものである。

(2) ミシガン大学のアン・ハートマンによる家族療法の枠組みやエコマップ，その他の教員から小集団理解，シカゴ大学でのジェネラリスト実践教育，また，個人で受けた家族療法研修など。

(3) 現在は版を重ねて10版。8版は『ダイレクト・ソーシャルワークハンドブック──対人支援の理論と技術』（武田信子監修，明石書店，2015年）として，翻訳も出版されている。本書では第4版，第6版，第8版，第10版の原典を必要に応じて使用している。

(4) 例えば Turner, F. J. (ed.) (2017) *Social Work Treatment : Interlocking Theoretical Approaches*, Oxford Univ Press. がある。日本でも邦訳が出版されている

(米本秀仁監訳（1999）『ソーシャルワーク・トリートメント——相互連結理論アプローチ　上・下』中央法規出版）。

(5) この機能は組織内スーパービジョンにおいて，想定されている。

(6) ①援助を求めた動機，②問題の特徴，③問題の具体的な内容（問題の始まり，頻度，問題が起こる場所や時など），④問題に関するクライエントの考え，感情，および行動，⑤問題が日常生活に及ぼす影響，⑥問題と発達段階・人生周期との関わり，⑦クライエントの生育歴（成長過程で起こった特記事項や家族・近親者との関係など），⑧クライエントの持つ技術，長所，強さ，⑨クライエントの価値観・人生のゴール・思考のパターン，⑩クライエントの問題理解に必要な医療・健康・精神衛生などの情報，⑪問題解決のためにとられた方法とその結果，⑫問題発生に関連した人や出来事とそれらの影響（問題以外のストレッサーの存在も含む），⑬問題に関与している人・システム，⑭充足されていないクライエントのニーズや欲求，⑮問題解決のためにクライエントが使える人的・物的資源，⑯必要な外部資源。

(7) 「（6）クライエントの問題理解に必要な固有の情報」だけは，順番通りに組み合わせていないことをお断りしたい。

(8) 心理学の中でも発達，臨床，社会に関する領域の理論を取り上げている。

第Ⅰ部　省察的ソーシャルワークとアセスメント

　第Ⅰ部では，統合的・多面的アセスメントの基盤となる 6 つのテーマを取り上げ，「本当に役立つ援助」を導き出すためのアセスメントについて考えていく。第 1 章では，アセスメントの役割・特徴・欠かせない視点を明らかにする。アセスメントで着目するポイントや目的は，ワーカーが自分の使命やアイデンティティをどう捉えるかによって変化する。そこで第 2 章では，使命，アイデンティティをめぐる議論，ワーカーが経験するジレンマや専門性について考察する。第 3 章では，一連の援助プロセスを再確認した上でアセスメントが援助プロセスの中で果たす役割を考える。この際に，アセスメントは 1 度で終了する「静的」なものではなく，援助プロセスを通して「継続」する「動的」な特性を持つ点に着目した論を展開している。第 4 章では，アセスメントで得られる情報の質に大きな影響を与える「相談援助面接力」を取り上げ，面接に必要な具体的な知識・スキルとともに，単なるスキルを超えた相談援助面接のあり方を事例を踏まえ確認する。第 5 章は統合的・多面的アセスメントの基盤となる「省察的実践」に関して，その実現を可能にするための応用方法を紹介する。いつも同じアプローチが通用しない現場では，実践しながら常に考え，その結果を次の実践に活かしていく，という循環プロセスが必要なことを再確認する。第 6 章ではスーパービジョンをテーマにし，わが国の現実をふまえた上で，スーパービジョンが本来の目的を達成するために必要な力や条件について解説していく。

第1章	アセスメントとは何か ──ソーシャルワークにおける役割・特徴と 　欠かせない視点

┌─── **本章の目的理解につながる質問** ───┐

① アセスメント面接で，どのような情報をクライエントから聞かせてもらい
　ますか。その情報は，援助計画にどのように役立ちますか。

② アセスメント面接から，クライエントが現状をどう捉え，それをどうした
　いと考えているか明らかですか。

③ ソーシャルワークのアセスメントの特徴・留意点は，何でしょうか。

└──────────────────────────────┘

1　アセスメントと実践

　事例検討会やスーパービジョンのセッションでは，たいていソーシャルワーカーが，悩んでいるケースが提出される。ワーカーが数カ月，時には1年以上も担当していながら，「その方（クライエント）は，ご自分の今の状況をどんなふうに捉えていらっしゃるんでしょうか」と尋ねると，「えっ」と驚いたような顔をされ，「きちんと聞いたことがありませんでした。長い間お会いしているので，私はこの方のことをよくわかっているつもりだったので，こんな風に考えているのかなと推測は，していましたが……」といったような返答が返ってくることも少なくない。筆者も実践をしていた頃，同じようなことをしていた。

　つまり，ワーカーはきちんとクライエントの考え・思い・ニーズを聞き取ることなく，自分の類推で援助を継続していることが少なくない。その結果，ワーカーとクライエントの間で問題理解や望ましい問題解決法の食い違いが起きてくる。経験を積んだワーカーであっても，自分がクライエントを理解する際の「枠組み・視点」と呼べるものをしっかりと持っていなければ，ついつい，

第1章　アセスメントとは何か

このような問題にぶつかってしまう。

　本章では，ソーシャルワークの原点にたち戻り，「何のためにアセスメントするのか」「アセスメントとは一体何を意味するのか，その特徴や留意点は何か」そして，本書で紹介する「『統合的・多面的アセスメントのための情報枠組み』をおさえておくことがなぜ必要なのか」を考えていきたい。この統合的・多面的アセスメントに必要な情報枠組みは，そのリストだけをみれば，「こんなこと知っておくのは当然だ。取り立てて言う必要は無い」という感想を持たれるかもしれない。しかし，実はそのような当たり前の事をしっかりとクライエントから聞かせてもらうことなく，ワーカーが自分なりの判断で「クライエントは，このような問題を持っているから，このような援助が必要なはずだ」と考えて援助していることも少なくないのである。その結果，クライエントが「私は，そんなことを望んでいなかったのに」という思いを持つ援助をしてしまう。一方，ワーカーは「クライエントは私の提案に同意したように見えたのに……」と考えるかもしれない。

　以後，これらの2点に鑑み，「このような問題を防ぐには，どうすればよいのか」「何に気を付ければよいのか」「少なくともどのような情報を，クライエントから聞く必要があるのか」「クライエントが遠慮することなく，自らの思いを語れるようにするには何に気を付けるべきなのか」などをワーカーとクライエントの間に起きる役割への期待や力関係にも焦点を絞り考えていく。

2　不適切なアセスメントによって生じた問題
──ソーシャルワーカーが作った困難事例──

　まず事例1-1をお読みいただきたい。これは，クライエントの置かれている状況を理解せずに実施された援助が，問題をさらに大きくしてしまった「ワーカーが作り出した困難事例」と呼ばれるかもしれない事例である。

事例1-1　親子の歴史を考慮しなかったために生じかけた新たな「問題」
　細田さんは78歳で一人暮らしの女性である。いくつかの持病を抱え，要支援状態である。ある日，その細田さんが自宅で転倒した。大事には至らなかったが，今後のことを心配したワーカーは，1カ月に1回程度会う一人息子さんに連絡を取り

第Ⅰ部 省察的ソーシャルワークとアセスメント

「お母さんが自宅で転倒された。幸い大事には至らなかったが，今後，もう少しお母さんの所に来て様子を見ていただければと思っている。ついては1度お目にかかりたい」と伝え，細田さんの自宅で3人一緒に会う約束をした。

当日，細田さんの自宅を訪問すると，細田さんと息子さんが大きな声で言い争っていた。息子さんは母親に言う。「あれだけ気をつけろって言ったのに，どうしてできないんだ。俺はできることは手伝っている。1カ月に1回あんたの代わりに薬を取りに行って届けてるだろう。あんたは俺が子どもの頃，俺には何にもしてくれなかった。なのに今さら俺に頼らないでくれ」。この激しいやり取りを聞いたワーカーは不安を感じた。

これは，匿名性を担保するために実際の事例を編集・加工したものである。[1]
後にわかったのだが，細田さんと息子さんは昔から折り合いが悪く，今なら「ネグレクト」と捉えられるような状況の中で息子さんは成長し，中学卒業と同時に家を出たという背景があった。しかし細田さんの体調が悪くなってからは，息子さんは細田さんの代わりに薬を取りに行く役割は引き受けていた。一方で顔を合わせると昔のことが思い出されて喧嘩になるのを知っているので，息子さんは細田さんには直接会わずに，薬は郵便受けに入れて帰るという関係を，ここ数年続けていたのだ。つまり，細田さんと息子さんは，自分たちにとって許容できる適切な距離の取り方を保って，ここまで暮らしてきていたのだ。

しかし，そのような親子関係の歴史を尋ねることもなかったワーカーは「これが良いこと」と信じて（専門職として見ると決して適切な判断ではないが）息子さんの協力を得ようとし，その結果，問題をより大きくしてしまったのだ。クライエントの問題の背景には，様々な要因が複雑に絡み合っていることが少なくない。このことを理解していないと，事例1-1のように，かえって問題を困難化させてしまうのである。

3 アセスメントなき援助は地図の無い旅
──ソーシャルワークにおける役割──

（1）なぜアセスメントは必要なのか

なぜアセスメントが重要かをソーシャルワークの研究者たちは，どう説明しているのだろうか。「まえがき」にも書いたように，メイヤーは，「ソーシャル

ワークで，アセスメントを行わないで問題を処理しようとすると，単なるルーティン・ワークとなり，うまくいくかどうかは『まぐれ当たり（hit or miss）』でしか無く，たとえうまくいっても，それは偶然の結果にすぎず，ソーシャルワーカーの固定観念や偏見に大いに左右される」と述べている（Meyer 1995：260）。さらにヘプワースらは，「アセスメントがクライエントとの関わりの基礎となる」という（Hepworth et al. 2010：171）。こう考えると，「アセスメントなき援助は地図の無い旅」といえるかもしれない。旅であれば，地図が無くてさまよってもそれなりに楽しいかもしれないが，問題を抱え困っているクライエントをさまよわせることがあってはならない。

（2）　アセスメントとは何か——主要テキストに掲載された定義から

　前項で，アセスメントの重要性を指摘する研究者の考えを紹介した。しかし，実際の所，ワーカーの中にも「アセスメントという言葉はよく使うけれど，本当の所は何を意味するかわからない」という人もいる。確かにアセスメントの定義に唯一無二のものはない。アセスメントの歴史を簡単にたどると，その始まりは，1917年のリッチモンド（M. Richimond）の社会診断にあり，その後，[2]1970年にバートレット（H. M. Bartlett）の影響で「アセスメント」という用語の使用が始まり，現在まで続いている（Meyer 1995）。[3]

　では，これまでアセスメントがどのように定義され，どんな課題が議論されてきたのだろう。表 1 - 1 （28-29頁）は，4 冊の「主要テキストに見るソーシャルワークのアセスメントの定義に関する記述」を筆者がまとめたものである。さらに，表 1 - 2 （30頁）は，表 1 - 1 をふまえ，各々の定義の共通項と課題をまとめたものである。少々長くなるが，先行研究から導き出される内容をまとめてみる。

　アセスメントとは「クライエントとワーカーの相互関係を基盤として実施するアセスメント面接を中心として，広範な領域から根拠を伴う正確な情報を収集し，クライエントのニーズや強さなどを深く理解するために理論や既存の知識を用いて，それらの情報を分析・統合するプロセスを経て，クライエントやクライエントの置かれている状況を了解可能なものにしていく。その後，クライエントの問題解決や軽減に向けて，その時点で最適だと考えられる援助方法

第Ⅰ部　省察的ソーシャルワークとアセスメント

表1-1　主要テキストに見るソーシャルワークのアセスメントの定義に関する記述

著者, 出版年	定　義
Hepworth, et al. (2017)	「アセスメントとは，情報収集と，その情報をクライエントとクライエントが置かれている状況について整合性の合うものに作り上げることを意味している。そこにはワーカーによるクライエントの問題の特質や原因についての類推を含む。そのため（継続する）アセスメントの基本とされる「クライエントとワーカーの間の相互作用」を生む場としての役割を持ち，ゴール設定，支援計画実践，進展状況の評価がある。」(187) 「アセスメントという用語は複数の定義をすることができる」(188) と述べ，1)「ワーカーとクライエントが情報収集をし，情報を統合した上でニーズを明確化し，何がクライエントの「強さ」として生かせるかを示すプロセス」，2)「特定の機関とそのワーカーが，クライエントの表明するニーズがワーカーの組織とワーカー自身に最も適合するかを決定する機会」(サービス受給資格条件の適合性の判断に応じて，他機関に紹介する等の対応)，3) ワーカーが主要な専門職として位置付けられない機関で，臨床チームの1人としてアセスメントのプロセスに参加（合同でアセスメント。期待されるのは「社会的な歴史と，クライエント個人の人間関係や家族の力量に関する知識の提供による貢献」)(188-189) の3種類に分類。
Martin (2010)	ワーカーは，サービス利用者になる可能性を持つ人が語る独自の意味の解釈を十分認識して意味を推定すべきであると述べる (3-4)。アセスメントで扱うべき6つのポイント[(2)]は，①サービス利用者の置かれた状況と，その状況がどのように生まれたかに関する十分で正確な情報を収集，②情報を客観的に分析し「何が起きているのか，何ができるか」を示す仮説を作り，専門職としての判断から明確な結論を導くこと，③サービス利用者と家族など他の人が参加して問題を明らかにし，どのようにして問題に取り組めるのかを話し合うこと，④サービス受給資格を満たしているか否かの判断とニーズのレベルを評価する，⑤他機関のワーカーや同僚から情報を得る，情報を共有する，意見を聞く，協議をする，⑥情報を正確に記録するためにシステムを使う。(8)（以上番号化，下線筆者） 「ソーシャルワークのアセスメントに関しては，誰もが同意するような唯一の定義がないことが難点である」(3) と述べる。4つのタイプ[(3)]の定義を1) プロセス─焦点化（＝アセスメントの技術的な側面に関する見方。何をすべきか，どんな質問をすべきか等の手続き情報を提供。ワーカーに対して行政や組織がそれらを提供。2) 条件依存的（＝プロセス─焦点化に類似。アセスメントが「サービスの種類」「アセスメントの目的」「依拠する理論」によって焦点が変わる)，3) 論争─焦点化（＝サービスを求める側のニーズと組織が扱うサービス受給資格の間に起きる，避け難い葛藤に焦点を絞る。ワーカーの理想や限りある資源と資格条件の現実，「ニーズ・リスク・資源」間の緊張関係に焦点を当てる。) 4) クリティカル社会構成主義（＝アセスメントは意味の構成を含む。理解は社会的に作られる，という立場。

28

Milner, et al. (2015)	ソーシャルワーク・アセスメントを以下の5段階のプロセスとして説明。1）課題の準備，2）クライエント，家族やその他の組織の問題，解決方法に向けた考え方等の情報収集，3）情報の分析，理解，解釈のために専門職の知識を用いる（実践知と理論を同様に用いる），4）利用者が置かれている状況との関係性，ニーズ，リスク，ケアの水準，安全性，状況の深刻度，対処法や変化に対する人々の能力と可能性についての判断をする（進歩状況は解決に向け十分なものか？等），5）何がなされるべきかに関する内容の決定と提案。(2)「分析とは出来事や状況が理解できるようにすること，全体像を導き出すことである。また起きている現状について，それが起こった理由を1つか，それ以上の理論的枠組みを用いて理解するようになることである。」(2)「根拠を基にした実践」の深い意味（意義）について：「この根拠というものが事実に力を与える（裏づける）。その事実がアセスメントのプロセスで選択肢となり，ニーズ，リスク，可能性，資源のどれに焦点を当てるかが決まる。」(15) アセスメントで収集された情報は，一義的な見方をせず，必要に応じて多面的に焦点を絞ることの重要性を強調。子どもと親に対象のソーシャルワーク実践において，質の高いアセスメントに見られる特徴は「1）子どもが中心，2）家族史や社会史が経時的に含まれ，十分に詳細・適切・正確な情報，3）広い領域における情報源からの情報の適切な使用，4）記録されている情報と計画されている援助介入との間に明確な関係性が見出せる分析が含まれている事。」(45)
Walker & Beckett (2011)	アセスメントは将来なすべきことの計画作成を支えるツールとして定義される。これは人がどの時点で成長し変化していくのかを認識する支援の始まりでもある。その目的はニーズを明らかにすることであり，決してその時点のみで終わらせるものではない。アセスメントはクライエントと共に行うソーシャルワークプロセスの基盤となるものである。それは新たなクライエント，あるいはすでにクライエントである人との関係性を作り上げる最初の基盤であり，クライエントの特性や行動に対する判断の場ともいえる。(2)

注：(1)（　）内は引用頁。
　　(2)この6つのポイントは，ミルナーら（Milner et al. 2009）の定義等，いくつかの定義を紹介しつつ，多くのアセスメントの中で「期待される要素」に，「振り返り作業を通して考えや概念を発展」させた「アセスメントで扱うべき点」である。
　　(3) Whittington（2007）がテキストで述べた定義の種類。

を提案する。そこにはワーカーの解釈・類推も含まれる（解釈・類推の根拠を明確に記すことで後に修正を行うことができる）。このように情報収集，情報の分析・統合，援助計画提案の文書化（記録）までをすべて含めたプロセス」といえるようである。

第Ⅰ部　省察的ソーシャルワークとアセスメント

表1-2　ソーシャルワーク・アセスメントの持つ共通項と課題のまとめ

---

(1)　共通項

・アセスメントは将来成すべきこと（援助計画）を見つけ出す道具である。
・アセスメントから得た情報と援助法の間には明確な関係性がなければならない。
・アセスメントは一連のソーシャルワークのプロセスの基盤である。またクライエントとの関係性
　形成の最初の機会であり，相互作用を重視する。
・アセスメントを実施する場合には，問題の深さをしっかりと評価することが必要である。
・アセスメントではクライエントのニーズとともに，クライエントが持つ「強さ」は何かという認
　識をワーカーとクライエントの間で共有する。
・アセスメントでは「ゴール」と「ゴール達成度の評価方法」を明確にしておくことが大切である。
・アセスメントには，収集した情報を解釈・類推するプロセスが含まれる。
・アセスメントはクライエントのニーズを明らかにすることが目的であり，1回で終了するもので
　はなく継続的に行われるものである。
・アセスメントには広範な情報源からの正確な情報が必要である。
・アセスメントの中心はクライエントであり，クライエントの歴史（背景）認識も含まれることが
　大切である。
・アセスメントでは知識や理論を用いてクライエント理解を深める。

(2)　課題——定義が一つではないことをめぐって

・ソーシャルワーク・アセスメントの定義は一つではない。
・アセスメントの定義の違いが生まれる背景には，クライエントの問題の特性（ニーズを中心に考
　えられる問題か，リスクを中心に考えるべき問題か），ワーカーが所属する組織やその組織で付
　与される役割（継続的な援助提供者としての役割，サービス受給要件のためのスクリーニング的
　役割，援助チームの一メンバーとしての部分的な関与者としての役割）があり，そのために議論
　が異なる。
・上記の理由のため，ソーシャルワーク文献でアセスメントを論じる際に，その焦点が「スキルや
　手続き中心（ハウツー的なもの）」「条件依存的なため明確にできない，あるいはある固有の問題
　領域に特化」「ワーカーとクライエントの間に生じる葛藤」「アセスメントにおいて基礎とする理
　論の違いとその影響（例：クライエントの語り・文脈を強調するアセスメント）」等で異なる。
・アセスメントの目的がニーズ理解なのかリスクチェックなのかにより，アセスメントの進め方に
　違いが生まれる。

4　情報の収集・分析・統合と報告書作成——アセスメントのプロセス

（1）専門職としての使命の自覚

　図1-1は，本書で想定するより質の高いアセスメントの構成要素を示した
ものである。図の左の矢印が4つの構成要素であり，右側はその内容をまとめ
たものである。

　「（1）ソーシャルワーク実践の基盤となる視座・知識・スキル」はアセスメ

第1章　アセスメントとは何か

図1-1　統合的・多面的アセスメントの構成要素

（1）ソーシャルワーク実践の基盤となる視座・知識・スキル	・専門職としての基本的視点（誰のために何のために仕事をしているのか・アイデンティティの自覚等） ・自らの実践を振り返る力（思考力・内省力） ・社会科学を中心にした人間・社会・相互関連性理解の理論枠組み（なぜ，この人はこの家族はこのような考え方・行動を取るのだろうか＝一般的な理解を超えた深い人間・社会の理解に使える複数の考え方） ・制度・資源を知り調達できる力，交渉力 ・相談援助面接力（＝クライエントとの援助的関係形成力：どのようなやりとりがクライエントにとって安心して自らの思いを正直に語ることができるのか，クライエントの立場を想像することができるか，援助の一連のプロセスでクライエントが自らの問題解決の中心的役割を果たしていると感じられているか）
（2）アセスメント面接・その他の必要な情報源からクライエントの問題解決・軽減に必要な情報収集	・所属組織，制度・政策等が役割遂行に及ぼす影響の認識（組織の中での立ち位置分析）と所属組織で要求される基礎知識の習得 ・自分自身がクライエントの情報提供に与える影響の認識（自己覚知） ・統合的・多面的にクライエントを理解するために必要な情報の枠組み ・クライエントとのやり取りの中でクライエントの感情・思考・行動の背景を理解できるよう，面接内容を深める力（傾聴，理解を深めるための問いかけ，得た情報を統合しながら問題探求，クライエントの持つ力の発見と発見のクライエントへのフィードバック，クライエント自身が「対話」のプロセスを通して自分の効率感を持てるやり取り） ・必要な関連機関・関係者から情報を得る力とその情報を鵜呑みにせず判断する力
（3）収集した情報の分析・統合	・情報の分析（クライエントに関して得られた情報を客観的に分析する＝人間・社会理解に必要な理論を使って情報の意味を検討する） ・情報統合力（クライエントの問題解決・軽減とクライエントから得た情報がいかに結びつくのかを俯瞰的に理解し，クライエントからの確認を十分得た上で，実現可能で最適な問題解決・軽減法に関する「仮説的見解」を導く
（4）アセスメント報告書作成	・情報の分析・統合過程で作成した「仮説的見解」を振り返り妥当性を検証する力 ・読み手の理解を得られる，かつ客観的事実・類推が明確に区別できる文章作成（わかりやすく，しかし，要領よくアセスメント内容を表現する力）

31

第Ⅰ部　省察的ソーシャルワークとアセスメント

ントを支える基盤を意味し，ワーカーが専門職としての使命（ミッション）を
しっかりと認識していること等が含まれる。例えば生活保護に関わるワーカー
が，自分の仕事の使命は生活困窮にある人々が生活できるようにすること，ま
た病院の退院支援ワーカーが，クライエントが不安なく退院後の生活ができる
こと，児童虐待ケースを担当する児童福祉司が子どもの健全な成長環境を確保
すること，等を自分の使命を自覚できていれば，アセスメント面接の際にも，
クライエントや関係者が語ることをそのまま聞き流したり，自分のアセスメン
トシートを埋めることだけに専念したり，といったことは起こらないだろう。
基盤に含まれる内容は他にもあるだろうが，ここでは筆者の判断でそのいくつ
かだけを選択した。これらの基盤があって，図1-1中の（2）から（4）ま
での統合的・多面的アセスメントに含まれるプロセスが可能となる。

（2）情報収集

　第1のプロセスは情報収集であり，「（2）アセスメント面接・その他の必要
な情報源から得たクライエントの問題解決・軽減に必要な情報収集」としてい
る。

　この情報収集を確実にするためには，ワーカーが自らの「立ち位置」を示し，
ワーカー自身がクライエントに及ぼす影響をしっかりと認識し，そこで見えて
きた「課題が生まれた背景」を考慮していく必要がある。また情報収集の際に
は，何を知る必要があるのかという情報収集の際の情報枠組みを持っているこ
とが求められる。しかし時には，所属組織がシンプルなアセスメントシートや
単一の問題の程度を理解するためのアセスメント項目シートしか準備していな
いこともあるようだ。統合的・多面的アセスメントを実施するに際して，必要
な情報の枠組みを9項目に設定して，その情報収集することを目指しているが，
そこで得ようとしている情報は，クライエント自身の問題の捉え方に始まり，
その人の問題対処の仕方，持っている資源，サポーターの存在，クライエント
の生きてきた歴史，強さ（ストレングス），価値観などをも含んだものである。
しかし，アセスメント面接の情報収集量・情報の豊かさは，「ワーカーの面接
力，ワーカー自身の思考力・判断力」に左右されることを忘れてはならないだ
ろう。

第1章　アセスメントとは何か

（3）収集した情報の分析・統合と報告書作成

　アセスメント面接等から情報を得た後は，「（3）収集した情報の分析・統合」である。このプロセスが無ければ「（2）情報の収集」で得られた多くの情報が「最適なクライエント援助法」につながらずに終わる。情報分析・統合では，情報の意味を解釈する必要が出てくる。そこで必要になるのが「世間一般でなされている解釈」とは異なる「人間・社会の理解に必要な理論・研究成果の集積など」を用いた専門職としての解釈である。

　貧困に陥った人々を怠惰と解釈するのは世間一般の考え方であり，ワーカーであれば，彼らを取り巻く社会状況をも含めて複合的な理解をする。児童虐待の加害者の親子関係に関する知識を持っていれば，虐待を受けていても子どもが親を求める，ということもわかっている。学校での成績不振や欠席が単なる子どもの怠けではなく，貧困・家族の不和といった，子どもを取り巻く環境がそこに影響を及ぼしていることもわかるはずである。「大丈夫です。自分たちだけで何とかできます」と他者からの支援を拒む要介護者のいる家族が，本当に自分たちだけで何とかできるかどうかは，彼らの持つ資源が豊かにあるかどうかを確認しなければ，そのまま受け入れてはいけないということもわかるはずである。このように社会科学の理論や知見を基に，クライエントから得た情報を分析・統合した結果，実現可能で最適な援助法を（あくまでも仮説的に考えての「最適な」であるが）導き出すことができる。それを報告書にまとめるのが次の「（4）アセスメント報告書作成」のプロセスである。

（4）報告書の作成

　報告書を作成するという過程，つまり記録を書くという過程は，ワーカーに自らの仕事を振り返る機会を提供し，自分の判断の妥当性を問い直していく過程である。記録が残せなければ，ワーカーの仕事上の判断の妥当性は，誰にも証明できないし他者に伝達できない。クライエントの置かれている状況をどのように見立てたのか，それはなぜか，等が明確に他者にも了解可能な文章で記載されていなければ，ワーカーの仕事は無かったことにも等しくなってしまう。問題が起きワーカーの業務内容が問われた時に，「忙しくて記録していませんでした」「紛失しました」等の釈明はあってはならないはずであるし，何が書

33

いてあるのか不明瞭な記録は役に立たない。副田あけみは，記録の目的にはクライエント，他職種・他機関との情報共有，ワーカー自身の実践の内省とともに，クレーム対応もあるとし，「相談援助記録が的確に書かれていれば，それは，説明責任やクレーム対応のための記録としても有効であるはずです」と述べている（副田 2018b：6）。

　ソーシャルワークの記録に関する課題を，オラークは，①明確で一貫性のある「良い記録」の書き方をソーシャルワーカーたちが学んでいない，②記録に何を書き記すことが期待されているかが不明確であり，そのために適切な記録を書いているかどうかに確信が持てない。この理由によって，記録内容に関してその正確さに関する質問が出たり，苦情が出たりするとそれに対する対応が脆弱となる，③職務上多くの業務を抱えておりそこから生じるプレッシャーのために時間を作ることができない，④組織の管理者が位置づけている「記録の重要性」（説明責任に適合する根拠を示すものとしての記録）と管理者から与えられる記録時間に対する優先順位の低さという矛盾にさらされる，と4点にまとめている（O'Rourke 2010：122-123）。

　このような課題の解決は，ソーシャルワーカー個人でできるものではない。オラークは解決策に関する議論で，組織の管理者，実践家であるワーカーの両方に望まれることを挙げている。管理者は，①明快で一貫性を持つ記録のガイダンス提供，②記録の重要性の再認識，③具体例を伴った「良い実践の構成要素」提供，④財政サイドの意思決定プロセスに実践家を参加させ「記録に必要な内容の明確化」，という4点が必要であるとする。一方，ワーカーは，①事実と意見の区別をすること，②類推を避ける（技術の適切さを明らかにできる記述を加える），③情報記述・情報の解釈の際に自分が選択的な見方をしてしまうことを認識，④記録の中に感じている葛藤についての内容も含める事（O'Rourke 2010：170-171）としている。

5　統合的・多面的アセスメントのための情報枠組み
――統合的・多面的に問題状況を理解するために――

　すでに序章の表序-1で紹介したように，本書では，統合的・多面的なアセスメントに必要な情報枠組みを設定している。その具体的な解説は第Ⅱ部で行

うので，ここでは簡単に9項目を解説する。

　まず，お断りしておきたいのは，これらは，それぞれの項目を一つずつ尋ねるための「チェック項目」ではなく，人・問題・人と問題をとりまく環境とそれらの相互作用を理解していくための思考を促進する「枠組み」に相当するということである。この統合的・多面的アセスメントは主にニーズを導き出すためのものであるが，リスクの深刻度の判断の場合にも，この思考枠組みを念頭に置くことで，クライエントが語る問題の過小評価，過大評価，を避けることができるだろう。さらに，一般的な「相談援助面接」の場での応用だけではなく，施設・在宅ケアなどでのワーカーとクライエントのやりとりからクライエントが必要としていながらもそれを上手く表現できていないニーズ，クライエントが望んでいる生活形態，などに気づくためにも応用できると考える。

（1）クライエントの問題意識

　これは，クライエントがワーカーの援助を進んで受けようとしているのか，あるいは誰かに強制的に支援を受けるように言われてワーカーに会いに来たのかに関する情報である。これは援助を求める理由とも言い換えられ，アセスメント面接へのクライエントの参加度，それに続く援助方針の策定に大きな影響を及ぼす。クライエントが児童虐待，高齢者虐待，DV，といった問題の加害者としてアセスメント面接にやってくる場合に，クライエント自身が自分自身の何らかの問題がある事を意識していない，あるいは意識していてもそれを否定する，ということが非常に多い。そのため，ソーシャルワーカーは，この現実に注意を払いながら面接を進める。第3章で問題発見・アウトリーチについて解説する際に，より詳しく述べていくが，アセスメントで留意すべき点は，クライエントの問題に関する否認・否定をそのまま受け入れるのではなく，しっかりとリスクのアセスメントを行うことである。

　また，クライエントが自発的に相談に来た場合でも「何となく，そこにやってきた」ため，積極的に自身の問題と関われないことや消極的な態度を見せることもある。例えば，入院患者が病棟の看護師さんから「相談室に行ってみたら」と勧められたが，相談室が一体何のためにあるのか，何をしてくれるのか，を明確に理解できないまま相談に来ることもある。そのような時には，アセス

メント面接の開始時に,「○○さん（紹介してきた人など）から, ここの事（ワーカーの所属機関）をどんな風に聞いていらっしゃいますか」といった問いかけで, クライエント自身の面接に対する動機づけや期待を知ることができるかもしれない。大切なことは,「クライエントは支援を受けたいと思っているに違いない」との前提で面接を始めないことである。

（2）主　訴

これは, クライエント自身が「これが自分の問題である」と述べる問題内容である。「（2）主訴」で注意すべきことは, 主訴が最終的に本当のクライエントの問題ではないかもしれないという予測も持ちつつも, それが当初のクライエントの考える一番の問題であることを認識してしっかりと耳を傾けることである。

（3）問題の具体的な特性

これは, 問題は, いつ始まりどのぐらいの期間継続しているのか, 問題の起こる頻度, 問題が起こる場所や時, 誰といる時, 問題はクライエントが日常生活を営むのにどれほどの障害になっているのか, 問題が起きるのに関係した出来事・人・機関は何か, という詳細をしっかりとおさえることである。クライエントが「私は, ここしばらくずっとうつ状態です」という主訴をソーシャルワーカーに訴えた時, ともすればワーカーは,「そうか, うつ状態なのだ」と自分の中でその状況を想像し, 問題の詳細を聞くことを怠ってしまうことがあるが, 具体性の確認が必要となる。

（4）クライエントの問題の捉え方

これは, 考え・感情・行動のそれぞれにおいて, クライエントがどのように問題や現状に反応しているのかを明らかにしていくことである。末期状態の夫に関してその妻が「大丈夫です。私は覚悟していますから」と言う時, 親からネグレクトされている子どもがワーカーに「お母さんは悪くないよ。悪いのは僕だよ」と話す時, 介護をしている嫁が舅のことを「あんな人, いなくなってくれればいい」と呟く時, それぞれにおいて私たちは, 単純にそのクライエン

第1章　アセスメントとは何か

トの言葉だけで判断してはならない。特に事例検討会などでよく明らかになることの一つに，クライエントの考えや感情の表現などに囚われすぎて，行動レベルで問題にどのように対応しているかを確認し忘れることがある。

（5）クライエントの特性

　これには，実は多くの小項目情報が含まれているため，この1項目だけを第8章で取り上げて考察していく。ここに含まれている生育歴やその他の情報は，実践場所によっては，じっくり尋ねている時間はない，と言われるかもしれない。しかし，長い時間をかけなくとも，「クライエントがずっと優等生タイプで生きてきたのか」「家族を大切にして生きてきた人なのか」「現在『青年期，子育て期，老年期』など，どのライフサイクルにあるのか」「家族や近親者，友人，そのほかの人々とはどんな関係を持つことができているのか（これは後に誰がクライエントを支えてくれるのかを知る重要な情報となる）」「どのような強さ・長所を持っているのか」「何を大切に（価値観），何を達成したいと考えて（人生のゴール）生きてきたのか」などについての理解は，「クライエントが自分に提供されたサービスをどのように活かしていけるのか」の予測に役立つ重要な情報である。

　ソーシャルワークで，クライエントの持つすべての課題が解決できないことも多い。そのような場合にできることは，今後の生活に関して，クライエントとともに話し合い，その話し合いのプロセスで，クライエントが気づいていないこれまでの人生で培ってきた様々な特性（強さ・長所，他者との関係の作り方，価値観など）についてワーカーが発見したことを，クライエントにフィードバックし，それらを今後どのように活かしていけるかを一緒に考えることだろう。ソーシャルワークが大切にする「クライエントに対する尊敬」の実現は，「クライエントには大切な歴史がありワーカーはそれを尊重する」ことで可能になるはずだ。

（6）クライエントの問題理解に必要な固有の情報

　これは，問題領域に固有の情報である。前述したように，本書で取り上げる統合的・多面的アセスメントに必要な情報枠組みは，ニーズを抽出すること，

37

第Ⅰ部 省察的ソーシャルワークとアセスメント

また異なる対象領域にも応用することを想定しているが，リスク・アセスメントの場合には，それぞれの領域で必要なアセスメント内容を把握しておく必要がある。

(7) クライエントの問題対処力と問題対処のための資源

同じような問題を経験しているクライエントが，その問題に対して他の人と異なる反応を見せることを，私たちは良く知っている。あるクライエントは，驚くほど冷静に「どうすればその問題を解決できるかを考え，自分の持てる力を総動員してワーカーも驚くほど着々と問題を解決に導く」かもしれない。一方で，問題があたかも存在しないように問題の存在を否定したり，問題があるにもかかわらず仕事が忙しいなどという理由でその問題に向き合うのを避けたり，飲酒，ギャンブルなどで気を紛らわしたり，といった問題と直接向き合うことをしないクライエントもいる。このような違いは，問題対処力という観点から理解を深めることができる。「(7) クライエントの問題対処力と問題対処のための資源」は，ラザラスら（Lazarus & Folkman 1984=1991）が提唱した「ストレスコーピング理論」の応用でもある。人は，何らかのストレスを引き起こす状況に出会った時，それぞれ，その状況の見積もり（評価）をし，その評価がその後の対処の仕方に大きな影響を持つ。またそのような評価は，人が持っている多様な資源（経済力，健康，思考力，行動力，サポーター，性格特性など）の影響を受けている。例えば，お金があれば問題解決の選択肢がより大きくなるだろうし（経済力），体調が良ければ問題解決に使うエネルギーが十分ある（健康）。

自分の問題をどうすれば良いのかを考えるには，考える力，情報を収集する力，そして情報の中から最適なものを選び取る力（思考力・判断力）や，必要な支援を求めることができる力（対人関係），小さなことでくよくよしないでいられる性格（性格特性等）が役に立つだろう。このような資源を持っている人と持っていない人とでは，同じ問題に直面した時，「私に何とかできるだろう」「この問題は何とか切り抜けられるだろう」といった判断は大きく異なってくるはずだ。

また問題に出会った時，すでに自分に負担をかけるような他の問題を持って

第1章　アセスメントとは何か

いれば（他のストレスを引き起こす出来事の存在），問題解決がより困難になることも容易に想像ができるだろう。子どもの頃，恵まれた養育環境下で育つことができず，十分な教育を受けることも，信頼できる大人に出会うこともなく，低い自己評価のまま生活のために必死で生きてきた人と，その対極の環境にあった人とでは，すでに問題に対する際の資源が大きく異なっている可能性はある。もちろん，人は単に受身的に環境の影響を受けるわけではない。そのことを示すのが，レジリエンスと呼ばれる過酷な環境下でもそれを跳ね返していく力である。本書では，このレジリエンスも含めて問題の対処を考えている。

　人の問題対処はシンプルではなく，クライエントが，問題が起きて間もない時期にその問題の解決を考えないからといって，その後それが変化しないわけではない。ソーシャルワークで私たちが出会うクライエントは前者であることの方が多い。そのため，クライエントがどうやって問題に対処できているのか，また，これまでどのように問題を対処してきたのか，に関する情報を得ることで，クライエント理解を深め，援助の際に「どの程度のサポートがどの程度の期間必要になるだろうか」を，より適切に見積もることができる。アセスメントを適切に実施することで，このような「見通し（予測）」ができ，不用意にクライエントを責めたりすることも減少するはずである。対処力に関連する資源の中でも，ソーシャルサポートと呼ばれる他者からのサポートの果たす役割の大きさは数々の研究結果が証明してきており，サポートの役割を理解することは有効である。

（8）問題を解決するためにクライエントが使える人的・物的資源

　この点については，前述した問題対処に関してクライエントが持つ資源を総合的に考慮して，現在クライエントが直面している問題にそれらの人（ソーシャルサポーター）や物質的な資源が活かされるかを考える。クライエント自らの問題解決のためにどのような人々にサポートしてもらえるのか，また，金銭などの資源をどれほど持っているのかを明らかにしていく。

（9）クライエントのニーズと今後必要な外部資源

　これは，これまで収集し，検討してきたすべての情報を統合し，最終的に何

39

第Ⅰ部　省察的ソーシャルワークとアセスメント

がクライエントのニーズであるか，そして，そのニーズを満たすために必要な公的サービスなどの資源（クライエント自身が持つ資源とは別に）が何か，をまとめた援助計画書作成につながるものである。前述したようにクライエントの主訴が必ずしも真のニーズではないことはよくある。ニーズを見つけ出すことは決して容易ではない。ワーカーが根気よく多面的な情報を収集し，それらを分析・統合することで徐々にニーズが明らかになってくるのである。

6　リスク・家族・環境に関するソーシャルワーカーの役割

（1）リスクのアセスメント
——アセスメントの質がクライエントの生死をも分ける

　ここでリスクの発見が優先されるアセスメントについても言及しておきたい。虐待の疑いがあり，「加害者」であるかもしれないと見なされている人と面接する時にも，これまで説明してきた統合的・多面的アセスメントで必要とされる「当事者が現状をどのように捉えているか」等の情報をしっかりと聞き取る事はもちろん大切である。しかし，その一方で相手のペースに巻き込まれて，リスクの見極めをおろそかにしてはならない。

　西澤（2019）は，2018年に起きた目黒区の児童虐待死事件に関して，リスク・アセスメントが適切に行われていなかったことを指摘している。女児には外傷があったが，それを「軽微な傷であった」と評価し記録されてしまったために，子どもを保護できなかったのである。この件に関して西澤は，傷自体は軽くても外傷がどの部位に見られたかによって，その外傷が子どもの生命維持に及ぼすリスクが異なることを指摘している。たとえ外傷自体は表面上軽く見えても，傷を受けた部位によっては女児が死に至る深刻な暴力が行われたことを認識したリスクのアセスメントを実施し，問題の深刻さを予見すべきであったと述べている。

　もう一つ紹介する事例は2012年1月に北海道で起きた，3度も福祉事務所を訪れながらもサービスの受給に至らず40代の姉妹が遺体で発見された事件である。暖房も止められ，冷蔵庫も空っぽであった。この姉妹の妹には障がいがあり，両親はすでに他界し頼る人もなく，姉は体調不良のために就職もままなら

ず，3度に渡り区役所に窮状を訴えていたとのことである。しかし，担当者は「本人が申請の意思を示さなかった」として，明らかに困窮状態がわかるはずのこの姉をそのまま帰らせていた。アセスメントの本来の目的は，本人が置かれている状況をより正確に理解することである。クライエントが言った言葉をそのまま額面通りに受け取るだけであれば，アセスメントではない。例えば，当該ワーカーがソーシャルワークの専門家でなくても，人の命を左右する部署にいる限り，それで済ませてはいけないはずだ。

　生活保護に関しては，「水際作戦」と呼ばれる方法が取られてきていることもよく知られている。しかし，少しでも想像力があれば，リスクをしっかりと認識し決してこの姉をそのまま帰さなかっただろう。姉妹が置かれていた状況は，お金がなく食べ物も買うことができない状況だった。しかし，おそらく，これまで誰にも頼れないで生きてきた経験，サポーターをほとんど持たないこと，などに加えて公的機関で窮状を訴えても3度も聞き入れてもらえなかったことは，この姉に「やはり，誰も自分たちを助けてくれない」というさらなる「無力感」「あきらめ」をもたらしたはずである。

　岩田正美は，「『自立』支援という政策目標は，個人の怠惰が貧困を生むという，きわめて古典的な理解に基づいている。だが問題は，怠惰ではないのだ。貧困を個人が引き受けることを良しとする社会，そうした人々をブラック企業も含めた市場が取り込もうとする構図の中では，<u>意欲や希望も次第に空回りし始め，その結果意欲も希望も奪いさられていく</u>」（岩田 2017：324，下線筆者）と述べている。ワーカーがクライエントの置かれている状況を統合的，俯瞰的に見ることができるということは，このような社会と人との関係性をも含めた理解をすることでもある。

（2）クライエント・家族を取り巻く環境のアセスメント
──エコマップを応用し視覚的に理解する

　表序-1に挙げた統合的・多面的アセスメントに必要な情報枠組みの中の「（3）問題の具体的な特性」に含まれている「問題が起きるのに関係した出来事・人・機関は何か」に関して，さらにアセスメントで得た情報をわかりやすくする方法として「エコマップ」がある（渡部 2017）。エコマップの作成方法

第Ⅰ部　省察的ソーシャルワークとアセスメント

図1-2　事例の援助開始前と開始後のエコマップ

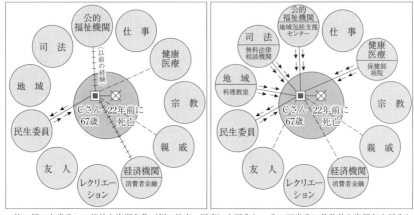

注：円の上半分に一般的な資源名称（例：健康・医療）を記入し，その下半分に具体的な資源名を記入した。資源名は，クライエント状況に応じて作成していくこと。
出所：渡部（2018a：219）に加筆・修正。

は時代によって変化してきているが，最初は，家族療法をソーシャルワークで取り入れていたハートマン（Hartman 1978）によって作られた。筆者は，それを1999年に翻訳・紹介し，そのまま使い続けている（渡部 2011：70）。

　家族療法では，エコマップをアセスメントと治療の両方の目的で使用していた。ワーカーも協力しながら，クライエントが中心となってエコマップを作成することで，クライエントとワーカーの双方が，クライエントを取り巻く周囲の環境，その影響を理解し，何が自分の問題に影響しているのか，どんな人や機関が自分に有益なサポートを提供してくれているのか，自分はそれらに対してどの程度働きかけているのか（「エネルギーを注いでいる」とも言い換えられる）を再確認し，変化させるべき関係性などに気づき，クライエントが自らの生活を変えていくきっかけにもなっている。このエコマップは，クライエントとワーカーが共同作成することもあれば，ワーカーがクライエント理解を深めるために使用することもあるだろう（これはシステム論に基づいて考えられたもので，人と環境が相互に影響を与え合っていること，どこがどう変化すれば，どこに影響が及ぼされるかを類推するツールともなる）。図1-2はこのエコマップを用いて，以

第1章　アセスメントとは何か

下に示す事例1-2のソーシャルワーク援助開始前（アセスメント時）と，援助開始後のクライエントを取り巻く人々，機関との関係性を示したものである。援助開始前にクライエントが持っていた関わりは民生委員のみであったのが，援助開始後には増えていることが見て取れるだろう。

このように，クライエントとの初期の対面時にアセスメントツールとして用い，支援開始後，クライエントを取り巻く環境がどのように変化したのかを比較するような用い方もできるだろう。この事例とエコマップは，渡部（2018a）が作成し詳しく説明しているものだが，ここでは簡単に事例の概要を述べるにとどめる。なお，以下の概要の中で「　」は実際の出典からの引用，《　》は筆者がそのような会話をまとめたということを示している。

事例1-2　一人暮らしの高齢男性，大家（民生委員）の仲立ちで生活再建
　地域包括支援センターのワーカーである松本さんは，民生委員でアパートの大家でもある山口さんから自分のアパートの住人である独居の高齢男性川口さんのことが気になるので一度見に来てほしい，と頼まれた。川口さんは妻を45歳の時に失くしており，子どももいない，そして人付き合いもあまりないため，面倒見の良い山口さんは川口さんの事をこれまでも気にかけていた。最近外出する様子をあまり見なかったため，部屋を久しぶりに覗いたところ「ひげもそらず，寝巻のままで布団に寝転がっていた」。さらに，家の中も散らかっていた（渡部 2018a：210）。また，川口さんは親類とも疎遠である。中学卒業後，集団就職で都会に出てきて真面目に電機工場で働きながら夜間高校にも通った。元々無口で人付き合いも上手くない性格であった。30歳になった時，行きつけの食堂で働く女性と結婚し，2人で外食や映画鑑賞を楽しみに暮らしてきた。結婚して15年後，妻が急性骨髄性白血病で急死して以来，ギャンブルや飲酒を始め，50歳の時肝疾患が見つかっている。55歳で早期退職後も7年ほどパートで働いていた。ギャンブルにのめりこんだ時に消費者金融から借りた借金が今も残っており，少ない年金の中から少しずつ返している。5カ月前に自宅で転倒し足を捻挫。病院に行くこともなく，自宅で何とか暮らしていたが，その間に急に体力・気力とも衰えを感じはじめ，人生に対して投げやりになっている。「自分が困っても，いなくなっても，別に誰かが悲しむわけでもないと思う」（渡部 2018a：214）と考えている。「家を片づけなければ」「外出もしなければ」と思いつつ，いつの間にか面倒臭くなり，自宅も散乱したままで生活をしている。誰にもこんな姿を見せたくないし，相談する気もない。

43

第Ⅰ部　省察的ソーシャルワークとアセスメント

　これが，援助開始前の川口さんの状況である。それをエコマップに示すと，消費者金融との軋轢があり，以前公的機関と接触した際の経験から，こことも関係が悪いことが見て取れる。そして病気でありながら，医療機関にも通わない（破線は関係性が弱いことを示す）。親戚との関係も弱い。しかし援助開始後には，公的福祉機関（地域包括支援センター），司法（無料法律相談）など川口さんを支える機関が増えていることが明らかである。ワーカーは，このケースがアウトリーチケース（第3章で詳しく説明）であり，川口さんが「支援されることに抵抗感を持っている」と類推し，民生委員さんに同席してもらうとともに，特に慎重にアセスメント面接を始めた。自己紹介の際にも，「決して私が一人で何かを勝手にするわけではありません。…（中略）…何をどうできるかをご一緒に考えさせていただくために参りました。…（中略）…ここで聞かせていただいたことやお話は，川口さんの許可なしには他の者に話しませんので…」と伝えた。それに対して，川口さんは「ワーカーが今まで自分が会ってきた福祉関係の人とは違う」という明確な認識をしながらも，「人の世話にならずにやっていこうと思います」というご自分の生き方をはっきりと表現した。

　ワーカーは，川口さんの対応の仕方，そして面接で見えてきた消費者金融への借金の返済に対する責任感などから，おそらく不器用と他人から評されるかもしれない川口さんの生真面目な性格を感じ取った。アセスメント面接の途中，ワーカーの松本さんが川口さんの部屋にあった古い映画雑誌を見つけ（観察力），「川口さんは，映画がお好きなのですか？」と尋ねたことをきっかけにして，川口さん自身が，「亡くなった妻が映画好きで2人でよく映画を見に行ったこと」を語り，そこから自分のライフ・ヒストリーともいえる成育史も部分的に話してくれた（渡部 2018a：212）。川口さんが望むこと，負担に感じないことから始めよう，と考え提案した家事援助の支援は《体調を整えて自分で日々の生活を営んでいきたい》という当面のニーズにマッチした。

　川口さんの経済状態を考慮し，要介護認定の申請，他者と会話することが苦手な川口さんが「ヘルパーさんにどうやって自分の思いを伝えるか」の方法は，ワーカーが役割モデルを取ることにした。ワーカーは，川口さんの借金のこと，医療のケアは，この後機会を見つけて話し合うことにし，川口さんがある程度最初の支援に慣れてきた頃，地域包括支援センターの保健師の協力を得て，医

療ケアを引き受けてくれる病院への紹介，川口さん自身が借金のことを話題にした際に無料法律相談機関へ紹介，体調の回復に従い《自立心》の強い川口さんが自分で食事の準備ができるようにと，公民館で開催されている男性の料理教室への紹介も実施した。その結果，緩やかな関係ではあるが，料理教室の何人かとは会話をして楽しめるようになってきた。その変化を示したのが援助開始後のエコマップである。

（3）家族関係のアセスメント──システム理論を基にした家族の理解

　序章で述べたように，クライエントはいつも個人とは限らない。家族が支援対象となる現場は少なくない。その時どんな点に着目して情報を得ることが必要になるだろうか。渡部（2011）は，ヘプワースら（Hepworth et al. 1993）に依拠してシステム理論を基にした「家族の力関係理解」の枠組みを5点にまとめている（渡部 2011：71-74）。ここでは，次のようにその5点に少し修正も加えて，紹介したい。

　①　家族は何が問題だとしているか・何らかの問題を経験しているか

　前節で述べたように必ずしも，家族（主に親）が訴える問題は，その家族の抱えている根本的な問題ではないかもしれないことを念頭に置いて，家族の主張を聞くことを忘れてはならない。

　②　この家族のメンバーの間ではどのような規則・決まり事があるのか

　明文化されていなくても，家族という集団には固有の規則・決まり事が存在する。よく例に出されるのが，アルコール依存などの問題を持つ親がいる家族では「たとえ問題が存在していても何事も無かったように振る舞う」といった決まりである。このような決まりが，家族の問題存続に関係しているかどうかを見ていく必要がある。

　③　家族システムと外界との関わり

　これは，前述したエコマップに現れるような外界との関わり方である。完全に「閉鎖的」な家族や完全に「開放的」な家族はまれであるが，外界とのつながりを極力避けて暮らしている家族は，何か問題が起きてもそれを察知してくれる人や機関がないため，自分たちだけで問題解決をしようとして，時として不幸な結果になることも少なくない。介護殺人などの記事で見られるように，

第Ⅰ部　省察的ソーシャルワークとアセスメント

何かの問題を抱えた時，外界とつながっていなければ，誰かが助けに入ってくれることが期待できない。このような現実を考えた時，「援助を拒否する人」に対して慎重にかつその人の価値観を傷つけないようにしながらも，第3章の問題発見・アウトリーチで述べるようなアプローチをしなければならない。

④　家庭内の境界はどこにあるか・誰と誰が協力関係（同盟を結んでいる）にあるのか・その関係は流動的かあるいは固定的か

　家族も集団の一つである。集団になると人は大抵，その中でグループを作る。家族も同様である。例えば，父親と長女は多くの場合意見が一致し協力関係にあれば，ある種の「同盟関係」にあるとみなされる。そうなれば，家族の中で何か問題が起きた時にもこの2人はこの同盟関係に基づき時には良い方向性に家族を導くかもしれないし，時には，家族の問題解決を阻むような勢力となるかもしれない。ワーカーはこのような家族内の同盟関係をしっかりと認識し，そこに引きずり込まれないよう，適度な距離をとることが大切である。同盟関係があまりにも柔軟性を欠く時に，問題が起きる可能性が指摘されている。

⑤　家族の中で力を持っている人は誰か
　　　──「影の実力者」の存在を忘れないこと

　家族療法では，家族内の力関係や規則，同盟関係が家族の問題解決の阻害要因になるほど融通性に欠けていると判断した場合には，セラピーの場で意図的にそれらを変化させる介入の仕方をとる。例えば，常に娘に代わって娘の気持ちを語ろうとする母により，娘が成長を阻害されている時など，セラピストが母に向かって「お母さん，ちょっとここは娘さんから直接話を聞かせてもらえますか」と言うなどして常日頃の家族内力動を変え，家族に新しい体験をしてもらう。ソーシャルワークでも必要に応じて「声の小さなメンバー」が面接で自らの思いを話しやすいように，ワーカーが勇気づけるという方法でこの応用ができるだろう。

（4）クライエントの期待のアセスメント
──自らの役割認識を自覚するために

　ワーカーはクライエントが自分にどのような役割を期待していたのか，また，自分が果たそうとしていた役割は何かをしっかりと認識しておく必要がある。

第1章　アセスメントとは何か

表1-3　ソーシャルワーカーの役割・援助関係アセスメントの枠組み

項　　目	内容（具体的な事実・根拠）
①　クライエントが期待していた役割：クライエントおよびその家族はソーシャルワーカーをどのようなことをしてくれる人と見ていたのだろうか？	
②　ワーカーが果たそうとしていた役割：ワーカーは，クライエント及び家族に対して何をしようとしていたのか（予定していた自分のとるべき役割・支援目標などを含む）。	
③　ワーカーとクライエントとの関係性：ワーカーとクライエントとの間にはどのような関係が成立していたのだろうか。そこにある関係性は専門職としての援助的関係性になっていたか。	

出所：渡部編著（2007：339）をソーシャルワーカー用に修正・加筆。

これがしっかりとできていないことが実は少なくない。またワーカーとクライエントとの関係性が，「援助的関係」となっていたかに関しても，常に自ら振り返りつつ仕事をしていかなければならない。ワーカーはクライエントのアセスメントを実施するが，同様に自分自身が専門職として適切に機能できているかを常にアセスメントしていかなければならない。表1-3は，前述した3つの側面をアセスメントするために筆者が作成したものである。「クライエントとは良い関係ですよ。すごく気さくに話して下さるんですよ」「クライエントは私のことをすごく頼ってくれて，どんなことでも相談してくれるんですよ。信頼関係ができていると感じますよ」などの感想をワーカーが持っていたとしても，それらが果たして「単なる仲良し」「過剰依存」などでないかどうかを，しっかりと検討していく必要があるだろう。そのため，表1-3では項目とともに具体的な事実・根拠を記述する枠を設けてあるので，利用していただきたい。

7　本章のまとめ

アセスメントの定義には唯一のものはなく，ワーカーが働く組織や対象クライエントによって，ゴールがニーズ中心かリスクチェック中心か等で違いが出

第Ⅰ部　省察的ソーシャルワークとアセスメント

てくる。しかしゴールの違いはあっても，クライエントとの関係性を重視することと，クライエントとのやり取り（面接）でクライエントの置かれている状況をできる限り広く，深く理解する試みをすることは必要である。統合的・多面的アセスメントで着目した情報の枠組みは，様々な理論が統合されてできているものである。

　アセスメントで情報を得るということは，決して面接室でのやり取りに限定されるものではなく，クライエントが生活している場所でのやり取りにも応用可能である。また，1回で終了するのではなく，継続プロセスとして捉え，支援の経過に合わせた再アセスメントが必要である。

　アセスメント面接（クライエントとのやりとり）ではクライエントは受け身の存在ではなく，そのプロセスの重要な「参加者」であり，その経緯で，クライエントの強さ，すでに持っているサポートシステム等の発見を促進し，クライエントが自らの人生の舵取り役に戻れるよう（コントロール感を持つ）に適切なフィードバックを行う。ワーカーがクライエントのサポート役になれること，それによりクライエントが将来に希望を見出せることが重要である。ワーカーはクライエントの持つ思考枠組みを理解することに努め（クライエントによる状況の意味づけを理解する），クライエント自身が「現在の状況をどう捉えどうしたいのか」ということを支援法作成の際にしっかりと考慮していく必要がある。

　ワーカーは，クライエントから伝えられた様々な情報を分析・統合していく際，どのように捉えることが最も適しているのかを，理論や臨床知を用いて思考する。この思考を基に作成する支援法は「クライエントは今の問題をどう捉え，どう動こうとしているのか，クライエントの持つ資源でその問題の解決・軽減はどの程度可能になるか，ワーカーやその他のサポートがどの程度必要か，クライエントはそれらの支援をどう使うと推測できるか」等をデータと論理性（それは決して情緒面での情報を入れないということを意味しない。考え，感情，行動，すべてを含めた論理性である）を持って提示し，その後必要に応じて再アセスメントを実行する，ということであろう。

　注
(1)　今後，本書で紹介する事例はすべて同様である。

第1章　アセスメントとは何か

(2)　彼女が使用した用語は「診断」であったが，ソーシャルワークではクライエント理解での枠組みは医学とは異なり「社会」に求めようとしていた。

(3)　この部分は，渡部（2015a：183）を一部修正したものである。

(4)　筆者は，これまで渡部編著（2007）などの中で「対人援助職者に必要な基盤」として，6要因（①援助者としての基本的視点，②信頼される関係を形成する力と自己覚知，③総合的アセスメント力，④相談援助面接力，⑤制度・資源を知り調達できる力・交渉力，⑥人間とその人を取り巻く環境との関係に関する知識）を挙げてきた。本書は，この第3番目のアセスメントを中心テーマとして取り上げているため，図1-1で表しているソーシャルワーク実践の基盤となる視座・知識・スキルとは少し異なるものになっているが，新たに加えられた要因は「自らの実践を振り返る力」である。

(5)　マスコミ報道を基にしているため，詳細を聞けば異なった解釈ができるかもしれないことをお断りしておきたい。

(6)　渡部（2018a）がこの事例について，本書で取り上げている統合的・多面的アセスメントに必要な情報枠組みを使用し，アセスメント面接でのクライエントとワーカー間でのやり取りの実際例，事例のアセスメント，アセスメントを基にした支援計画，その後の経過，を詳しく解説している。関心のある方はご一読いただきたい。

(7)　原典では，人名をA，B，Cとしたものを松本，山口，川口に修正した。

49

第2章	ソーシャルワークの使命とアイデンティティ ——アセスメントに与える影響を考える

┌─── **本章の目的理解につながる質問** ───┐

① あなたはどんな仕事ができた時に満足しますか。

② ソーシャルワーカーの仕事の専門性とは，どこにあると考えますか。

③ 自分に「ソーシャルワーカーとして力がついてきた」と感じるのは，どのようなことができるようになったからですか。

④ 自分の所属組織や制度は，あなたのソーシャルワーカーとしての仕事に，どのような形で影響していると感じますか。その影響が仕事の阻害要因になっていると感じた時，どのような対応ができますか。

1 ソーシャルワーカーの使命——誰のために何をするのか

さて，上の質問に皆さんはどのように回答されただろうか。本章では，これらを中心にソーシャルワーカーとは一体どのような専門知識やスキルを持ち，何の影響を受けながら，どんなゴールに向けて仕事をする職業なのだろうか，を考えていく。

ワーカーが自分の仕事の使命をどのように考えているかによって，アセスメント情報の量と質は変わってくる。アセスメント面接で「クライエントのために最適な支援法を見つけ，実行することを目指している」ワーカーと「職場で決められたことをただ淡々とこなしていく」ワーカーでは，アセスメント面接におけるクライエントとの関わり方が異なってくることは明らかである。

このことを筆者が考えさせられる出来事が，あるグループスーパービジョンで起きた。その日の事例提供者は，病院のワーカーとして仕事をしていた。彼女が担当クライエントの説明をしてくれている間，筆者はクライエントの姿を

第2章　ソーシャルワークの使命とアイデンティティ

思い描くことができず苦労していた。彼女の説明は表面的で，カルテの引き写し程度の情報しか無かった。参加している他のメンバーも同様の印象を持ったらしく，クライエントを理解したいという思いで彼女に様々な質問をしたのだが，「聞いていません」や「わかりません」という答えが続いた。

　この状況では，クライエントが自分の置かれている状況をどう捉えているのか，また今後の生活をどうしていきたいのか，などは全く見えてこず，これ以上継続しても意味は無いように思われた時，筆者の中に「この人は，どうしてワーカーという職業を選択したのだろうか。彼女にとってワーカーとは何をする人なのだろうか」という素朴な疑問が沸き起こってきた。そこで，彼女にそのことを尋ねてみた所，返ってきた答えは，「私の仕事は，院長の考えを患者さんに納得してもらうように伝えることです」であった。つまり，彼女にとってのワーカーの仕事とは，所属組織の方針をクライエントに納得させることだった。

　その後，彼女がワーカーになった理由を聞かせてもらうことで，クライエント情報が表層的なものであった理由が推測でき，筆者の謎も解けた。彼女は病院長の秘書として雇用され，秘書としての有能さを買った院長の勧めにより通信教育で資格を取得し，ワーカーになったということであった。残念ながら，秘書としての有能さや資格取得の学習は，ワーカーの基盤となる使命感を身に付けることには役立たなかったようだ。

　この例は現実のものであるが，かなり極端であまり無いことかもしれない。しかしながら，このエピソードほどでなくとも，ワーカーが専門職としての使命と組織・制度の要請との間で葛藤し，自分は誰のために何をすべきかについてのジレンマを感じることは決して珍しいことではない。ソーシャルワークの歴史が始まって以来，このような議論は延々と続いてきた。筆者自身，ワーカーとは一体何をする人なのか，何ができればよいのか，常に迷い悩んできた。これは「ソーシャルワークのアイデンティティ」というテーマで，長年議論されてきている。そこで，本章ではこのアイデンティティをめぐる課題をテーマに，その課題の解決への道を探っていきたい。

51

第I部　省察的ソーシャルワークとアセスメント

2　ソーシャルワークのアイデンティティをめぐる現実

　ワーカーのアイデンティティの議論に先立ち，ここで少し筆者の経験を述べたい。

　筆者がソーシャルワークの実践を始めた1970年後半にはまだ社会福祉士資格は存在せず，ワーカーの人数も今よりももっと少なかった。そのような理由もあって，自分自身の知識・技術を向上させたいと考えて研修を探しても，その多くは心理療法やカウンセリングの研修であった。そのため，箱庭療法，ロールシャッハテスト，カウンセリングといった様々な研修に参加していた当時，筆者自身はワーカーというアイデンティティを明確に持っていなかったといえる。

　相談援助の仕事に携わりながらも，近接領域であるカウンセリングや心理療法と自分がやっている仕事の区別をつけられなかったというのが正確な表現かもしれない。その後，前述したアメリカでの経験を通して，ソーシャルワーカーの使命，アイデンティティについてより深く考えるようになった。大学院生だった当時受けた授業の中で，ワーカーとしてのアイデンティティを問われる機会が何度もあった。

　ある授業で，先生が筆者ら学生に「修士号を取った後，どこでどのような職業に就きたいのか」と問い掛けた。その結果一番多かったのは「個人開業のワーカーになりたい」という答えであった。まだアメリカ生活の短かった筆者には，個人開業という形でワーカーが仕事できることが想像しにくく意味がよくわからなかったのだが，その後「ソーシャルワークは，どのような人のために存在すべきなのか」に関する議論が始まった。

　この議論がある程度収束してきた時，ソーシャルワークに対して熱い思いを持っていた先生は，一言「ソーシャルワーカーは，個人開業のワーカーの所に来られるような経済的に恵まれたクライエントのためにだけ仕事をするのでは無い」と，私たち学生を戒めるように語ったのを今も忘れられない。先生は，経済的に豊かな人をクライエントとするなと言ったわけではない。しかし，「本来のワーカーのミッションを思い出せ」ということを言ってくれたのだ。大学院の授業では，常にマイノリティや弱者に対する支援が取り上げられ，ソ

52

ーシャルワークの対象者や使命について考える習慣が筆者の中にもできてきた。

　修士課程を終えてワーカーとして働いた相談機関には，筆者のようなワーカーだけではなく，教育カウンセラー，臨床心理士，牧師資格を持つカウンセラー，精神科領域の看護師が一緒に仕事をしていた。その人たちとピア・グループスーパービジョンを行う中で，異なる教育バックグラウンドを持つ人々の相談援助のアプローチと自分自身のアプローチのどこが違うのだろうかと考え始めるようになった。ある日，筆者と同様にソーシャルワーカーであった先輩に，この問いをぶつけてみた所「クライエントの問題を考える時，ワーカーとしてその問題の原因や解決法をその個人の中だけに留まらせず，その人の問題に影響与えている様々な要因にしっかりと目を向けて，アセスメントしその解決を見つけようとする所に自分自身は違いを感じている」という答えを得た。まさに教科書的な答えではあったが，確かにワーカーが目指す統合的・多面的アセスメントや支援法の広がりをその先輩は指摘してくれたのであった。

　筆者自身が辿った道は，以上のようなものであった。読者のみなさんもそれぞれが様々な形で，この課題をめぐる経験をされているかもしれない。それは次の事例に示すような，外部の人たちによるワーカーのイメージから生まれたのかもしれない。

事例2-1　ソーシャルワーカーのイメージ──他職種からの受け取られ方

　病院のソーシャルワーカーの荒木さんは，社会福祉士の資格をとって3年になる。職場では，少しでも日々出会うクライエントの役に立ちたいと転院相談を中心に仕事をしている。そんなある日，日頃，昼食を一緒にとることも多い事務職の人から「相談したいことがある」と言われた。その女性は荒木さんに向かって「ソーシャルワーカーって資格あるんですよね。でも，看護師，薬剤師，理学療法士とかっていうと何をしているか何となくわかるし，誰でもすぐにできる仕事では無いって思えるんですけど，ワーカーって患者さんの転院先を探す仕事ですよね。だったら，私にもできるのかなって思うことがあるんですけど。どんな専門知識が必要なんですか？　実際には，何をやっていらっしゃるんですか？　生意気なこと言ってすみません。でもずっと考えていたんで……。どうしたら，私もソーシャルワーカーになれますか？　私，4年制大学を出ているから，夜間の専門学校に行けばその資格が取れるんですよね。資格を取ってみようかなって考えてるんですけれど，どうでしょうか」。

第Ⅰ部　省察的ソーシャルワークとアセスメント

　事例2-1を読んで「あっ，私にも似たような経験がある」と感じられた方
は，どれほどいらっしゃるだろうか。実は筆者自身，今から40年も以上前に，
これと似たような質問をされた経験を持つ。そして，その時，質問にきちんと
答えられなかった悔しさを，今も覚えている。当時は，まだ社会福祉士という
資格など無かった時代だった。現在，社会福祉士資格ができ，業務独占ではな
いものの，求人広告に「社会福祉士資格保持者」などと書かれることも多くな
ってきた。では，社会福祉士とは何をする専門職なのだろうか。そこで，次に
社会福祉士及び介護福祉士法の第2条を見てみよう。

　　「『社会福祉士』とは，第28条の登録を受け，社会福祉士の名称を用いて，
　専門的知識及び技術をもつて，身体上若しくは精神上の障害があること又
　は環境上の理由により日常生活を営むのに支障がある者の福祉に関する相
　談に応じ，助言，指導，福祉サービスを提供する者又は医師その他の保健
　医療サービスを提供する者その他の関係者（第47条において「福祉サービス
　関係者等」という。）との連絡及び調整その他の援助を行うこと（第7条及び
　第47条の2において『相談援助』という。）を業とする者をいう。」

　この定義を言い換えると，何らかの理由により日常生活を円滑に送ることが
難しくなった人々がその難しさを軽減あるいは解決していくことを支援する仕
事であり，その際に必要となる専門性とは，「その人たちの状況をより正確に
適切に聞き取ることができる力（相談面接力），そしてその相談内容に応じて最
適の助言やサービス提供者との結びつけができること」といえるだろう。しか
し，社会福祉士が働く場所，対象とする年齢層，人々が経験する「支障」の種
類は広範で，働く場所の違いによっては仕事内容もかなり異なって見えるかも
しれない。社会福祉士及び介護福祉士法で規定された社会福祉士は必ずしも，
欧米などのソーシャルワーカーと全く同様といえない側面もあるが（小山
2016），職業アイデンティティは，ソーシャルワーカーに準じている。2014年
に改訂された IFSW 及び IASSW による「ソーシャルワーク専門職のグローバ
ル定義」を見ると「ソーシャルワークは，社会変革と社会開発，社会的結束，
および人々のエンパワメントと解放を促進する，実践に基づいた専門職であり

学問である。社会正義，人権，集団的責任，および多様性尊重の諸原理は，ソーシャルワークの中核をなす。ソーシャルワークの理論，社会科学，人文学および地域・民族固有の知を基盤として，ソーシャルワークは，生活課題に取り組みウェルビーイングを高めるよう，人々やさまざまな構造に働きかける。この定義は，各国および世界の各地域で展開してもよい」（社会福祉専門職団体協議会国際委員会 2016，下線筆者）と記され，直接実践を具体的にイメージしにくい定義ではあるが，少なくとも，ソーシャルワーカーは社会の現状をそのまま受け入れるのではなく，必要な変革を目指すべきであること，社会正義や人権，エンパワメントを重んじていることがわかる。

3 ソーシャルワークのアイデンティティに関する先行研究[2]

前述したように「職業アイデンティティ」をめぐる課題は，ソーシャルワークの歴史が始まって以来継続している，といっても過言ではないほど，ソーシャルワークの中核的な論点であり続けている。このように書くと，「そうか，では仕方のないことか」と諦めに似た思いを持ちそうになるが，「この課題が一体何によって作り上げられているのか」「何か対応策があるのだろうか」を考えることが必要である。職業アイデンティティに関する疑問・課題を抱えているのは日本だけではない。世界各国のワーカーが経験していることが報告されている。本節では，先行研究を振り返ることで，ソーシャルワーカーはどのような課題を抱えているのか，何が課題解決につながるのかを考えてみたい。

（1）誰でもすぐにできる仕事？
——専門資格保持者が多い組織で働くソーシャルワーカー

事例2-1で，病院のワーカーの例を挙げた。病院のような保健医療分野では，ソーシャルワークと比べて，より明確な知識基盤と専門性を持つ同僚とともに働くので，ワーカーは自らの仕事をどう位置づけるかという課題で悩むことが多いようだ。これは，ニュージーランドにおいても同様である。保健医療分野で働くソーシャルワーカーたちの葛藤を研究したベッドー（Beddoe 2013）[3]は，先行研究レビューから保健医療領域ワーカーに相対的に自律性が欠如して

第Ⅰ部　省察的ソーシャルワークとアセスメント

いることを発見し，その理由を，医療関連専門職による緩やかなコントロール
を受けた結果，ワーカーが「ゲスト」（お客さん）として存在してきたためだと
指摘した。さらに，この研究結果が発表される70年ほど昔の論文でも「介護や
医療のスタッフからの敵意や非協力的な態度の中で生き残るために外部者とし
て頑張らなければならない」と記されていたことが，今も変わっていないと指
摘している（Beddoe 2013：28-29）。

　残念ながら，ワーカーの「外部者」としての立場は長い年月が経っても大き
く変化しなかったようである。面接調査で得られたワーカーたちの語りからは，
医療従事者と自分たちを比較し，自らの持つ知識量に引け目を感じていること
などが明らかになった。さらに，これに影響しているのが，知識の弱さである
こともわかった。二木（2018b）は，医療ソーシャルワーカーが，医学知識を
身に付けることの必要性を指摘しているが，これは，この研究結果に見られる
「知識の弱さ」の補強につながるだろう。もちろんワーカーは医療従事者と全
く同等の知識は不要であろうが，様々な領域で仕事をするワーカーが，その領
域で共に仕事をする人々から信頼されるためには，領域固有の知識をも習得す
る必要がある。ワーカーの職場における低い自己認識は，医療現場において自
らがエンパワーすべきクライエントを無力化してしまう危険性があると指摘さ
れている。ワーカー自身が社会や組織が持っている上下関係に組み込まれて，
その力に屈してしまうことは，クライエントを犠牲にすることになることを認
識すべきだとベッドーは強調する。

　さらに，他の研究でも，ソーシャルワークの職場である病院，公的機関，児
童養護施設，さらに社会福祉政策といった環境要因がアイデンティティ形成に
大きな影響を与えること，ワーカーが働いている環境が専門職としての自分に
及ぼす影響に十分注意を払わなければ，結局クライエントを「依存する存在」
にしてしまい，クライエントの自律性の尊重やアドボケートという本来ソーシ
ャルワークにとって重要な価値が実現できなくなってしまうと警鐘を鳴らして
いる（Juhila & Abrams 2011）。

　病院におけるワーカーの悩みを論じた篠原は，退院支援に関して自らのスー
パーバイジーがよく表出する葛藤として，クライエントが退院への不安を抱え
ていると聞いているにもかかわらず「他職種から早期退院を求められる。その

ことで私も焦ってしまう」「どれだけ早期に退院したかだけが評価される」ことを挙げている（篠原 2018：251）。ワーカーが経験するこのような葛藤は，組織の要請とワーカーの専門職としてあるべき姿との不一致から生じるものであろう。また，篠原は，「急性期のワーカーには『退院支援』とは異質な『退院促進』の役割を求められることが少なくない」とも指摘している（篠原 2018：251）。このようなミクロ実践に影響を及ぼすメゾ・マクロ課題への具体的な取り組みの一つとして「アセスメントシートの作成」を挙げている[4]。

（2）組織内での自らの立ち位置の評価[5]

　これらの研究が示唆するのは，ワーカー自身が自らできることを明確に示し，職場の価値観に揺るがせられないしっかりとしたクライエント理解の枠組みを根拠とともに主張できなければならない，ということだろう。ワーカーは，「(1)自分が所属している組織内で自分自身に期待されている役割（組織の持つ使命・ミッション）」「(2)ソーシャルワーカーという専門職として期待されている役割（ソーシャルワーク専門職の使命・ミッション）」「(3)所属組織の他職種の教育背景と専門職としての思考枠組みとゴール」「(4)ソーシャルワーカーの持つ専門職としての思考枠組みとゴール」を整理・自覚し，仕事を通してどのように自分の役割を他職種に理解してもらえるか，その方法を持っていなければならない。奥川幸子は，「人が人を援助するためには，援助職者側が〈私は誰に対して，どこで，何をする人か〉そして〈その誰とは，どのような人で，どのような問題を持っている人か〉という視点を明確に持っていなければならない」（奥川 1997：99）と，クライエントのアセスメントとともに組織内の自分のアセスメントもしなければならないことを指摘している。

　また副田あけみも，「多機関の多職種で協働実践を行っていく場合，参加者は自分の，また，自分以外の参加者の機関や専門職としての機能や役割を正しく理解しておく必要がある」（副田 2018a：110）と述べている。表2-1は，このようなことを再考するために筆者が作成した表である。ご自分の組織内での立ち位置を明確にし，その中で必要な今後の課題を見つけるためにお使いいただけると幸いである。

第Ⅰ部　省察的ソーシャルワークとアセスメント

表 2 - 1　所属組織内での自分の立ち位置と予測される課題の整理

問　　い	記 述 欄
(1)自分が所属している組織内で自分自身に期待されている役割（組織の持つ使命・ミッション）は何か	
(2)ソーシャルワーカーという専門職として期待されている役割（ソーシャルワーク専門職の使命・ミッション）は何か	
(3)所属組織の他職種の教育背景と専門職としての思考枠組みとゴールは何か	
(4)ソーシャルワーカーの持つ専門職としての思考枠組みとゴールは何か	
(5)上の(1)から(4)までを総合して予測される組織内での課題とその課題の解決法とは？	

（3）　専門知識の必要性──専門職として必要とされる知識・スキル

　では，何がワーカーの専門性を支える知識やスキルと呼べるのだろうか。私たちは，どのようにしてプロフェッショナルと呼んでもらえるように成長できるのだろうか。このテーマに関して，その数は 3 人と少ないが，経験豊かなワーカーたちの面接を通してギリシャで見出された結果は[6]，日本でも通用すると考えられる。ギリシャも日本と同様，ワーカーの主な仕事は制度の運用であり，臨床ソーシャルワークが理解されにくい。しかし，そこで明らかになったのは，ワーカーたちは，自分たちの独自性として，人と環境との交互作用に焦点を絞ったアセスメントと介入を実施するという知識基盤，心理療法と異なるジェネリックソーシャルワーク視点を保ってさらなる専門性を高めていること，社会正義を目指すというミッションの遵守の 3 点において，ソーシャルワーカーとしてのアイデンティティを認識して仕事をしていることだった。つまり，個人の問題を個人だけの問題として捉えるのではなく，社会環境との関連性の中で，人とその人が抱えている課題を捉えるという「ソーシャルワークのアセスメント視点」を保ちつつ常に社会がより暮らしやすくなることを意識した実践に特徴があったのだ（Karpetis 2014）。

　ワーカーがクライエントに最適な援助を提供できるとともに，他職種からも専門職として認識されるために役立つことは何であろうか，まずは事例 2 - 2 を読んでほしい。

第2章　ソーシャルワークの使命とアイデンティティ

事例 2 - 2　アイデンティティ形成と役割モデル

　上野さんは，今年，社会福祉士の資格を得て福祉系大学を卒業し，あこがれであった地域包括支援センターに就職することができた。しかし，職場の社会福祉士は自分だけであった。大学時代の友人たちの多くは社会福祉士の先輩がいて，「困った時には相談にのってくれるし，あの先輩みたいになりたいなと思える人に出会ったよ」と嬉しそうに話していた。上野さんは，自分だけが取り残されているようで，職場を代わった方がよいのか考え始めた。

　事例 2 - 2 では，一般に「一人職場」と呼ばれる所にありがちな悩みである。もちろん，同僚がいる，あるいは先輩がいるだけで自分が成長できるとは限らないが，少なくとも「一人職場」では，「仕事のやり方」を見せてくれる人も困った時に相談にのってくれる人もいない。知識や技術の応用可能性を共に吟味してくれ，ロールモデルを提供してくれる人の存在が「知識・技術と実体験の統合」に役立つことを発見したのは，イスラエルの大学生を対象にした研究[7]であった。この研究では，実習と実習先のワーカーたちが果たす役割の有用性が見出されている。

　この知見は，第 5 章で紹介するソーシャルワークの学びが「行動と思考の循環」であるとする立場や，第 6 章の「望ましいスーパービジョンのあり方」をも支持する。この研究で論じられた有効なトレーニングの鍵となる考え方は，社会学習理論を提唱したバンデュラの「自己効率感モデル」であった[8]（Bandura 2008）。自己効率感は，自分自身が何かをやり遂げることができるという感覚であり，自己効率感を得るのに必要なことは，成功体験，熟練の行動化，（うまく対応している人を観察することで可能になる）疑似体験，周囲の専門職などの心理的なサポートによるコンピタンスの感情の強化，言語によるフィードバックなど，であることが指摘されている（Hantman & BenOz 2014）。

　言い換えれば，指導する先輩や上司が，新人の能力に合わせて仕事を選択し，そこでワーカーが「上手く仕事ができた」という体験をすること，熟練者ができていることを具体的な「行動」として示すこと，優れたワーカーの仕事を観察する機会を持つこと，素人の評価ではなく専門職と呼ばれる資質を備えた人による評価によって「できている。大丈夫」という気持ちを強めていくこと，しっかりと言葉で学習者であるワーカーに仕事に関する評価を返していくこと，

第 I 部　省察的ソーシャルワークとアセスメント

となるだろう。

（4）エキスパート研究の応用

　熟練度の高いワーカーは新人と何が違うのか，どこに専門性の向上を見ることができるのだろうか。このテーマをエキスパート研究の視点から取り上げた，オーストラリアのフックら（Fook et al. 1997）は，経験豊かなワーカーたちが，専門職としてのアイデンティティを持っており，複雑な課題に対処する能力に自信を持っていることを再確認した。彼らの特徴は，それぞれのケースに関して，どこに着目すべきかを素早く判断でき，それらに優先順位を付けることができ，それぞれのケースに対して使うことができる「資源」とそこでぶつかると予測される「限界」の両方に気づくことができていた，ということであった。

　エキスパートは，個人や家族といったクライエントにだけ焦点を絞るのではなく，個人・家族援助に影響を持つ制度や政策のことも同時に考え，どんな問題にぶつかる可能性があるか，までを予測した仕事をしていたのである。さらに自分の所属している職場という組織やそこでぶつかる官僚主義が，ワーカーとしての役割との境界で，どのような影響を持つかに関しても正確に気づいていた（Fook et al. 1997：405）。組織や制度が，ワーカーの仕事に与える影響への気づきとそれへの対応策を考えることの重要性は前述したが，この研究でも同様のことが指摘されたことになる。この研究が再確認したことは，優れたワーカーはミクロからマクロまでを考慮したアセスメントを実践し，広い視野から状況理解・解釈・判断・将来予測できているということだろう。この研究では，さらに本書でも役立つ理論が紹介されているので，その2つを以下に簡単にまとめて紹介したい。

　1つ目は，ドレイファス（Dreyfus）の「初心者，初心上級者，適格者，熟練者，エキスパート」と名づけられた5つの成長ステージモデルで，学習者たちはこのようなステージをたどって熟練した行動がとれるように進歩していく，と考えられている。このモデルによれば，初心者の特性は，一定のルールを知っているが，それらを状況の違いに応じて柔軟に使えないということである。しかし，経験を積み成長するに従って，「文脈に関係のない規則」を修正し，

新たに「状況に見合った」ルールを発展させ，より意識的に「選択された」捉え方をし，状況に対応していくための詳細な計画を作り上げる，と説明されている（Fook et al. 1997：401）。

2つ目は，ホリーヨーク（Holyoak）が提唱したエキスパートの仕事に見られる12の特徴である。これらの12項目を，筆者が具体的に言い換えると次の通りである。

> 「エキスパートは，初心者にとって『困難』と捉えられるような問題の核心をつかむのが早く，問題の解決法を見つけるための時間もより短いために，初心者から見れば難しそうな事例を目の前にしても『それほどの苦労なく適切に対応している』ように見える。自分の仕事に必要な情報（どのような時にどのような人に情報提供してもらえるか，誰がどんなことをしてくれるか，等）に関して『優れた集積記憶』があるため，より早く適切な解決法にたどり着ける。傍目には『無意識にしている』と見えるが，スキルの使い分けを実施している。例えば，クライエントの表情や表現を瞬時に読み取り，その人に合った応答ができるといったことなどが，これに相当するかもしれない。『どうしたら，この問題が解決できるだろうか』と解決法を探す時には，先にゴールを作って，そこに向けて解決を考えるのではなく，自分が得た様々な情報を積み上げていき，『このような状況でできる方法』を考え出す。課題を解決しなければならない時，様々な情報がどのように関係しているのか，関連性を把握する力において優れている。つまり，初心者は沢山情報があっても，それらを上手く問題解決に結びつける（情報の中にあるパターンに気づく）ことができにくいが，エキスパートと呼ばれる人はそれができる。」（Holyoak 1992：303を改変，下線筆者）[10]

さらに，ホーリーヨークは，エキスパートとして成長できるためのルールをワーカーに教えることが専門スキルの獲得に繋がること，学習には「詳細な」ゴールが必要であること，また，学習に対する「フィードバック」が不可欠であること，専門性はワーカーが仕事をする領域によって異なっていること，と述べている（Holyoak 1992：303）。

第Ⅰ部　省察的ソーシャルワークとアセスメント

こうして見てくると，私たちの周囲で「あの人すごいね。困難事例があの人にかかると困難事例ではなくなるね」と言われるようなワーカーが，まさにエキスパート研究が見つけ出した特性を持っていることがわかってくる。

4　広範な領域で働くソーシャルワーカーの「共通項」

事例2-3　働く場所により業務内容が大幅に異なるソーシャルワーカー

　大学3年生で実習に行き始めた山本さんと阿部さんの実習先は，各々，社会福祉協議会と特別養護老人ホームである。お互い大学1年生の時から仲良しで，将来は2人共ソーシャルワーカーになることを夢見て，これまでも色々なことを話し合ってきた。実習が始まって1週間が経った頃2人は一緒にランチをすることにした。それぞれが実習先で見聞きした内容を語り合った後で，「やってること，随分違うみたいだね。ソーシャルワークって何だろう。またわからなくなってきた」と言い合った。

　事例2-3は，異なる領域で実際に何をやっているのか，何をやるのか，を具体的に述べてみると，一見それらが異なる仕事のように見える「ソーシャルワーク」の特徴とアイデンティティ探求の必要性を示している。おそらく，ワーカーが「自分は何の仕事をしているのだろう。何をもってして自分をソーシャルワーカーと呼べるのか」と問い続けることを止めてはいけないのだろう。このアイデンティティを巡る議論に関して，ギルベルマンは「ソーシャルワークが始まって以来中心課題」であるが，「古くて新しいこの課題の議論の継続は重要」であると強調している（Gilbelman 1999）。先行研究を通して見えてきたソーシャルワークの共通項とも言い換えられる特性を，表2-2にまとめた。

　ギルベルマンは，ソーシャルワークが「問題の範囲とタイプ，働く場所，実践のレベル，実践で用いられる方法，サービスを提供しようとしている対象者において，他の多くの職業よりも，より広範にわたる仕事である」（Gilbelman 1999：301）と述べており，この指摘の中にソーシャルワークがアイデンティティを明確にすることの難しさの理由を見出している。しかし，このような問題を抱えつつも，社会正義や人間の尊厳や価値というものを大切にする姿勢に代表される価値基盤自体はソーシャルワークの歴史の流れの中でもゆるがなかっ

第2章　ソーシャルワークの使命とアイデンティティ

表2-2　歴史をさかのぼり見えたソーシャルワークの特性

・人と環境との関わりを重要視すること。
・社会の機能を高めるよう社会に対し働きかけること。
・十分な資源を持たないがゆえにその機能を発揮することができないでいる人々に対しては，その
　人々が可能で最大の自律性を手に入れる事を支援すること。
・クライエント支援の際には科学の応用を考慮すること。
・どのようなニーズを持っているかに関心を払い人々のエンパワメントを目指す事。

出所：渡部（2015b：5）。

たことも指摘している。

　ワーカーとして仕事をするというのは，どんな形でクライエントに関わるに
せよ，クライエントがどのような社会・家庭環境の中で生きてきたのか，それ
がクライエントにどのような影響を与えたのか，をアセスメントの際にしっか
りと考えることが大切である。さらにクライエント支援にあたり，その人がよ
り豊かな資源を持っていれば発揮できたであろう力を出せる環境を整えること，
その際，既存のサービスや資源だけでクライエント支援を考えるのではなく，
これまで十分に機能していなかった社会環境への働きかけも行うことが必要と
なる。ワーカーの仕事とは，クライエントのために「何かをしてあげる」ので
はなく，「クライエント自身が自らの直面している課題の背景を理解しその状
況を変えていける力を感じること」をサポートすることであろう。

　クライエントの課題をどのように理解していけるのか，最適の支援法はどの
ようなものかに関してはソーシャルワーク研究，また，心理学や社会学といっ
た社会科学の研究の応用が必要であろう。北川清一も「個々のソーシャルワー
カーは，社会福祉専門職として向き合う課題にどのように介入するかの理論
（知識）とそれに支えられた支援方法の共有化に向けた努力をとめることはで
きない」と理論の重要性を述べ，続いて，「その際，支援の過程で，ソーシャ
ルワーカー自身が，これまでのような安直な経験至上主義と結びつきやすい傾
向にあった生活改善あるいは課題解決に実際に役立ったと自ら認識した方略に
検討を加えてきた方法から抜け出す必要がある」（北川 2017：225）と内省作業
の重要性を強調している。

第Ⅰ部　省察的ソーシャルワークとアセスメント

5　本章のまとめ

　ここまで，ソーシャルワークのアイデンティティを巡る課題やアイデンティティ獲得に関連する要因，ワーカーの成長段階などについて論じてきた。ソーシャルワークのアイデンティティを支えているのは，専門職の独りよがりでは無い，押し付けでは無い，支援に結び付けられる「幅広い視点・ものを理解する枠組み」であることは，本章でも繰り返し述べた。目の前の小さな事象にのみ目を奪われていれば，今目の前にある出来事の解釈が偏ってしまうだろう。このようなアセスメントがより適切に行われるためには，人が置かれている状況を統合的・多面的に捉える視点が必要である。本章を締めくくるに当たり，冒頭に出した4つの問いに対する筆者なりの答えを述べてみたい。

　第1に，どのような仕事ができた時に満足かは，その仕事のゴールをどのように捉えているかに関係するだろう。ゴールは，ある職業が持つ使命（ミッション）を表しているともいえる。ソーシャルワークのグローバルスタンダードと呼ばれている「ソーシャルワーク専門職のグローバル定義」の中でも強調される「社会正義」の追求は，ワーカーとクライエントが「問題や自分を取り巻く環境を，ただそのまま受け入れるのではない」ということである。このことを考えれば，自分が所属している組織や組織を取り巻く大きな社会環境の要求する仕事のゴールと相反するゴールを設定しなければならない場合も出てくるはずだ。

　社会正義を筆者なりに言い換えてみれば，「豊かな資源を持たない人も，自分の人生の質を最大限に高める権利を持つ」となる。最初にサービスありきではなく，適切なアセスメントに基づいた支援法を導き出すと，費用削減，効率化を掲げる組織や法制度とぶつかり，葛藤が生じることは想定内となる。ソーシャルワーカーの仕事はそのようなジレンマを抱えた時でも，その解決法を考え進歩し続けていくことが期待されている。どんな仕事ができた時に満足かという問いに対する答えは，決して簡単では無い。しかしそれは少なくとも，自分の所属している組織のゴールや制度・政策にのみ見合った仕事ができた時ではないだろう。

第2に，ソーシャルワークの専門性や仕事の特徴は，具体的に言えば「人間・人間が経験する課題・人間と課題を取り巻く環境は相互にどのような関わりを持っているのか，なぜそのような状況が起こり継続しているのか」を通常の常識や単純な因果関係によって考えるのではなく，専門的な知識を持って理解でき，その理解を基に最適の支援をクライエントと一緒に考え出し実行できること，であろう。このような仕事の特徴を考えると，必要となる知識は，まず人間理解の基盤となる社会科学の知識といえるだろう。例えば，人を理解するためには身体的な発達のみでなく，心理的，社会的な発達に関する知識が必要となってくる。クライエントと話をしていて「なぜ，この人はこんな辛い状況の中でニコニコ笑っていられるのだろう」「あるいは，どうしてこの人は，他人に対して怒ったような話し方をするのか」などソーシャルワーカーにとって不思議だと思われる反応に出会うことがある。このような人間の行動というのは，その人が生きてきた歴史の中で何らかの理由によって獲得してきたものだといえよう。

ソーシャルワークは，人間理解に知識基盤を応用していく。もちろん，どのような知識基盤も，すべての人に当てはまるわけでは無い。複数の人間理解の仕方を習得することによって，単純な社会の一般常識や通念にのみとらわれない理解を深めようとしているのである。心理学の知識を使うといっても，ソーシャルワークは心理療法とは一線を画している。おそらくその線引きは，本書の中心テーマである「ソーシャルワークにおけるアセスメント」に表れているといっても過言ではないだろう。人とその人が直面している課題をどのような視点で捉えるのかによって，その人が抱える課題の解決を，どこに求めていくかが変わってくる。

心理療法では主にその課題を抱えている人が，その課題の背景を理解し自分自身の行動，考え方，感情反応，などを変化させることによって問題解決を図ろうとする。一方，ソーシャルワークは，前述したようなその人個人の物事の捉え方や関わり方を解決の一部に含めてはいるものの，課題の発生・継続原因や解決を人とその人を取り巻いている環境との交互作用にあるとする立場から，その人を取り巻く環境を整えていくことを問題解決の大きなカギとしていると考えられる。

第Ⅰ部　省察的ソーシャルワークとアセスメント

　第3に，本章で概観してきた先行研究の結果を基にすると，ワーカーが力を付けてきたと感じられるのは，「ワーカーとしてのアイデンティティの明確さ，複雑な課題にも対処できる自信の獲得，様々なケースの違い・焦点を絞るべきポイントの素早い判断と優先順位の設定及び個々のケースに用いることができる資源と予測可能な限界の両方の気づき」となるだろう。言い換えると，①ソーシャルワーカーが自分の所属している組織のゴールにだけ振り回されるのではなく，それをも尊重しつつ社会正義などのソーシャルワークの使命を明確に持ち，何のために誰のために仕事をしているのかを自覚していること（そのプロセスでジレンマを感じることを当然のことだと考えられること），②人間や人間の直面する問題の理解を深める知識基盤を身に付け，それらを実践で応用できること，③人と環境との交互作用に焦点を絞ったアセスメントと支援を実施できること，④クライエントが何もできないという無力感を感じ続けるのではなく，自分の課題を何とかできるかもしれないというメッセージと希望を伝える関係を創り継続すること，⑤困難なケースでも，それが，なぜ困難と捉えられるのか，どの側面にどんな対応が可能か，またどんな障壁があるのかを，より短時間で予測できること，になるだろう。

　第4に，所属組織や制度が，ミクロレベルでの仕事に影響を与えることは，本章で明らかになってきた。その影響はプラスのこともあれば，仕事の阻害要因になっていることもあるはずである。本章で紹介した組織の中での自分の立ち位置を，しっかりと分析しておくことが役に立つといえるだろう。

　ソーシャルワーク研究者の間でも，「より重要なことはマクロと呼ばれる政策である」「今，支援を必要としているミクロと呼ばれる直接実践がより重要である」などと，どちらが優位かといった議論は今も残念ながら存在する。しかし，実際にミクロとマクロのどちらが優位かを問う議論に結論を出そうとすることは，ソーシャルワークの存亡の危機につながる。直接実践をないがしろにできないはずだし，直接実践だけでクライエントの課題解決ができないことも明らかであろう。

注

(1) 小山（2016：4）において社会福祉の資格教育は，ソーシャルワーク教育をより広く捉え，そこに含まれる，としている。

(2) 本項は，渡部（2015b）を修正・加筆したものである。当該論文を引用している場合にのみ，この出典（頁数も提示）を開示しているが，筆者が本書のために書き換えをしている部分には出典を開示していないことをお断りしたい。

(3) Beddoe（2013）では，42人のワーカーたちが経験する葛藤を取り上げ，組織や組織内で共に仕事をする医療従事者がどのような形でその葛藤に影響しているかを半構造化した個人・グループ面接から明らかにしようとした。インタビュー調査では，インタビューの目的に応じて相手に尋ねる質問内容をどの程度明確にするかを決めておく。アンケート調査の項目のように質問内容を決めておく方法は「構造化面接」と呼ばれ，全く何も決めずに自由に語ってもらう方法は「非構造化面接」と呼ばれる。半構造化面接とはその中間で，ある程度質問内容を決めて行う面接方法である。

(4) 国立病院機構高崎総合医療センター地域医療支援・連携センターで使用するアセスメントシートを篠原が紹介している（篠原 2018：256）。そこでは，クライエントのニーズを「心理社会・退院・受診受療・経済・家族支援・社会資源」という分類で分け，それに対する「評価」が記されるようになっている。それ以外の記載事項では，細かな項目を設けるのではなく，介護保険，経済的側面，社会的側面，家族状況，今後の社会資源，というものがある。

(5) このようなことは，一般の組織分析のテキストなどでも通常説明されているので，関心のある方は是非，組織の一員として自分の仕事を再考するためにも「経営管理」などの文献を一読することをお薦めしたい。しかし，その際には，対人援助職者固有の組織での課題を考慮しながらそれらの知識を使っていただきたい。参考文献として，渡部（2011：214-215）をご参照いただきたい。

(6) Karpetis（2014）は，3人の経験豊かなギリシャの臨床ワーカーたちのインタビューとその分析を通して，どこに自分のアイデンティティを感じているか，また，職業を特徴づける要素は何かを抽出した。

(7) この研究では，2カ月間の実習においてどのようにワーカーとしてアイデンティティを形成していくかをテーマにし，学生たちの語りを通して，アイデンティティの形成プロセスを分析した。

(8) 様々な領域での自己効率感の応用（抑うつ気分，子どもの問題行動等）が含まれている日本の書籍の一例は，坂野ら編著（2002）。

(9) 彼らは，13人の経験豊かなワーカーがどのような力を持っているのか，アイデンティティをどう認識しているかに焦点を絞り，2つのビネットを用いて半構造化面

第Ⅰ部　省察的ソーシャルワークとアセスメント

接を行った。

⑽　渡部（2015b）では，これら12の項目を，「エキスパートは：①初心者に比べて
自らの領域における複雑な課題をより正確に実行する。②問題を解決するときには
初心者に比べてより容易に行う。③専門性を学んだ知識の「手段─結果分析」とい
ったものから発展させる。④専門技術を条件によって自動的に行動喚起させること
を基礎としている。⑤自らの領域に関係する情報に対して優れた記憶を持っている。
⑥自らの課題の中に見られるきっかけの間でそれらを知覚するパターンがより優れ
ている。⑦問題解決するとき，ゴールから後ろ向きに行くのではなく，むしろ与え
られた情報から前向きに進んでいく。⑧実践を重ねるに従って専門技術の程度は確
実に増していく。⑨学習は詳細なゴールと明快なフィードバックを要求する。⑩専
門性はドメイン（領域）によって特殊である。⑪エキスパートルールを教える事は
結果として，専門技術の獲得につながる。⑫エキスパートのパフォーマンスは彼
らが使っているというルールの知識から正確に予測することができる」（Holyoak
1992：303）と訳している。

第3章	アセスメントと援助のプロセス

本章の目的理解につながる質問

① あなたの職場で，クライエントとの初回の出会いは，どのような形で始まりますか。

② クライエントが直面している問題は，どのような種類のものが多いですか。

③ あなたの所属している機関で，継続して援助ができるのはどのような種類の問題ですか。

④ 所属機関で継続援助ができない相談内容の場合には，どのような対応をしていますか。

⑤ 所属機関で継続援助をすることになった場合，クライエントとの間で，何か契約書のようなものを交わしていますか。

⑥ 担当のクライエントに対する援助計画は，クライエント，所属機関の他の職員と共通認識できていますか。

⑦ 援助開始後，クライエントの生活にどのような変化があったかを確認していますか。その確認は，どのように実施していますか。

1 ソーシャルワークの援助プロセス

　上の問いは，「ソーシャルワークの援助のプロセス」に関するものである。援助プロセスが定型通りに進行すると仮定すると図3-1のようになる。アセスメントはこの図で4番目になっているが，第1章で述べたように，ワーカーは，ソーシャルワーク援助の全プロセスを通して，クライエント，クライエントが直面している問題，問題とクライエントを取り巻く環境，それらの間の相互関係，に関して継続的にアセスメントしなければならない。援助プロセスで

第Ⅰ部　省察的ソーシャルワークとアセスメント

図3-1　ソーシャルワーク援助のプロセス

(1) 問題発見・アウトリーチ ⇒ (2) インテーク ⇒ (3) 契　約 ⇒

(4) アセスメント ⇒ (5) 援助計画作成 ⇒ (6) 援助計画実行 ⇒

(7) モニタリング ⇒ (8) 援助終結・評価

出所：渡部（2018b：161）を加筆修正。

は，いったんアセスメントが終わってからでも，様々な変化が起き，「再アセスメント」が必要になることも多い。このプロセスは，固定的ではないのである。本章では，ソーシャルワークの一連の流れの概要を紹介し，その流れの中で統合的・多面的アセスメントが果たす役割を考えたい。

　図3-1では，クライエントが自ら相談に来ることが無い場合を想定している。その場合の第1ステップは「問題発見・アウトリーチ」と呼ばれている。問題を抱えながらも支援に結びつかない人々を見つけ出し，その人たちとの関係を作り上げる。クライエントが自ら相談にやってくることを前提としている相談機関などではこの第1ステップを踏むことなく，図3-1の第2ステップである「インテーク」がクライエントとの初めての出会いになることも多い。インテークではクライエントの抱えている問題を聞き，相談を受けたワーカーの所属機関で援助ができるかどうかを判断する「受理面接」とも呼ばれる面接を実施する。実はインテークは，アセスメントの一部である。ここで自分の所属機関で援助が提供できることがわかれば，第3番目の「契約」に移行する。日本ではこの「契約」が正式に交わされない場合も多く，あまり馴染みがないかもしれないが，これは「私はあなたのところで相談を始めます。そこでの約束事は……」といったクライエントと援助職者双方の取り決めを交わす段階である。

　書面で正式に契約を交わすことがしっかりと決まっていない援助機関で働いているワーカーであっても，援助のプロセスでクライエントと「何をゴールにして，今後の支援が進んでいくのか」といったお互いの期待や，「ここで相談する内容は他人には決して漏らされない（秘密保持原則）」「面接の回数・期間はどれくらいか」といった決まり事をしっかりと共有しておくことが大切であ

る。このプロセスをきちんと押さえておかないと,「こんなはずではなかった」という相互の期待のズレが後々になって現れてくることもある。

　第4のステップが「アセスメント」である。これは第1章で述べたようにソーシャルワークの根幹を成すといっても過言ではない,重要なステップで,クライエントの直面している問題とクライエント自身(成育史,強さ,価値観等を含む),クライエントの現状の捉え方と問題対処の仕方,問題に関係する様々な人や状況,クライエントのニーズとそれを充足するために必要な資源をクライエントとの面接,観察,その他の資料などから,明らかにしていくステップである。問題の背景が明らかにならない限り,問題の解決法が出てくるはずはない。このステップでは「情報を得る,それらの情報を分析し,統合し,よりよい解決法を導き出す」というクライエントとワーカーの協働作業で成り立っている。

　第5番目のステップは,アセスメントから導き出された問題の理解を基にして最適な援助方法を作り上げる「援助計画作成」である。計画の後は,その計画を実行に移さなければならない。それが第6番目の「援助計画実行」である。ここでは主に2つのパターンが考えられる。一つはワーカー自らが継続援助し続ける場合で,もう一つは,「橋渡し」や「見守り」役になる場合である。後者は,クライエントに最適だと考えられる援助を提供してくれる人・機関・制度・サービスを紹介し,クライエントと実際の援助提供者や機関との橋渡しをするとともに,援助の成果の見守り役になることである。

　続く第7番目の「モニタリング」で,問題を解決するために役立つと考え,開始した援助が実際にどの程度,クライエントの問題の解決や軽減に役立っているのか,いないのかをモニターし続ける。すると当初想定していたような成果が出ていないことがわかることもある。その際は再度問題やその背景のアセスメントをする「再アセスメント」を実施する。援助プロセスは決して静止状態ではなく,柔軟性のある動的なものである。最後の第8番目のステップは,援助の目的がおおよそ達成されたと思われた際に援助を終え,その成果を振り返って評価する「援助の終結・評価」である。

第Ⅰ部　省察的ソーシャルワークとアセスメント

2　各援助プロセスとアセスメントとの関係性

（1）問題発見とアウトリーチ

1）アウトリーチとは何か

　親の介護に疲れ果てた末の介護殺人事件が報道されると，「あの人は大変な状況にあったのに，なぜ誰にも助けを求めなかったのだろうか」と言われる。しかし，問題や困りごとを抱えていても，誰もが他者に支援を求められるとは限らない。ワーカーは，この現実を認識し，自ら支援を求めてこない人の背景に何があるのか，そのような人々が支援を得ることができるようになるためには何が必要かを考え，問題を抱えながら適切な支援にたどりつけない人々を発見し必要な支援を提供できるようにする「アウトリーチ」の重要性を理解する必要がある。本節では，問題発見・アウトリーチに関して，他の援助プロセスよりも少し丁寧に説明をしていきたい。

　2014年出版の『ソーシャルワーク辞典 第6版』では，アウトリーチを「近隣をベースにした機関において，ソーシャルワーカーがサービスを自宅や通常の生活現場に出前したり，サービス利用の可能性に関する情報を提供したりする活動」（Baker, 2014：305）と説明し，「ケース発見を参照」とも付記している。また別の辞典（Social Workers' Desk Reference 2002）では，アウトリーチが精神科のリハビリテーション，薬物乱用，高齢者といった人々を対象にしたケースマネジメントの中で登場し，そのプロセスの第1段階として捉えられている。

　アウトリーチを必要とする対象者には，当事者がニーズに気づいていない，また気づいていても意思表示の適切な手段がない，極端な孤立状態などのために援助に関する情報を持たない，他者に対する不信感などのために援助を求めないといった人々が含まれており，特に，知的な障がいや認知症を持つ人，適切な治療を受けられないまま暮らしている精神疾患を持つ人，虐待や権利侵害を受けている人などが，その対象となる可能性が高いと指摘されている（山崎2018；福富 2009）。つまりアウトリーチとは，自ら援助を求めてこない人たちに対する出前のサービス提供であり，援助を受けられる可能性を理解していないクライエントに対して，援助の可能性や変化の可能性を理解してもらうプロ

第3章　アセスメントと援助のプロセス

セスであるといえる。ワーカーが決して見過ごしてはいけない支援対象者であり，状況のアセスメントでも留意が必要である。以下，アウトリーチに関して重要だといわれる姿勢・知識・スキルについて先行研究を基にまとめる。

2）アウトリーチに求められる具体的な姿勢・知識・スキル

支援が必要であるにもかかわらず，自ら支援を求めてこないクライエントとの関わりで重要なことは，「クライエントにとって必要な援助を見つけ出し提供する，臨機応変な援助方法の選択，ソーシャルワークの原点の援助関係性の形成，多職種との合同チームによる活動」である。アウトリーチの際には，ワーカーがクライエントの問題解決において「大きな視野と（クライエントに関する）詳細を見る視野の両方」（Grobman 2005：14）を持つことが必要だという結論が，35人のワーカーへのインタビューから導き出されている。例えばDV被害者への支援活動では，「被害者が連絡をしてきたら，近所のコンビニまで出向いて本人を保護し，シェルターまで同行する」などが含まれている。

アセスメントに着目すると，クライエントとの関わりが始まった時点で，情報収集よりもまず信頼関係を作ることに焦点化する必要がある。クライエントが持つニーズは広範である。「相談所に来られませんか」といった紋切り型の対応では，クライエントが相談をあきらめる可能性が非常に高いことは言うまでもない。クライエント理解は，関係作りの中で進んでいく。クライエントが支援を求めてこない場合，ワーカーは，クライエントのどのようなニーズにも応じられるように臨機応変に援助活動を実施する必要がある。

ホームレスの人々を対象にした援助では，「援助開始に先立つ援助」といえる活動の重要さが強調され，変化モデル，モチベーショナル面接，エコロジカルソーシャルワーク，ナラティブ心理学などを統合して作成された5つの原則が紹介されている。それらは①安全の向上（毛布を提供するなど，危険回避のための活動を通して対象者との関係を作り，安全を高める。危機介入法などを用いて急性の症状を安定させ，その後の活動への機会として用いる），②関係性の形成（適切なゴールを作り上げる中で，信頼，安全，自律を高めるようにして関係性を作り上げる。プリ・エンゲージメント，エンゲージメント，契約などの段階がここに含まれる），③共通言語構築（共通の理解を高め，ゴールを共に作り上げていく），④変化の促進とサポート（必要なサポートを得るとともに，自分の中にある両価的な思いを探求し，健全

第Ⅰ部　省察的ソーシャルワークとアセスメント

な行動を強化し，技術を伸ばすことで，ポジティブな変化を達成し，維持できるように準備するなど），⑤文化的エコロジカルな側面への配慮，であった（Levy 2011：3）。

　アウトリーチはホームレス支援の際には必要不可欠ともいえるステップである。ホームレスの人々を対象にした研究では，彼らが低い自己評価を持っていること，彼らに対する適切な理解がないと，医療化されてしまう危険性が高いことが指摘されている。このような問題を避けるためには，ワーカーのような援助者による集中的なアウトリーチへのアクセスを向上させ，自然な環境の中で彼らをアセスメントすることが必要であると言われている（Disblasio et al. 1993）。

　精神保健領域での援助では援助関係を作り上げる初期プロセスが，実践では非常に困難であることも認識した上で，思いやり，共感性，成長を見守るアプローチ（nurturing approach）などのソーシャルワークの基礎スキルを用いることが重要である。さらに，その関わりでは「クライエントを映画，プールといった所に連れていける柔軟性と，クライエントが最も満足し，楽しめる関係の形成に価値を見出せること」（Burns & Firm 2012：105）が必要である。

　アウトリーチでは，クライエント自身が「援助を受ける」ことに何らかの難しさを感じている。そのため，彼らとの最初の面談では，前述したように，クライエントがこのように困難を抱えているにもかかわらず，なぜ援助を求めなかったかに思いを馳せ，彼らの人生・価値観を尊重できなければならない。アセスメントのために多くの情報を得ねばならないと焦り，ワーカー主導で次々と情報を聞き出さないことが大切である。クライエントが現在，本当に必要としていることに対して「できること」をし，クライエントにとってワーカーが，「話をしてもよい人・話す意味のある人」になることが何よりも優先されるだろう。アセスメントは「継続的プロセス」であり，「クライエントの福利に貢献することが目的」である。

（2）インテーク

　最近は，インテークとアセスメントを区別せず，このプロセスも，アセスメントの一部に位置づけられることが多くなっている。第1章第3節で述べたように，そのアセスメントが何をゴールに行われるか（ニーズを見出すのか，リス

クを予見するのか）によって，アセスメントで焦点を絞る内容に違いが生まれる。

インテーク面接の結果，自分の所属機関で受け付けられない問題であることがわかった場合は，クライエントの「問題の種類」を見極め，適切な「相談機関」などを紹介する。インテーク面接は多くの場合，「クライエントとワーカーの初めての出会い」であり，多くの場合は，クライエントと専門職による相談・援助を始めて体験する場でもある。

もし，ここでの経験がネガティブであれば，クライエントは，今後2度と誰にも相談したくない，と思ってしまう可能性もある。相談機関によってはこのインテークの担当者を「初心者」に任せる所もある。クライエントの問題が明快で，相手が必要としているのが「単なる情報・サービスとの結びつけ」であれば，初心者でも丁寧に話を聞き対応できるが，ケースの難易度・緊急性を見極めて対応する必要があるため，本来は「最も難しい」面接になる可能性もある。インテークが重要な「援助の入り口」であることを忘れてはならないだろう。

表3-1は，インテーク面接でソーシャルワーカーが心に留めておくべき点を5つのポイントにまとめたものである。

インテーク面接では，まずクライエントの主訴にしっかりと耳を傾けなければならない。ワーカーが次から次へと「質問」を繰り出したり，十分に相手の話を聞かないままに，自分が知っている，あるいは最もよく使われているサービスを提示しないようにすること，事務的・お役所的な対応をしないことが大切である。しかしその一方で，緊急性の判断をし，迅速な対応も必要である。インテーク面接では，クライエントが困っていること，迷っていること，悩んでいることなどを自分の言葉で十分説明できる機会を持ち，それに対してワーカーがどう理解したか，できたかをフィードバックしたり，クライエント理解をさらに深めるため，状況をより明らかにするために「探求質問」をしたりすることが不可欠である。

（3）契　　約

何となくクライエントと会い，何となく関わりを続けていくといった援助が時折見られる。もちろんクライエントの状況次第では，このような関係を持つ

第Ⅰ部　省察的ソーシャルワークとアセスメント

表3-1　インテーク面接でソーシャルワーカーが留意すべきポイント

① （一般のアセスメント面接と同様に）クライエントの「思い（不安・悲しみ・迷い・混乱・失望・疑問・怒りなど）」をきちんと受け止めること。時間が限られるので特に早い時点で，クライエントとの援助関係の構築が必要不可欠。

② （時間的な制約を考慮しつつも）クライエントの「望み」をしっかりと聞けるように「問題・困りごと」の背景にある「事情」をしっかりと聞き取ること。インテーク面接の後に正式なアセスメント面接をする仕組みができているのなら「今聞いておくことが大切な情報」に焦点を絞り，話を聞く⇒焦点を絞る⇒次の正式な面接で「何を聞くべきか」「どんな情報をワーカーが事前勉強しておくべきか」という一連の段取りを考えておく（第1章で紹介した枠組みを応用しつつ，問題の特性を考えて必要な情報を焦点化）。

③ 緊急性を見極める。緊急性のある問題の場合には，すぐに次の行動に移る必要があるのでここを押さえる。クライエント対応に関する法制度を認識し，それらとの関係性において次のプロセスを考える（第1章で述べたように，緊急性の判断のために，アセスメント面接での焦点が「ニーズ中心」ではなく「リスク」評価中心になることがある）。

④ クライエントの問題に関して自分の機関で何ができるか（また必要に応じて，何ができない可能性があるか）の概要をクライエントに伝えること。クライエントがソーシャルワーカーに対して抱く役割期待を理解し，ソーシャルワーカーが果たせる役割に関する認識の「すり合わせ（共通認識の確認）」をする。

⑤ （継続して自分の所属機関での援助をクライエントが望むことがわかれば，）今後の面接の設定をし，援助プロセスでどのようなことをやっていくか，またクライエントと共有しておくべきクライエントの権利（秘密保持，選択の権利など）に対する理解や，機関やワーカーの責任範囲など（援助に関わる料金発生なども含む）についても説明する（ここは「契約」に相当するもので，どのタイミングでどのような形式をとり実施するかは，所属機関の決まり等を確認すること）。

ことが必要なこともあるだろう。しかし，本来クライエントは「一体，この人（ワーカー）は自分に何をしてくれるのだろうか」と考えているはずだ。ワーカーとクライエントが，何を目指して，あるいは何のために援助関係を持つのかといった「援助のゴール」を共通理解していないと，お互いが同じ前提で何かを成し遂げていくことには結びつかない。言い換えれば，援助のゴールや援助に伴う約束事をお互いに了解していなければ「フェア（公平）な関係」にはならない。このような関係性を作り上げる約束が「契約」である。

　日本の社会でも最近は施設入所，介護保険などでこの「契約」が馴染みのあるものになりつつあるが，まだ，すべての機関で行われてはいない。契約の際には，書面でお互いに合意した内容を確認するが，その際，クライエントが本当に書面に描かれた内容を理解しているか，また本当にそれらを望んでいるかを確かめるのに，「相談援助面接力」が重要となる。単に「ここに書いてある内容を読み上げますので，これでよろしければここに署名をして下さい」とい

第3章　アセスメントと援助のプロセス

ったような形式的な契約にしないことが大切である。そのためには，ワーカーがクライエントとのやりとりを通して，どの程度内容を理解しているか，どのように内容を理解しているのかなどを読み取り，気になることがあればそれを確認し，お互いの理解を明確にしなければならない。

　このように書面において，お互いの援助の目的，約束事を書面で取り交わすのが理想的であるが，それができない場合でも，「何を目的にしていくのか。何が期待できるのか，できないのか」を明確にし，またクライエント，ワーカー双方の権利と義務を話し合っておくことが大切である。この契約の必要性は，クライエントとワーカーがお互いに双方が持っている情報を共有することの重要性，および，最近その重要性が強調されるようになってきた「根拠を基にした実践（Evidence-based practice）」に通じるものだろう。

（4）継続的プロセスとしてのアセスメント

　第1章で述べたように，アセスメントとは問題状況と問題を取り巻く人，様々な機関などがどう関連し合っているのか，問題の最適な解決方法をどうすれば導き出せるのかに関して様々な情報を得て，それらの情報を分析・統合し，支援法の提案につなげていくプロセスである。クライエントの問題が似ているように見えても，その問題を抱えている個人・家族には固有性がある。その特徴を十分理解することがなければ，「真の問題の解決」はできない。アセスメント面接では，ワーカーがクライエントとの間に作り上げる関係性は大きな役割を持つ。

　心理・社会的アセスメントに関して，「クライエントの変化には，ワーカーとクライエントの両者がクライエントの問題とその問題に対する情緒的な関与を同じだけの準備性を持っていることが要求される」（Glicken 2005：100-101）といわれているように，ワーカーはクライエントの問題にしっかりと関わることができなければならない。本書の中心テーマは「アセスメント」であり，その方法の大きな部分を占めるのがアセスメント面接と呼ばれる，クライエントとワーカーの間でのやり取りである。アセスメントは援助の中核と言われており，面接を中心にして展開される。そのため，ワーカーの面接力がアセスメントにおける情報の豊かさと適切さを左右するといえる。

77

第Ⅰ部　省察的ソーシャルワークとアセスメント

　クライエントの持つ個別性・固有性を理解できるような深みのある面接により，クライエントの望む援助のゴールを明らかにすることが可能になる。アセスメント面接では，すべての情報を同じだけの深さで知る必要はないが，少なくともクライエントを統合的・多面的に理解するために押さえておくべき「枠組み」を持つことが大切である。その枠組みを思い浮かべ，その上で自分の目の前にいるクライエントの問題と，クライエントが見せてくれる問題解決のためにクライエント自身の持つ力を整理しながら，どの側面に関する情報をしっかりと深めていく必要があるのか，何をクライエントにしっかりと確認する必要があるのかを判断し，それらを言語化してクライエントとのやり取りを進めていく。

　アセスメント面接を行うワーカーがそこで得た情報を「分析・統合」するということは，「この状況で何ができるのか，クライエントは何を望んでいるのか，何が可能なのか」を考えることであり，次の「援助計画」のプロセスを，すでにアセスメント面接段階で考えているということである。アセスメント情報の分析・統合後はその内容を総合的に判断し，何を根拠にどのような支援を計画したのか，またどのような結果を予測しているかに関する文書作成が必要となる。アセスメントでは，できる限り豊かな情報を持つことが重要なため，クライエントとの面接から得たものだけでなく，関係者たちから得られる情報も含める。その際，他者から得た情報をそのまま鵜呑みにするのではなく，その情報の信頼性を自分で必ず確認することが求められる。

（5）援助計画作成

　アセスメント面接で，クライエントの思い，置かれている状況，クライエントが望む解決法，その解決法の可能性などを話し合うことができれば，そこで初めて「援助のゴール」と呼べる，目指すべき方向性が決まってくる。援助ゴールはワーカーが1人で作成し，それを一方的にクライエントに決定事項として伝えるものではない。援助のゴールをクライエントと共有すること，また，そのゴールを達成するためにはどうすればよいのかをクライエントと話し合うこと，という「ワーカーとクライエントとの協働作業としての援助ゴール・計画作成」が必要不可欠である。このような協働作業が無ければ，それはワーカ

ーによる一方的な，時には「押し付け」の援助になる。このような協働作業が
お互いの不明な部分を補足し合い，少しずつ「現実的で，双方が納得できる援
助計画」を作るためには重要である。しかし残念ながら，この援助のゴールを
ワーカーとクライエント間で共有しないまま，援助が始まる場合も少なくない。

　例えば，独居で認知症初期の要介護状態の高齢者の加藤さん（娘さんは遠方
に居住）が「地域で，これまでとなるべく変わらない環境の中で暮らし続ける
こと」を援助ゴールにするなら，そのことをクライエントやクライエントの家
族としっかり話し合い，それを可能にするためには何が必要なのか，どんな問
題が起きる可能性があるか，問題が起きた時には何をすればよいのかを長期的
な援助計画の中に組み入れなければならないはずである。

　援助ゴールが決まれば，そこから「どうやってクライエントの援助を実施す
るのか」という計画を作成することができる。この援助計画の構成要素は，既
存の資源やサービスをうまく使って生活改善につなげていくことかもしれない
し，クライエントが自分の置かれている状況を再考し，今後の改善策を自分な
りに作り出すことかもしれない。例えば上で例に挙げた加藤さんの場合，援助
計画に含まれるのが，デイ・サービスで運動プログラムに参加，主治医の所に
定期的に通院，ケアマネジャーが必要時（最低でも月１回のモニタリング時）に
長女に連絡，といったフォーマルなサービスおよびサポートの活用，加藤さん
が親しくしている近所に住む年下の友人と長女が連絡をとるというインフォー
マルサービスの活用，緊急通報システムの導入，であると仮定しよう。そうな
れば，遠方に住み，親のことを心配している長女も交えてこの計画を共有し，
ここで計画された援助のゴールも確認をしておく必要がある。これは，後述す
る援助計画実行の途中成果を評価する「モニタリング」や最終結果を評価する
「成果評価」のために不可欠なことである。

（6）援助計画実行

　計画された援助は，実際に誰が，いつ，どこで，どのようにするか，期待さ
れる成果は何か，を明確にし，それらが実行できるように手配をする必要があ
る。ワーカーはその際コーディネーター役となり，様々な資源やサービスの中
で何がクライエントに最適か，また利用可能か，どうすればクライエントはそ

第 I 部　省察的ソーシャルワークとアセスメント

れらの資源やサービスを有効に活用できるかを考えた仕事をすることになる。しかし，援助計画は常に当初計画した通りに進むわけではない。

　クライエントは，援助計画作成時に同意したゴールに向けて行動しようとしながら，それが困難になることも多い。特に，依存症といったように，これまである行動様式を長年取り続けてきた人々が，その行動を変えるのは想像を絶する苦しみや困難さがつきまとうことを，ワーカーであれば認識しておかなければならない。

　このようなクライエントの苦しみの理解，アセスメントは，援助計画が実施されてからも継続するプロセスであることを教えてくれる事例がある。岡部ら編著（2017）の著者の一人である生活保護ワーカー玉城氏の事例である。概要を紹介したい。ワーカーの玉城氏の担当するクライエントは，DV の被害者であり 3 人の子どもがいる母親 A さんであった。彼女に対して，ワーカーは，離婚から就労支援までを含めた支援を行った事例を振り返り，自分が支援の途中で A さんが持っていた「心の傷」を発見し，支援計画を修正した経験を通して，人は急に変化できるわけではないことを実感したと語っている。

　ワーカーが A さんのより深い問題に気づくきっかけは，A さんが求職活動を開始して 2 カ月経過した頃から，病状悪化が見られたことであった。これをきっかけに，ワーカーは，母親が抱えていた心の傷の深さに気づき，新たな支援を加える。その結果，「母親の A さんは主治医と相談し，自立支援医療（精神通院医療）申請，受給決定し，月 1 回の定期通院にてカウンセリングを受けることになった。また，子どもである C さんについては，月 1 回のカウンセリングを継続し，ストレスの原因の改善，対処ができるよう支援していくことを主治医と確認した」というものであった（岡部ら編著 2017：89）。

　本事例では，ワーカー自身がクライエントの置かれている状況をしっかりと継続的に観察し，そこに何があるのかを理解し（再アセスメント），その理解に基づいて支援法の修正を行い，必要な支援機関に紹介していたことが報告されている。外部の人に見えるのは，クライエントに関わった様々な機関の名前のみかもしれない。しかし実際には，「何故それらの支援機関に支援を依頼する必要があるのか」をワーカーが十分理解して支援依頼ができているかどうかによって，他機関による援助結果も異なってくることを忘れてはならない。他機

関にクライエントの援助を要請する際に，クライエントやクライエントの問題に関する必要不可欠な情報（アセスメント結果，援助計画，その計画を作成した理由など），ワーカーが作成した援助計画の中で，どの部分を何故その機関に依頼したいのかも明確にせず，「XXの問題で来所しているクライエントの相談にのってほしいので，よろしくお願いします」といったような依頼の仕方もみられるが，このような曖昧な依頼は避けなければならない。

　多くのDVケースにみられる「援助の緊急性」を考えると，クライエントが置かれている状況の詳細を理解するために必要なアセスメントは，どのような位置づけになるかを考慮する必要がある。この事例の担当ワーカーである玉城氏はこのことにも，しっかりと着目している。自らの事例を振り返り，当初の課題を「身の安全を確保すること，離婚を成立させ親権を得ること，養育費を確保すること」であり，それらについては「体調維持しながら，子どもたちの養育にあたること」とした。このように「様々な支援機関の協力を得ながら…（中略）…母子4人での安全な生活を得ることができ」（岡部ら編著 2017：93）るようになるには，ワーカーがクライエントと家族の置かれている状況を深く理解し，そのアセスメントに基づき，それぞれの時点で何が必要かを考え，支援機関と連携をしていく，という行為が必要であった。

　援助計画実行の際には，大きく分けて2つの面接力の発揮の仕方が考えられる。一つは，援助計画で作成された「援助」が，これまでのプロセスを担当してきたワーカーが中心になって実施される場合である。ワーカーはクライエントを支援する際に，クライエントの語りに耳を傾け，クライエントの望む方向に向かって生活の変化が起きているかを共に確認し合う協同作業の中で，クライエントの思いや取り巻く環境の理解を深めていく。そこで必要になってきた新たな情報を提供したり，今までとは異なる状況の理解，他者や他機関との関わり方を探求したりする。そのためには，この後，第4章で取り上げる相談援助面接力が大きな働きをする。2つ目は，援助計画実行の中心が他機関のサービスに移行する場合である。この場合にはクライエントとの直接のやり取りが少なくなることが予想されるが，モニタリングの中でクライエントと継続して面接を行い，クライエントが，実施された援助によってどのような変化を経験しているのか，それをどう捉えているのかを話し合うこと自体が，援助的役割

第Ⅰ部　省察的ソーシャルワークとアセスメント

を果たすことも少なくない。

（7）モニタリング

　援助を始めたら「その後，何が起こっているか？」をしっかりと観察することが大切である。これは「モニタリング」と呼ばれる。モニタリングでは，①何をどのように「モニター」できるのか，②対象を何にするのか，③結果をどう活かすのか，を考える必要がある。前々項で例に出した独居の要介護高齢者の加藤さんの場合では，ワーカーの報告書例にあった以下の内容がモニタリングに相当するだろう。「デイ・サービスでの運動プログラムに積極的に参加するとともに，主治医の所へも定期的に通うこと」「ケアマネジャーは長女に，1カ月に一度のモニタリング訪問結果を報告すること（加藤さんも長女も了解）」「加藤さんが親しくしている，年下の友人と，家族が連絡を取れるようにすること」「緊急時に自宅に誰かが駆けつけてくれる『緊急通報システム』を導入できているかを確認すること」である。つまり，アセスメントから支援計画を提案する書類の中に，支援ゴール，ゴールに向けた具体的な方法が記載されていれば，モニタリングやこれに続く援助終結の際の成果評価法も決まってくる。

（8）援助終結・成果評価

　援助を終了する際には，援助がどのようにクライエントの問題や生活に役立ったのかを，ワーカーとクライエントが話し合って見極める必要がある。これは「成果評価」とも呼ばれる。評価対象は多くの場合，モニタリングで取り上げる対象と同様のことが多い。しかし終結時には，モニタリングの際に，評価できなかった「援助プロセスや援助提供者，また援助提供機関」に対する総合的な評価ができる。重要なことは，援助プロセスでクライエントが見せてくれた強さ，問題対処力，成長を話し合うことである。クライエントの中には，ワーカーの支援が終わることに不安を持つ人もいる。そのため，今後何か問題が起きた場合，当該ワーカーができることを含めて，どこの誰に相談できるかも話しあっておく必要がある。

3 本章のまとめ

　ソーシャルワークは，通常，一定のプロセスをたどって展開されていく。本章では，問題発見・アウトリーチ，インテーク，契約，アセスメント，援助計画作成，援助計画実行，モニタリング，援助終結・評価，8つのステップを設定し，各ステップにおける留意点を論じてきた。当事者がニーズに気づいていない，あるいは，気づいていても意思表示の適切な手段がない，孤立していて援助に関する情報がない，他者への不信感がある，などの理由で，自ら相談にやって来ないが援助の必要性の高い人々に対して，第1段階の「問題発見・アウトリーチ」においては，相手が最も必要としている援助を見つけ出し，臨機応変に，関係性を重視し，多職種での協力関係を使っていくこと，の重要性が確認できた。

　第2段階のインテークでは，早期に援助関係を形成し，クライエントが情報を提供してくれるよう，初期アセスメントを実施し，緊急性の見極め，次の援助への橋渡しをすることが要求されている。

　第3段階の契約はたとえ口頭であってもクライエントと援助ゴール，援助での決まり事（秘密保持，クライエントの自己決定の尊重など）を明確に共通認識する必要がある。

　第4段階であるアセスメントは，その後に来る援助計画立案（第5段階），援助計画実施（第6段階），モニタリング（第7段階），のすべてのプロセスで継続的に検証され，必要に応じて「再アセスメント」をする必要性を確認した。最後の第8段階の「援助終結・成果評価」は，アセスメントを基にした援助ゴールができていなければ単なる形式的なものになり，本来の役割を果たせないことが明らかである。

　本章では，援助プロセスを静的なプロセスとして記述しているが，本来は動的なもので，ケースの特性に従ってプロセス間で「行きつ戻りつ」して進んでいく。プロセスのどこから始まるか，また，それぞれのプロセスにどれだけの時間が使われるかなどは，ワーカーが所属する機関によって異なるだろう。もちろんゴールは仮説的なものであり，援助プロセスで修正が必要になることは

第Ⅰ部　省察的ソーシャルワークとアセスメント

前述した通りであるが，援助のゴールを明確にしてから援助を始めることが重要である。援助ゴールの明確さに大きな影響を与えるのが，クライエントの問題状況，クライエント，クライエントを取り巻く環境，それらの間にある相互関連性のアセスメントの深さであり，深いアセスメントを可能にする豊かな情報はワーカーとクライエント間の援助的関係性に左右される。ソーシャルワークの各援助プロセスとアセスメントとの関係性をしっかりと認識することが重要である。

第4章	相談援助面接
	──アセスメントと相談援助面接力との関係

───── **本章の目的理解につながる質問** ─────

① ソーシャルワーカーの面接でのやり取りと，一般の会話でのやり取りの違いはどんな所にあると考えますか。

② 「良い面接ができた」とで感じたことはありますか。そう思えた理由は何でしたか。

③ クライエントとの初回面接（インテーク面接，アセスメント面接等）の際に「クライエントとの出会いから面接を終えるまで」の「プロセス」を意識して面接していますか。そのプロセスは，どのようなものですか。

④ アセスメント面接で最低限「クライエントから得るべき情報」は明らかですか。

⑤ あなたのこれまでの仕事で，クライエントとのやり取りを逐語録に書き起こしたことはありますか。

1　面接が果たす役割──必要不可欠な「相談援助面接力」

　在宅介護支援センターで，あなたが高齢者の介護をめぐる相談を中心に業務に就いていると仮定してほしい。この機関では，通常，相談は窓口で受けたり電話で受けたりする。センターで相談を受けることが適切なケースであれば，ご自宅を訪問してさらに詳しい事情を聞き取り，アセスメント面接や援助計画作成をする。ある日の電話相談の相談者は声・相談内容から，年齢は60代と推定できる女性（後に小林智子さんという名前だとわかる）であった。相談者は，開口一番，事例4-1のようなことを語った。あなたなら，この後どのような応答をするだろうか。

85

第Ⅰ部　省察的ソーシャルワークとアセスメント

事例4-1　要介護の夫がいる体調の悪い女性

電話の声 ：「もしもし，私もう疲れてしまって……。このままでは共倒れにな

（小林智子）　りそうで，どこか夫を預かってくれる所はありませんか？」。

　この相談者が最初に語った「私もう疲れてしまって……。このままでは共倒れになりそうで，どこか夫を預かってくれる所はありませんか？」は，主訴と呼ばれるクライエントによる「当初の訴え」である。主訴で語られた内容が後に「真の問題」ではないこともある。しかし，ソーシャルワーカーがこの主訴にどのように応答するかは，その後の面接の展開に大きな影響を及ぼすことは言うまでもない。アセスメント（情報収集・分析・統合作業）における情報収集は，多くの場合「面接」によって実施される。そのため，クライエントの全体像を理解できる「情報の収集」と，その情報をクライエントにとって最適な援助に結び付けていける「情報の分析・統合」を可能にする面接力の果たす役割は大きい。筆者は，これまでの経験から，「初回面接におけるワーカーとクライエントの応答の質が，その後のケース展開を決定する」と言っても過言ではないと感じている。面接の重要性は，ソーシャルワークの近接領域である臨床心理やカウンセリングでも「基本的な技術」（西村 1993：47），「一番基礎」（ハーセンら編 2001：1）などの言葉で表現されてきているが，これはソーシャルワークでも同様である。

　初回面接は，限られた時間内にクライエントが「ワーカーはどのような人で，一体どのようなことをしてくれるのか，またこれから何が起こるのか」を感じ取る機会である。ハーセンらは，クライエントがワーカーのことを「この人は自分の問題を理解しようと一生懸命になってくれているようだ」と感じると，ワーカーは「クライエントがこれまでには一度も明らかにしたことのない情報を引き出す可能性を得る」（ハーセンら編 2001：1）と述べている。

　相談援助面接に関して述べていくにあたり，お断りしておきたいのは，「面接」は常に面接室のような場所でフォーマルな型式をとって行われるわけではないことである。場所に関していえば，クライエントの自宅，生活施設内でも実施される。また，面接の型式に関しては，「これから面接を始めます」とい

ったフォーマルなものでなくても，様々な場所におけるクライエントとのやり取りを「相談援助面接」と同等に位置づけ，基本を応用した丁寧な対話をすることでクライエントをより深く理解でき，必要な変化のきっかけを見つけることもできる。

　ソーシャルワークにおけるアセスメント面接では，クライエントとの協働作業を通して「クライエントの問題・クライエント・クライエントの問題とクライエントを取り巻く環境」という複数の要因を考慮して，情報を収集しそれらを分析・統合していく。クライエントから情報を得るプロセスでは，クライエントの生きてきた歴史や，培ってきた力と資源，問題の対処法などを教えてもらう。アセスメント面接は，ワーカーがクライエントの協力を得て（協働），「生活者としてのクライエントの姿を再現する作業」である。比喩を使えば，クライエントと一緒に「ピクチャーパズル」を作っていく作業に似ているかもしれない。アセスメント面接の中でやり取りをして得られた，一見バラバラに見えるパズルの一片一片である「クライエント」「クライエントが経験している問題状況」「クライエントとクライエントを取り巻く人・関係機関」などに命が吹き込まれ，静止画像から動画へと変化していくはずだ。クライエントとのやり取りを通してワーカーに見えてきたこと（観察），聴き取れたこと（会話），その他の感覚を駆使して感じたこと（直観）を総合して頭の中で組み立て，組み立てが正しいかどうかを確認する作業である。この再現作業の質は，クライエントが提供してくれる「情報の深さ・豊かさ」と，アセスメント面接をしているワーカーによる「クライエント理解」の度合いに左右される。

　本章では，このような考え方に基づき，アセスメントで得る情報の量と質に大きな影響を与える相談援助面接の果たす役割，より良い相談援助面接を実施するために必要な基礎に関して考察していきたい。詳細としては，ワーカーとクライエント間の援助的関係性が面接に与える影響，傾聴，共感，ワーカー・クライエント間のパワーの非対称性，相談援助面接のプロセス（起承転結），相談援助面接で使用される言語反応バリエーションと面接で避けるべき15の応答パターンについて述べる。

　最後に，事例4-1に示した「私もう疲れてしまって……」と訴えてきたクライエントに対する面接応答例を2種類，逐語録とともに紹介する。1つ目は，

第Ⅰ部　省察的ソーシャルワークとアセスメント

初心者ワーカーによる面接で，残念ながらクライエントに面接を打ち切られてしまう。2つ目は経験豊かなエキスパートによる面接で，クライエントの迷い，問題の緊急性などを考慮した面接を行っている。この2つの面接でのやり取りに見られる相談援助面接の基本の応用，課題を解説したい。

2　援助的関係性が面接に与える影響

　クライエントは，ワーカーとは面接で初めて会ったにもかかわらず，自分自身の辛い思いだけでなく，これまでの人生で起きたことや必要に応じては経済状況といった，通常初めて会った人にあまり語らない「深い内容」まで話さなければならない。このことは決して簡単ではないため，普通は躊躇して当然である。そこで相談援助面接の基礎となるのが，ワーカーが「信頼するに値する人間だ」とクライエントに受け取ってもらえることである。このような関係を「援助的関係性」と呼ぶ。ヘプワースらは，ワーカーとクライエントの間に成立する援助的関係性やクライエントの抱く希望・期待などが援助結果に影響を与えていると述べ，援助的関係性を面接を通して醸成することが援助結果の成功の鍵を握ることを示している（Hepworth et al. 2017）。

　また先行研究のレビュー[(2)]を通して，「どのような援助介入の方法と理論が選択されようと，その基礎となっている共通要因が援助介入方法の成功の70％を説明している」（Hepworth et al. 2017：91）とも主張している。援助結果に関連する4要因と，それらが結果と関連する割合は，①クライエントあるいは援助法以外の要因が40％，②（援助）関係性に関する要因が30％，③プラセボ（placebo）[(3)]，希望と期待に関する要因が15％，④（援助）モデル／テクニックに関する要因が15％，という報告[(4)]を引用した上で「結果の半分はワーカーが学習すべき基本的なスキルと力に依拠しており，そこで使用された援助法のタイプとは関係なかった」（Hepworth et al. 2017：91）と，驚くべきというか，あるいは予想されたことというべき結論を述べている。少なくとも，これらの先行研究から導き出せることは，面接において「ワーカーがクライエントとしっかりとした援助的関係を作ること」の重要性である。

　援助における関係性が心理療法やカウンセリング等の領域でどれほど重要で

あり，治療の成否の鍵を握るかということを論じた一人がカール・ロジャーズ[5]
（C. Rogers）である。彼は，援助的関係が形成される際に重要なこととして
「無条件の肯定的配慮」「共感的理解」を挙げている。援助的関係性を作り上げ
るためには，まず何をおいてもワーカーがクライエントに対して「1人の尊厳
を持った人間」として接し，話に耳を傾けることである。

3　援助関係に影響を及ぼす要因

（1）「傾聴」が援助関係に与える影響[6]

　「傾聴」や「聴く」ことに意味がある，援助的関係性に影響を与える，とい
うことは誰もが直観としてわかっている。しかし，それを根拠づけて説明する
ことが難しいと考える人もいるかもしれない。そこで先行研究を紹介し，「聴
く」「傾聴する」ことは研究者たちによって，どのように意味づけされている
かを見ていきたい。

　臨床心理学者として高名な河合隼雄は「『聴く』という態度で接すると，相
手の人の心が自由にはたらきはじめる。無意識内の心のはたらきが活性化され
る」（河合・鷲田 2010：6）と述べている。クライエントはワーカーの「聴く」
という姿勢に呼応してある種の縛りから解放され，自らの内的な世界を表現で
きると，この現象を説明する。しかし河合は，「聴く」ということは決して容
易ではなく，大きなエネルギーを要することであるともいう（河合・鷲田
2010：36）。

　鷲田清一は，聴くという行為，その行為が聴いてもらう側に及ぼす作用に関
して，中川米造の議論から「〈聴く〉というのは，なにもしないで耳を傾ける[7]
という単純に受動的な行為なのではない。それは語る側からすれば，ことばを
うけとめてもらったという，たしかな出来事である」（鷲田 2015：14）と，「聴
いてもらうこと」が単なるカタルシス（浄化作用）以上の「出来事」となると
いう。杉原保史は，共感的傾聴では「性急に白黒つけようと」（杉原 2015：
105）せず「聴き続ける」ことの大切さを指摘する。さらに，深い共感の果た
す役割を「話し手はそれによって，自分の中の曖昧な体験領域をより明確にし
ていく作業に取り組むよう励まされます。そのプロセスに誘われるのです。そ

れが深い共感です」（杉原 2015：112）とし，クライエントが共感してもらった
という認識を持つことで，それ以上考えを進めることを避けたかったかもしれ
ない，あるいはそれが容易でなかったかもしれない問題領域にも踏み込んでい
く力を得ていくと述べる。

　ワーカーが，自分はクライエントの話を「聴いている」と考えていても，そ
れがクライエントに伝わらなければ意味はない。中村雄二郎は，クライエント
自身が聴いてもらっていると感じ取れるかどうかについて，言語と身体性との
関係に言及している。中村は「口先だけで何か言うだけでは実践にならないが，
それはことばが身体性を持った主体によって担われずに，内面化されていない
から」（中村 1992：68）と説明する。このような身体性と同様にワーカーの支
援観・視座とでも呼べるものが重要だと指摘しているのは，坂中正義である。
彼は「傾聴は…（中略）…やり方ではなく，人間尊重の姿勢や態度に裏打ちさ
れたあり方なのです」（坂中編著 2017：4）と表現している。

　当然のことであるが，ワーカーたちが「聴く」ことの重要性を強調する理由
の一つは，クライエントのことを最もよく知っているのがクライエント本人だ
からだろう。しかし「クライエント自身が自分の複雑な思いを意識できていた
り，言語化できているかというとそうではない。だからこそ，優れた『聴き
手』であるワーカーの存在意義があるのだろう」（渡部 2018c：5）。これは，存
在意義とともに，第2章で述べたワーカーという専門職にあるものの使命・責
任にも関連する。林はこれを「利用者が語ることの意味は深く，援助者には聴
いたものの責任が課せられる。…（中略）…援助者の役割は，その了解をわが
身と社会のあらゆる資源を活用して，利用者の生きられる時間を支えつくすこ
とであると言えよう」と述べている（林 2014：102）。

　ヘプワースらは，共感的コミュニケーションを「クライエントの内的感情を
正確で高感度にワーカーが受け取る力，その時のクライエントの経験に適した
表現によってクライエントの感情を理解したことを伝える」（Hepworth et al.
2017：97）と表現し，「援助的関係性の促進と維持において大切な役割を果たし
ている」と強調している。また，ワーカーがクライエントにとって「情緒的に
意味と影響を持つ存在になることで，媒介手段を提供する」とも指摘している
（Hepworth et al. 2017：98）。これは，事例検討やスーパービジョンの場で「援

第4章　相談援助面接

助を受け入れることが難しそうに見えたこのクライエントが，どうしてこのワーカーの提案を受け入れていったのだろう」「どうして，こんなに適切に見える支援計画を，クライエントが受け入れなかったのだろう」という疑問への答えを見つけるプロセスでわかってくることでもある。

　前者の場合，多くのワーカーに見られる共通点は，初回面接でクライエントの語りに耳を傾け，自分がどのようにクライエントの思いを受け取ったかを丁寧にフィードバックしていることである。一方，後者の場合はその逆で，初回面接で自分から一方的に「お決まりの支援策の提案」あるいは「ワーカーが欲しい情報を一方的に質問」していることがよくある。例えば，事例4-1のクライエントの主訴に，「そうですか。それならショートステイを使う方法がありますよ。ご存知ですか」と対応したらどうであろうか。もちろん時には「何等かの手段を聞きたい。それさえわかれば良い」という要望を持ってくるクライエントもいるので，「まぐれ当たり」でクライエントの満足を得るかもしれないが，それは偶然でしかない。

　ワーカーがどのような対応をするかによって「私のことを理解しようとしてくれている」か，逆に「私の置かれている立場など，どうでもよいと感じている」とクライエントは思うかもしれないことを忘れてはならないだろう。

　コミアーらは，「聴く (listening)」とは何を意味するかの議論の中で，Lindahl (2003) を引用して「真に聴くとは『全存在 (whole being) を含む』」(Comier et al. 2013：29) こととし，「耳，目，専念した注意力，心」を使った活動で，「聴く (listening)」は「聞く (hearing)」という用語の意味内容を超えるものと述べている (Comier et al. 2013：105)。さらにコゾリノによる脳科学の知見を紹介して，「聴くという反応が，援助プロセスの重要な構成要素となる理由は『クライエントのエグゼクティブ・ネットワークス (executive networks) と自己内省力 (self-reflective abilities)』を活性化する」(Cozolino 2010：38) と効果の根拠を示している。

　また，コミアーらは，聴くことを「①メッセージを受け取る」「②メッセージを処理 (process) する」「③メッセージを送る」という3段階プロセスで説明している。この聴き方は，ワーカーが自らの頭の中で「メッセージについて考え，その意味を熟考し」て，次の段階での反応の「メンタルな準備と視覚

第Ⅰ部　省察的ソーシャルワークとアセスメント

化」するということである。このような聴き方を「内省的な聴き方（reflective listening[9]）」と呼び，自分が聴きたい部分のみを抽出する姿勢ではできない類のものである。ワーカーは「クライエントとワーカーをしっかりと結びつけるような傾聴（connective listening）」をする必要があり，このような反応ができるまでには，ワーカーがスキルを磨く訓練が必要となる（Comier et al. 2013：106）。彼らの述べたことは言い換えれば，ワーカーはクライエントの語りに含まれている意味を熟考しながら聴き，そこに込められた意味のどの部分に，どのように反応するのか，自分の中でメンタルリハーサルをし，クライエントに自らの理解を織り込んで「理解したこと」をフィードバックしていく，と表せるだろう。アイビーら（Ivey et al. 2007）は，「聴く」行為は，クライエント自身の「物語」を勇気づけることで，それが「治療的」になると述べている（Comier et al. 2013：107）。

（2）共　　感

ロジャーズが共感を重要な要素と捉えたように，ヘプワースらは，面接初期段階に必要な要素として「共感，アサーティブ，オーセンティック」（Hepworth et al. 2017：91）が関係作りに重要な役割を果たすと述べている。人と話している間，私たちはそこで語られることを考え，感じ続けている。相手の語りによって気持ちが動く。もちろん厳密にいえば，クライエントと全く同じように物事を捉えることはできていないと言えるだろう。なぜなら，クライエントの話はワーカーという人間の持つ思考枠組みを通して理解されるからである。

このように書くと，では「『共感』『受容』などと呼ばれるソーシャルワークの基本は存在しないのか」という反論が出てくるだろう。確かにその通りである。私たちにできる最善のことは，クライエントの語りを「自らのフィルターを通して聞いている」ことをしっかりと自覚することだろう。「私はすごく共感できます」「よくわかります」という表現は，「共感したように感じます」「よくわかったように感じます」ということなのだろう。しかし，クライエントと全く同じ感じ方ができないことを自覚することで，なお一層クライエント理解に対して注意を払う必要があるとわかる。私たちのフィルターを通したク

ライエント理解をしていることを自覚しつつ，クライエントの経験をできる限りわかるためには，ワーカーが自らの持つ価値観や世界観をしっかりと見つめ，それに囚われそうになった自分，なりそうな自分にいち早く気づくことが大切であろう。

クライエントの語りを聞きながら，ワーカーの内部では，瞬時に出てくる感覚的ともいえる情動の動き，さらにクライエントの語りを想像して（頭の中でその意味が理解できるように語りを再構成できること），知的なプロセスを経て出てくる理解が起きてくるはずである。そして，その場で生まれた反応を表出するのではなく，自分をコントロールした上で「そのようなことが起きると，このように感じるのではないか」という推論をし，それを言葉にすることで相手に共感を伝えることになるといわれる。

事例4-1の「私もう疲れてしまって……。このままでは共倒れになりそうで，どこか夫を預かってくれる所はありませんか」というクライエントの主訴を聞いた時，その時点ではまだ情報が少ないため，深い理解に基づいた反応をすることは不可能である。しかし少なくとも相談者が疲れ切った声を出していれば，情動的共感として「辛いのだろうな」「大変だろうな」という感情をクライエントから受け取ることができるだろう。さらに，この主訴に続いて得た情報に「私は夫をもう10年も介護してきました」という説明が加われば，ワーカーは10年という長い年月，介護を続けてきた妻の姿を想像し，先程の情動的共感に新たな情報が加わった共感を生み出すだろう。

しかし，この主訴に続いて出てきたクライエントの言葉が「夫はつい3カ月ほど前骨折をして車椅子生活になったが，ずいぶんと回復し，医者からはほぼ以前と同じに動けるだろうと言われている」という情報が加わると，クライエントの状況を想像して出てくる共感度合いが変化するかもしれない。

（3）ワーカー・クライエント間のパワーの非対称性
——援助すること・されること

援助をしてくれる人が福祉サービスのような何らかのサービス提供受給の決定権を持っているとすれば，そう容易に「クライエントとワーカーの間での対等な関係」を，最初から想定できないことは明らかであろう。事例4-2は，

第Ⅰ部　省察的ソーシャルワークとアセスメント

ワーカーがこの対等な関係について，どれほど心してトレーニングする必要が
あるかを教えられた筆者の経験である。

事例 4‐2　ワーカー・クライエント間のパワーの違いを認識する必要性

　1982年の初秋，ミシガン大学ソーシャルワーク大学院の授業で，シーベリー先生
が私たちに話してくれたことが今も忘れられない。それは「ワーカーは，クライエ
ントに対してパワーを持っていることを忘れてはいけない」といった内容だった。
当時，留学したばかりでもあり，またワーカーをこのようにパワーの保持者として
しっかりと意識したことのなかった私にとって，この言葉は衝撃だった。ソーシャ
ルワークのような対人援助の仕事に就こうとする人々の多くは「人を支援したい，
人の役に立ちたい」という思いを持ち，その思いは時として自分がパワーを持って
いることを忘れさせる。ワーカーが出会うクライエントは，疾病，貧困，抑圧，人
間関係の問題などの課題を抱え，「誰かの手助け」が必要になっている。自分自身
が誰かの助けを借りなければいけないということ自体，本来受け入れることが辛い
ことである。さらに，何らかのサービスを使うことに関して相手が決定権を持って
いるとすれば，人は無力感を感じるはずである。こう考えていくと，ワーカーがク
ライエントに出会った時，自分自身がクライエントに対して持つ可能性のあるパワ
ーを自覚し，クライエントの置かれた立場を理解する努力を怠ってはならないこと
は自明の理だろう。

　しかしワーカー自身も，政策，所属組織の方針，多職種，上司，同僚などのパワ
ーの影響を受け，日々の仕事をしている。クライエントに対して必要不可欠な支援
の方法がわかっていても，その支援を提供できない状況に出会い当惑し，無力感を
感じてしまうことも少なくない。クライエントに対するエンパワー，などという理
想を語るワーカー自身が，自分自身をエンパワーすることができずにいることが多
いのも事実である。ワーカーのジレンマ，ということがよく議論される。どのよう
な職業にあっても「あるべき職業人」としての仕事を貫くことは困難であろう。し
かしその職業の基本に「人間の尊厳」をまとうソーシャルワークは，少なくとも自
分たちの仕事に影響を与えるこのパワーを強く認識して仕事をしていかなければな
らないだろう。（後略）

　出所：渡部（2016a）。

第4章 相談援助面接

4 相談援助面接のプロセス──起承転結

アセスメント面接には，クライエントの問題解決・軽減のために，クライエントから様々な情報を聞かせてもらうという目的がある。そのためワーカーは，クライエントの語りの文脈に沿いながらも，この目的を忘れずに面接を進める必要がある。文章作成やプレゼンテーションの際に「起承転結」を意識する必要性がいわれるが，面接にも起承転結に匹敵するプロセスがあり，それは①面接の初期（導入期），②面接中期（問題の探索から仮アセスメント作成まで），③面接中期，④終了期（面接を終えるまで）である。渡部（2013）は，カーノイヤー（Cournoyer 1991）が提唱した面接プロセスを加筆修正して「相談援助のプロセス」を整理している（表4-1）。以下，簡単にそれぞれのプロセスの具体的な実施法などについて解説していく。

（1）面接初期──導入期

クライエントの主訴に耳を傾け，クライエントをきちんと受け止め，自分は面接を通して何ができるのか（面接の目的），クライエントの権利は何か，ワーカーとしての義務は何かなど，ワーカーとクライエントの間で明確にすべき基本を伝えていく。例えば，導入部分で「今日は1時間ほどお話をして，○○さんが今後どのように暮らしたいと思っていらっしゃるのか，そのような生活をするために何ができるのかを一緒に考えていきたいと思っています。よろしいでしょうか」とクライエントの承認を求めることもできるだろう。

クライエントとワーカーの間の「役割期待」を明確にすり合わせておくことは非常に大切であることをヘプワースらは強調している。多くの場合，クライエントはワーカーとの関係に期待すべきことが何なのかが明確ではない。また「クライエントの期待は，ワーカーの視点とは異なっていることが多い」とも言われる。特にクライエントが「どこかから紹介されてきたり，法律に従ってワーカーと会わなければならない時に，その状態であることが多い」（Hepworth et al. 2017：92）という。そのため推奨されるのは「援助プロセスの特性をわかりやすく説明し，クライエントとワーカーの関係性とは，クライエント

95

第Ⅰ部　省察的ソーシャルワークとアセスメント

表4-1　相談援助面接のプロセス

プロセス	それぞれのプロセスの説明
① 面接初期（導入期）	クライエントの主訴をきちんと受け止め，クライエントに自分の役割，面接の目的，クライエントの持つ権利，ワーカーが守るべき倫理，ルールを理解してもらう。
② 面接中期（問題の探索から仮アセスメント作成まで）	面接中期の目的は，クライエント，クライエントが直面している問題，クライエントとその問題を取り巻く状況，そこにある相互関係性をより深く理解し，その理解を援助計画に結びつけていくこと（面接の目的がニーズ抽出かリスク回避かにより変わる）。
③ 面接後期（仮アセスメントを基にした援助計画作成，契約まで）	ワーカーの理解した「問題とその背景」がクライエントに受け入れられるかを確認し，必要な修正を行うことで，現実的な援助目的を仮に設定するとともに，目的達成に必要な支援計画を作成する。お互いに決定したことを文書などにして明らかにしておく（契約）。
④ 面接終了期（面接を終えるまで）	クライエントとワーカーの双方がそれぞれ何をすることになったかをお互いに確認して面接を終了する。

出所：Cournoer（1991）を基に筆者作成。

　の経験している困難な問題の解決策を探すパートナーであることを明確に伝える（定義する）」（Hepworth et al. 2017：93）ことである。

　「役割の明確化」が果たす4つの働きとして挙げられているのは，①クライエントの非現実的な期待と，問題を早く解決したいという思いの認識とその重視，②ワーカーの「役に立ちたい」という意思の表現，③（もし，クライエントが実現不可能な願望を持っているなら）「クライエントの非現実的な期待がなぜ満たされないのか」という理由の説明，④専門職であるソーシャルワーカーとして援助プロセスを明瞭にすること，協働関係を明確に伝えること，この協働関係は「積極的にプロセスに参加し，最後には自らが取る行動の道筋を選択する」という「クライエントの責務」を伴うものであると明確にすること，である。

（2）面接中期──問題の探索から仮アセスメント作成まで

　中期は，アセスメント面接の中心ともいえる。ここでは，問題理解を深く掘り下げていくためにクライエントから情報を収集していくが，一方的な質問で実施するものではなく，表4-2にまとめたような，種々の言語反応バリエーションを使って，面接を深めていく。例えば，何が問題なのか，また何を求めているのかをクライエントが話しやすいように面接を進められるようにし，援

第4章　相談援助面接

表4-2　面接における言語反応バリエーション

言語表現名称	解　説
① 場面構成（面接場面設定のための説明）	社交的会話や，どの分類にも含まれない中間的発言。ワーカーが自分の役割・約束事などを説明することなども含む。
② 受け止め・最小限の励まし・促し・非指示的リード	クライエントの話を聴いていることを表す相槌などの表現，沈黙もこのなかに含めることができる。最小限の励まし，促し，リードなどは，受け止めよりももう少し多くの言葉を使うが，基本的には相手の話の促しを目的として行われる表現。
③ 明確化・認知確認	クライエントの話したことをワーカーが正しく聞いたか，あるいはワーカーの受け取り方が相手と同様なものであるかどうかを確かめるための反応例：「あなたがおっしゃったことは○○という意味でしょうか」（○○の部分に相手の話したことの言い換えを入れる）
④ 相手の表現したことの繰り返し	否定，肯定，解釈を一切入れずにクライエントの話したことをそのまま述べること。
⑤ 言い換え（相手が表現したことを異なる表現で言い直す）	クライエントが伝えたことの基本的な内容を，本来の意味を失わずに，内容は同様でありながら異なる表現で言い直す。
⑥ 感情の反射・感情の明確化	クライエントが明らかにあるいは暗に表現した感情の内容を相手に返すこと。
⑦ 要　　約	クライエントの会話の中核と判断できる事柄をまとめて伝える。
⑧ 質問（閉ざされた質問・開かれた質問，具体性を尋ねる探求質問）	「開かれた質問」「閉ざされた質問」，相手の話の中で欠けている一部の情報を明らかにする「具体性を尋ねる探求質問」。
⑨ 支持・是認・勇気づけ，再保証	（明確な根拠がある場合に限定して）クライエントの述べた内容に関して相手の発言内容の妥当性を認める。強みや，実践できているとワーカーが認識したことをクライエントにフィードバックする（伝え返す）。根拠とともに表現することが望ましい。
⑩ 情報提供	クライエントがその情報を適切に使える時期にあると思われた時に，相手にとって役立つ情報を相手が理解できる形で提供すること。情報を提供するタイミング，伝え方がクライエントにとって適切であることが大切。
⑪ 提案・助言	こうしたらどうか，などといった方法をワーカーが申し出たり，アドバイスしたりする。クライエントとの関係性ができていなければ，たとえ妥当な提案や助言であっても相手は受け入れ難いと感じることが多い。
⑫ 解釈・説明	クライエントあるいはワーカーの準拠枠（理解の枠組み）に基づいたものの両方がある。クライエントが述べたことの意味を説明したり，さらに一歩進んだ解釈をしたりする。何らかの理論をもとに解釈や説明がされることもある。
⑬ 分断化された様々な情報の統合	（異なる時点でバラバラに出てきた情報）の統合（要約を含む）と明確化の組み合わせ
⑭ 焦点化。見えていない点に気づき，新たな展開を開く援助	問題解決の方向に面接を導くための方法。解釈，深い共感，情報提供，対決等，様々な技法が組み合わされて使われることが多い。
⑮ 仮説的状況に関する質問	「もし，○○であったら」といった推測に関する問いかけ。
⑯ 対決・直面	（お互い十分な理解と関係性のある上で，クライエント自身が向き合いたくない現実について話し，それを直視し，前進するための方法。

出所：渡部（2011：129-130）を簡略化・加筆・修正。

97

第 I 部　省察的ソーシャルワークとアセスメント

助的関係性を作り，話の内容や，表明された感情に対する適切な反射をする（感情と事実の反射）。

　さらに，情報を正しく共有できたかを確かめ，クライエントが置かれている状況を想像し，理解を深めていく（明確化・確認）。複雑なコミュニケーションが行われた時には，その内容を正確に反射する。例えば，「○○したい」と言いながらも「△△をしている」という場合には，そのような複数の考え・思いなどをまとめて反射する。クライエントから，いくつもの問題や要求が同時に出てきた時には，それらを分割して確認する（問題整理のための語りの内容の分割化と，その確認）。さらに言語化されなくても，態度や言外のニュアンスから摑むことができた内容を話し合う（非言語メッセージの反射）。面接時間内に語られた様々な内容の情報を組み立て直し，クライエントの「問題」「望み」との関連を考えていき（語られた情報の組織化），面接で得られた情報を基にして，仮のアセスメントをする。

（3）面接後期——仮アセスメントを基にした援助計画作成・契約まで

　ワーカーがクライエントとのやり取り（面接）を通じて理解できた問題とその背景をクライエントに伝え，その認識をクライエントが受け入れるか，あるいは修正が必要かを話し合い，理解を共有する（クライエントの状況・ニーズ理解の一致度確認）。さらに，クライエントのニーズを満たすために何が可能かを話し合い（ニーズ充足の方法の話し合い），現在の状態を継続すれば，どのようなことになる可能性があるかも話し合う（予測できる問題，今のままの状態を取り続けることのメリット・デメリットの説明を含む）。このプロセスで，援助における目的を設定し，その目的達成に必要な援助計画を作成するとともに（援助目的設定），実際に何をどのようにしていくのかのステップ，援助目的達成の評価法，を一緒に考えて決める（援助目的達成の小ステップ作りと目的達成の確認方法決定）。可能であれば，お互いに決定したことを「契約」としてまとめておく（契約交換），となる。これだけのことを限られた時間内に実施することは困難なことも多い。重要なことは，その時に必要不可欠な内容を押さえ，残った課題は継続して実施していく。

第4章　相談援助面接

（4）面接終了期——面接を終えるまで

実際にそれぞれが何をすることになったかを，再度お互いに確認し合い（各自の役割確認），緊急に対処すべきことがあれば，その内容を話し合い，成すべきことを明らかにすることである。

5　言語反応バリエーションと避けるべき15の応答パターン

相談援助面接は単純にマニュアル化してできるものではないが，一定の基本もある。本節では様々な臨床家が述べる「面接で用いられる言語反応のバリエーション」（表4-2参照）と，相談援助面接で「これはしてはいけない」という留意点（面接で避けたい15の応答パターン，表4-3参照）に関して解説する。

（1）面接における言語反応バリエーション

実際に優秀なワーカーの面接対話を見ていくと，表4-2で挙げた手法のみで成立しているわけではない。これらは基本になる構成要素であり，それらが組み合わされることで，初めて意味のあるやり取りになる。ワーカーが面接のやり取を通して行っていることを，かなり長いが言い換えてみると，「相談援助面接とは，クライエントの話の流れに沿いつつ文脈を大切にし，そこで語られたことの意味を考え，クライエントとその意味をすり合わせるプロセスを通して，クライエントにとって最適の問題解決・軽減法を見つけていくために用いられる。そのプロセスにおいてワーカーは自分の理解の適切さを確認したり，クライエントや問題を取り巻く状況に関する理解を深めるために質問をしたりする。確認や質問の際には，クライエントがそれまでワーカーに語る内容をそのまま使うこともあれば（クライエントが述べた事実をそのまま述べる，少し言い換えて述べる等），その語りの中にワーカーが見つけ出した事象の関連性を入れること（語りの要約，解釈など）もある。対応の際にワーカーは，クライエントが気づいていない，あるいは明確にできていない『クライエントの考えや感情，力』を見つけ出し，クライエントにフィードバックしていく（明確化，感情の反射，支持，等の応用）このプロセスを通してクライエントと最適な『問題への向き合い方』『具体的な対処の方法』を探求していく。その結果クライエントが

99

第Ⅰ部　省察的ソーシャルワークとアセスメント

表4-3　面接で避けたい15の応答パターン

① 道徳的・説教的な表現をすること
「そんなことをすべきではなかったんですよ」といった表現で，クライエントが罪の意識を感じたり後悔したりするような応答をすること。クライエントを見下すことにもなる。
② 時期尚早の助言や提言，解決方法の伝達
クライエントから十分に相手の状況を聞かないで，ワーカーが考える「一般的に見て正しいと思う」やり方を押し付けること。即座に「サービス」と結びつけることなど。
③ 説得や理屈の通った議論
クライエントは正しいことが何かは知っているけれども，それを受け入れられない何等かの事情があって相談に来ることが多い。「正しいことが実行できないこと」の歯がゆさ，辛さを理解することが大切。
④ 判断・批判・避難
クライエントの言動に価値判断を与え，正しい，正しくないなどということをワーカーが決めること。
⑤ 分析・診断・劇的な解釈
「それは○○と呼ばれる行為ですね」といった診断をしたり，クライエントの行動を解釈したりすること。それに一体どのような意味があるのかを問い直す必要がある。
⑥ 根拠や意味のない「再保証」および「同情」，「言い訳」
必要だと判断した時，また必要な理由が明確な時，時期を得て使用すれば，再保証はクライエントに希望を与えたり安心感をもたらしたりするが，ワーカーが根拠もなく「明日になれば元気がまた出ますよ」ということは，無責任かつワーカーがクライエントの問題に直面することを避けていることになる。
⑦ クライエントの問題を軽く見せるような皮肉やユーモアの使用
ワーカーにとってはよくある問題であっても，クライエントにとってはそれが「初めての経験」であり，重要なことを忘れてはならない。
⑧ 脅し・警告
「○○しないと後悔しますよ」等，クライエントを脅したり，警告したりすること。クライエントがワーカーの判断に従うような強制にもなる。
⑨ 質問攻め（同時にいくつもの質問をすること）
アセスメントの段階などで，クライエントから多くの情報を得なければならないこともあるが，その場合でも一方的に質問を続けない。同時にいくつもの質問を次々にすると，クライエントは質問のどの部分に応答したらよいのか分からなくなり焦点を失ってしまい，さらに「受け身」になる。
⑩ 誘導尋問
相手が答えを出すように誘導する問いかけのこと。
⑪ 不適切あるいは過度に話を遮ること
ワーカーは面接の中で，どうしてもクライエントの話の流れを変えなければならない場面もある。しかしそれはあくまでも「どうしても必要」という判断に基づいて行う。
⑫ 会話の独占
これはワーカーが閉ざされた質問などを繰り返して，一方的に面接でのやり取りの主導権を握ってしまうことによって起こる。
⑬ 社交的な会話の助長
社交的な会話が必要な時もあるが，それはあくまでも一時的なものであり，本来の面接の目的（クライエントの問題の解決・軽減を考える）ではない。
⑭ 受け身的な応答
ソーシャルワーク面接には目的がある。そのため，単にクライエントの話を「聴いている」（聞いた情報のフィードバック，問題解決への結びつけなどをしないこと）だけでは進展しない。適切な反応をする必要がある。
⑮ クライエントの話のオウム返しや同じ表現の繰り返しなど
「繰り返す」，「言い換える」ことは面接の言語技術として存在するが，ただ自動的に使用することには意味がない。

資料：Hepworth & Larsen（1993：177-191）を基に筆者作成。
出所：渡部（2011：145-148）を要約・加筆・修正。

100

第4章　相談援助面接

考えつかなかった，あるいは薄々気づいていたが実現する方法を取れずにいた『新たな視点』をも見出していく（焦点化）プロセスである」と表せるだろう。

ワーカーは常に「頭と心」をフル回転させて面接をしている。言い換えれば，考えることと感じることを同時に行っているのだ。そうすることで，クライエントから伝えられる大切なメッセージを見逃すまいとしていることを忘れてはならない。

（2）2つのインテーク面接例を通して相談援助面接を再考──基本の応用

次に紹介する2つの面接のやりとり（事例4-3・4）は，事例4-1の電話相談を「相談初心者の山手ワーカー」と「経験豊かでエキスパートと呼べる近藤ワーカー」の2人が受けたと仮定すれば，どう展開されるかを考え作成したワーカーとクライエント間のやり取りを文章化したものである。この2つの会話例は，奥川・渡部監修（2007）[10]のDVDで展開された面接の一部である。このDVDでは，このインテークから援助計画作成・実施までの全プロセスをワーカーとクライエント間のやり取り，そのやり取りの際にワーカーが「どのような思考プロセスを辿り，クライエント対応をしたのか」も詳しく説明している。

第9章では，この全プロセスでのワーカーとクライエント間のやり取りの概略を紹介し，アセスメント面接で得た情報を「統合的・多面的アセスメントの視点」からどう整理していけるかを解説している。そのことを念頭において，まず，この初回面接のやり取りの中に相談援助面接の基本がどのように応用されているのか，あるいは応用されず問題となっているのかを考えながら読んでいただきたい。

事例4-3　山手ワーカーの電話面接──事務所にて

1．山　　手：はい，中央在宅介護支援センターの山手でございます。
2．電話の声：もしもし，私もう疲れてしまって……。このままでは共倒れになり
　（小林智子）そうで，どこか夫を預かってくれる所はありませんか？
3．山　　手：わかりました。ずいぶんとお疲れのようですね。それで，ご主人を
　　　　　　預かってくれる所をお探しなんですね。
4．電話の声：ええ，まあ……，どのような所があるのでしょうか。
5．山　　手：はい。そうですねー。施設といっても色々ですが，奥様の疲労がた

第Ⅰ部　省察的ソーシャルワークとアセスメント

　　　　　　まっていらして，お疲れをとるという目的でしたら，ショートステ
　　　　　　イがございます。

6．電話の声：ショート，ステイ？　そこは，どのような所なんでしょうか。初め
　　　　　　て聞く言葉なので……。

7．山　　手：はい。ショートステイというのは，奥様のようにご家族が介護でお
　　　　　　疲れになった時，1～2週間特別養護老人ホームや老人保健施設な
　　　　　　どで預かってくれる所です。それとご家族がご旅行にいらっしゃる
　　　　　　ような理由でも預かってもらえるんですよ。

8．電話の声：私は旅行になんて行けませんわ。そんな理由で主人に「施設にしば
　　　　　　らく入っていて下さい」なんて，とても言えませんし，言いたくも
　　　　　　ありません。

9．山　　手：そんなにムキにならないで下さい。奥さまはお疲れなんでしょう。
　　　　　　ですから，こちらにお電話してこられたんだと思いますが……，ご
　　　　　　主人を預けることに抵抗があるようですね。

10．電話の声：……。

11．山　　手：どうされましたか？　ご事情があるようですね。そちらに伺ってゆ
　　　　　　っくりお話を聞かせていただいてもよろしいでしょうか？

12．電話の声：今，とても疲れているので，またにします。

13．山　　手：お疲れになられているのは，よくわかります。でもなるべく早い方
　　　　　　がよいかと思いますが。

14．電話の声：え，え～，……ご親切はありがとうございます。でもまたお電話を
　　　　　　しますので，どうもお時間をいただきありがとうございました。
　　　　　　（ガチャッと電話が切れる）

　　出所：奥川・渡部監修（2007）付属冊子5-6頁，一部改変。

事例4-4　近藤ワーカーの電話面接──事務所にて

1．近　　藤：はい，中央在宅介護支援センターの近藤でございます。

2．電話の声：もしもし，私もう疲れてしまって……。このままでは共倒れになり
　（小林智子）そうで，どこか夫を預かってくれる所はありませんか？

3．近　　藤：とてもお辛そうですね。私どもで，できるだけお力になりたいと思
　　　　　　います。もしよろしければ，ご事情を伺うためにお宅に出向くこと
　　　　　　もできますが，もう少し，お電話でお話しいただいてもお身体にさ
　　　　　　わりませんか？

4．電話の声：まあ，ありがとうございます。初めてお電話しましたのに，そんな
　　　　　　に気遣って下さいまして。電話でお話しする程度でしたら大丈夫で

第4章　相談援助面接

す。

5. 近　　藤：それでは，お辛くなられるようでしたら，遠慮なくおっしゃって下さい。奥さまはとてもお疲れのようですが，いかがなさいましたか？

6. 電話の声：実は，私は，もともと心臓病の持病があって東西病院に通っていたんですが，最近とっても疲れやすくて，主治医の先生から「しばらく安静にしていた方がよろしいんですがねえ」と言われてしまったんです。

7. 近　　藤：そうなんですか。しばらく安静とおっしゃいましたが，入院される必要はないんですか？

8. 電話の声：ええ，実は入院して検査した方がよいと言われているんです……。でも，主人の世話がありますから……，子どもには頼めませんし……。

9. 近　　藤：ご事情がおありのようですね。ですが，心臓病でしたら，なるべくお急ぎになられた方がよろしいんですよね。

10. 電話の声：ええ，そうなんですが，……主人が……。

11. 近　　藤：①奥さまはご主人のことを大切にお世話されていらっしゃったんですね。②でも，ここは奥さまのお身体を整えませんと，ご主人さまもお世話してくれる方がおられないと困ってしまいますよね。

12. 電話の声：そうなんですが，どのような方法があるのでしょうか。主人が退院してからまだ1カ月しか経っていないのに，私の方がこんな身体なものですから。

13. 近　　藤：これまで一生懸命にお世話されてこられたのですよね。この際，少々お休みになられても，これから先もご主人のお世話をなさるつもりでいらっしゃいますよね。

14. 電話の声：ええ，もちろんですわ。でも，どのようにしたらよいでしょう。

15. 近　　藤：もう少し詳しくお話を伺いませんと，はっきりしたことは申し上げられないのですが，奥さまの入院期間とご主人さまのお身体の状態によって，いくつかの対処方法が考えられます。今，お電話で詳しくお聞きしてもよろしいんですが，私どもが直接お宅に伺って，お2人のお身体のご事情とお考えをお聞きして，その上で，ご一緒に当座の対処策についてご相談させていただいた方がよろしいかと思いますが，いかがでしょうか？

16. 電話の声：そうしていただくとありがたいですわ。でも……。

17. 近　　藤：何か気がかりでも？

18. 電話の声：そうなんです。実は，主人には今日のことはまだ話していないもの

103

第 I 部　省察的ソーシャルワークとアセスメント

ですから……。

19. 近　　藤：ご主人に，お話しできないご事情でも？

20. 電話の声：いえ，そんなんではなくて……。

21. 近　　藤：お気持ちに引っかかりがおありなんですね。では，こうしてみましょうか。まず，奥さまとお目にかかってお話を先に伺って，奥さまの入院中，ご主人さまにどうしていただくかを考えてみませんか。それから，奥さまとご一緒にご主人さまにお目にかからせていただくというのは，いかがですか。

22. 電話の声：そうしていただけると，私も心強いです。いつ，いらしていただけるんでしょうか。

23. 近　　藤：奥さまがそのご様子でしたら，できるだけ早い方がいいですね。なるべく時間を調整させていただきますので，お名前とご住所，電話番号をお願いします……。

24. 近　　藤：（聞きながらメモをとり，スケジュール帳を見る）その地区でしたら，今日の午後 4 時頃伺えますが，いかがでしょうか？

25. 電話の声：お忙しい所をありがとうございます。家が散らかっていてお恥ずかしいんですが，そんなこと言っていられませんわね。では，午後 4 時にお待ちしていますので，よろしくお願いします。他にお話ししておいた方がよいことはありませんでしょうか。

26. 近　　藤：奥さまは今日の午前中に外来受診されてお帰りになられたところでしょう。伺った時に詳しく教えていただきますので。

27. 電話の声：ああ，思い切ってお電話してよかったわ。ありがとうございました。

28. 近　　藤：では，午後 4 時に伺います。くれぐれもお部屋を片づけたりなさいませんように。

29. 電話の声：まあ，最後までお気遣いいただいて，お目にかかるのを楽しみにお待ちしています。

　　出所：奥川・渡部監修（2007）付属冊子63-66頁，一部改変。

　では，これから簡単に 2 つの面接（事例 4 - 3 ・ 4 ）での対応例を振り返り考察を行いたい。考察の中では，上の対応例に付けた会話の行番号を使用していく。また，解説の中で面接のプロセス（表 4 - 1 ），言語反応バリエーション（以下，言語反応，表 4 - 2 ），面接で避けたい15のパターン（表 4 - 3 ），で述べた内容を織り込んでいきたい。

104

第4章　相談援助面接

1) 山手ワーカーの面接──事例4-3の考察

　「2.」でクライエントは，何を山手ワーカーに伝えようとしていたのだろう
か。山手ワーカーはその意味をしっかり考えた上でクライエントの主訴を受け
止めて反応をしたのだろうか。そうではないことが明らかである。山手ワーカ
ーの「3.」の反応は言語反応バリエーションの分類に従えば，「随分とお疲れ
のようですね」とクライエントが「2.」で述べたことの「一部」を「繰り返
し」（「言語反応」④相手の述べたことの繰り返し，の応用。単に繰り返したのみではな
く，そこにある種の⑥感情の反射もあり），その後また「2.」でクライエントの主
訴の一部である「どこか夫を預かってくれる所はありませんか」のみを取り上
げ明確化（言語反応③）しようとした。

　このように，山手ワーカーの反応を見ると，いくつかの言語反応バリエーシ
ョンを組み合わせてそれなりにクライエントの語りを「すくいあげている」が，
この対応で決定的に欠けているのは，「2.」でクライエントが語った「疲れた，
共倒れになりそう，夫を預かってくれる所はないか」という複数の内容を含む
「クライエントの主訴の意味を考えず部分的に反応し，即座に解決策を提案し
た」点である。このように「時期尚早の解決方法の伝達」をすることは，表4
-3の⑫に相当し，クライエントは自分のことを理解してもらえそうだと感じ
ることができなかったようである。面接開始直後に援助的関係性が形成される
機会を逃してしまっているのである。このすれ違いは，その後の面接でも継続
してしまった。

　面接のやり取りで起こる出来事は，ワーカー・クライエント間のパワーの非
対称性で説明したように，ワーカーが知らないうちに力を持ってしまうことで
ある。この対応でも，「3.」で山手ワーカーが「ご主人を預かってくれる所を
お探しなんですね」と問いかけると，クライエントは本来望んでいないことで
も，「ええ，まあ……」とワーカーの提案に異を唱えることができないまま，
面接が進んでしまっている。そのことに気づくことができなければ，またワー
カー主導の面接が続行する。

　「5.」で山手ワーカーは，自分が適切であると考える（クライエントにとって
の適切さは確認できていない）ショートステイという問題の解決法を提示してし
まった。クライエントが自分自身の考えの整理もできないまま，さらに，それ

105

第Ⅰ部　省察的ソーシャルワークとアセスメント

が何か具体的にイメージを持てない解決策を提示されてしまったため，さすが
にこのクライエントも「8.」にあるようなネガティブな反応をしている。し
かし，ワーカーがこのことを理解できていないと，ネガティブな反応をクライ
エントのせいにして，「9.」にある「ご主人を預けることに抵抗があるようで
すね」というクライエントに対する「批判（表4-3の④）」と受け取られる応
答をしてしまい，どんどんとワーカーとクライエント間の溝が広がっていく。
その結果，最後の「14.」にあるクライエントからの拒絶に至ってしまう。

　面接のプロセスから考察しても，起承転結のプロセスがとられていないこと
がわかる。特に面接初期ですべき「クライエントの主訴を受け止める」ことが
できなかったために，問題のより深い理解を促進する面接中期の「問題の探
索」は全くできず，クライエントが面接を中断している。この対応例で明らか
なように，面接での対応はそのプロセスを考慮し，面接での言葉も細切れに捉
えるのではなく，総合的に判断しその意味を考え，対応しなければいけない。

2）近藤ワーカーの面接──事例4-4の考察

　この面接の最後の「29.」では，最初に疲れ切っていると語っていた相談者
が「お目にかかるのを楽しみにお待ちしています」とまで言うような面接が展
開された。最初は不安で一杯であったと推測されるクライエントが，少なくと
も自分の問題解決に対する希望を見出せたことがこの表現から見て取れる。何
がこのような結果をもたらしたのだろうか。以下，考察をしていく。

　「面接のプロセス」に着目してみると，「面接初期（導入部）」に相当する応答
の「1.」～「3.」で，「とてもお辛そうですね。私どもで，できるだけお力
になりたいと思います。もしよろしければ，ご事情を伺うためにお宅に出向く
こともできますが，もう少し，お電話でお話しいただいてもお身体にさわりま
せんか？」と，要領よく相談者ができること（援助者の役割），さらにクライエ
ントの権利に関する内容など（クライエントが相談方法・面接の継続を選択できる）
を話している。

　この対応によってクライエントは「ワーカーが自分の体を瞬時に気遣ってく
れたこと（相手の置かれている状況の理解），自分の意向を尋ねてくれたこと（自
己決定できる）」ということを感じ取り，ワーカーに対する信頼感を高めたこと
が相談者の応答の「4.」の「まあ，ありがとうございます。初めてお電話し

106

第4章　相談援助面接

ましたのに，そんなに気遣って下さいまして。……」に見て取れる。

　このように始まった面接は，「5.」からの「面接中期」に相当する問題探求に進んでいく。「5.」の「それでは，お辛くなられるようでしたら，遠慮なくおっしゃって下さい。奥さまはとてもお疲れのようですが，いかがなさいましたか？」では，クライエントが面接中断の決定権を持っていることを再度伝えた上で，「疲れている」とクライエントの主訴を言い換えるとともに開かれた質問（表4-2の⑤⑧）で，クライエントが問題に関して自由に語る機会を提供している。

　その後，面接中期では，クライエントの相談者の迷いなども表現されるが（「10.」の「ええ，そうなんですが，……主人が……」），近藤ワーカーは，そのクライエントのためらいの背景にある理由を「8.」の「でも，主人の世話がありますから……，子どもには頼めませんし……」から推測し，そこに見られたクライエントの持つ強さに焦点を絞り「奥さまはご主人のことを大切にお世話されていらっしゃったんですね」と解釈した内容（表4-2の⑫）をフィードバックしている。しかし，それだけで終わらせず，妻の置かれている問題の緊急性をも考慮して，「でも，ここは奥さまのお身体を整えませんと，ご主人さまもお世話してくれる方がおられないと困ってしまいますよね」と今必要なことは何か，このままの状態でいけばどうなるか，に関しても整理をし，「分断化された情報の統合」と「焦点化」（表4-2の⑬⑭）をした。

　「14.」でクライエントが「……どのようにしたらよいでしょう」と問いかけた時にも，アセスメントがまだ十分でないため「時期尚早の解決法の伝達」（表4-3の②）をすることなく，「15.」で，慎重に「奥さまの入院期間とご主人さまのお身体の状態によって，いくつかの対処方法が考えられます」と応答している。さらに「15.」の応答には，「（専門職役割において可能なこととの）情報提供（支援法に関するクライエントの選択権・クライエント中心を含めた）提案・助言＋（意思確認のための）質問」などもしている（表4-2の⑩⑪⑧）。

　しかし，クライエントはその後「16.」で「そうしていただくとありがたいですわ。でも……」と意思決定がまだできていない表現をする。この反応を見逃すことなく近藤ワーカーは「17.」で「何か気がかりでも？」と質問をすることを怠らない。その後クライエントが夫に新たな事実を伝えていないこと，

107

第Ⅰ部　省察的ソーシャルワークとアセスメント

が明らかになった時点で，その理由を深追いすることなく「21.」で「お気持ちに引っかかりがおありなんですね。では，こうしてみましょうか。まず，奥さまとお目にかかってお話を先に伺って，奥さまの入院中，ご主人さまにどうしていただくかを考えてみませんか。それから，奥さまとご一緒にご主人さまにお目にかからせていただくというのは，いかがですか」と（妻の複雑な思いの）言い換え＋（状況を打開する方法の）助言・提案（表4-2の⑤⑪）をし「仮アセスメントを基にした援助計画作成」に当たる「面接後期」に入っている。その後，必要事項を確認したのち面接を終了した。

6　本章のまとめ

　本章では，アセスメント情報の質・量，そして，アセスメントに続く支援に大きな影響を及ぼす相談援助面接力に焦点を絞ってきた。アセスメント面接と呼ばれる面接や生活場面でのやり取りの中で，ワーカーが常にクライエントにとって「今何が一番の関心事なのか，その関心事に関係している様々な要因は何か」等を考えながら，コミュニケーションすることが大切であることは言うまでもない。

　このようなコミュニケーションは単なる「ハウツー本」で学べるコミュニケーション力を遥かに凌ぐ「ソーシャルワークの使命の自覚，クライエントとの援助関係形成時のパワーの非対称性の認識，人間・社会環境を深く理解するために必要な社会科学などの知識・理論」といったものによって支えられている。本章を終えるにあたり，すでに解説してきたことも含めてアセスメント面接に必要な条件をまとめてみたい（表4-4）。ここに挙げる条件は，これまで対人援助職者にとって必要な基礎知識・スキルとして挙げられてきたものと筆者の経験との両方から抽出したものである。

注
(1)　原著ではセラピストという表現がなされている。
(2)　Barth et al.（2012），Drisko（2004），Norcross & Lambert（2006）からの引用。
(3)　偽薬効果とも呼ばれる。

第4章　相談援助面接

表4-4　クライエントにとって有益な結果をもたらすアセスメント面接に必要なワーカーの条件

① 固有性を持つ存在としてクライエントに敬意を払い，クライエントを「今は問題状況の中にいるけれど，この状況を切り抜ける力を持つ存在」として認識し，現実的で最適な支援を提供し，責任を引き受ける覚悟を持つこと。

② アセスメント面接での情報収集のプロセスにおいても，そのベースには「援助的関係性」が必要であることを認識し，クライエントとの「協働作業」として支援を実践すること。

③ クライエントの置かれている状況を想像することができ，それを基にしてクライエントとの会話で何に配慮するべきかを考えることができること。

④ クライエント支援に必要な情報収集の際，クライエントが自分の思い・考えを正直に十分話せるように面接を展開させていけること。

⑤ 面接の中でクライエント自身が言語化しない「クライエントの力・評価すべきこと」に気づき，それをクライエントに言語でフィードバックできること。

⑥ クライエントと同じようにはその体験を感じることはできないことを忘れず，クライエントの持つ感情・思考の枠組みを見つけ出せるような（感性と知性の両方を最大限に使い，想像力を働かせ）言語・非言語での応答ができるように努力をすること。

⑦ クライエントの生活史という文脈の中で，「問題状況の明確化」「問題状況に対してクライエントが何を，どのようにしたいと考えているかの明確化（クライエントのニーズとウォンツの両方の把握）」をすること。

⑧ 面接でクライエントから伝えられた内容を整理しながら，問題の根底に何があるか，どうすれば問題の解決や軽減ができるかを常に考えながら面接を深めることができること。

⑨ 現時点の制度やサービス，ワーカー自身の支援，クライエント自身の力を最大限に使うことで，クライエントのニーズがどの程度満たされるのかを見極め，クライエントとその見解のすり合わせができること。

⑩ 現時点で「⑨の結果出た支援案では不十分な側面をどうしていけるか」をクライエントと話し合えること。

⑪ ワーカー自身が持つ感情や思考の特性に気づき，それが上のすべてのプロセスでどのような影響を及ぼしているのかを常に振り返り修正できること。

⑫ 必要な知識・スキルを獲得するために地道な努力が続けられること。

(4) Adams et al. (2009), Milner et al. (2013) からの引用。

(5) カール・ロジャーズのクライエント中心療法や彼のカウンセリング理論に関しては多くの文献が存在する。例えば，ロジャーズの主張は一見「当然のこと」のように見えるが，実は深い理解が必要な概念が多い。「オーセンティック」（日本では「純粋性」などと訳されたりするこの用語は，単に自分の生の反応に従うことではなく，自分自身のバイアスに気づく訓練を積み自律した状態で，自分自身を治療場面で使えることでもある）等の考えもその一つである。

(6) この部分は渡部 (2018c) を基にしている。原論文の引用の際にのみ頁数を記載している。その他は筆者による加筆・修正などを加えた内容である。

(7) 中川 (1994) で取り上げられたターミナル・ケアをめぐる議論を紹介している。

第Ⅰ部　省察的ソーシャルワークとアセスメント

⑻　面接法に関して，版を重ね続けるテキストの一つの著者である。

⑼　著書の中で Comier が Lindahl という研究者の言葉を引用して説明している。

⑽　DVD 版に先立ち，ビデオ版が2003年に出されている。ある夫妻の相談の始まり
　　から支援計画提示までのプロセスで，どのようにワーカーとクライエントが面接場
　　面でのやり取りを展開したか，その時々にワーカーの「思考（情報を基にした分
　　析・統合のプロセス，推論のプロセス）の言語化」も含まれている。

第5章	アセスメントと省察力
	——専門職としての価値観・知識・スキルの統合

本章の目的理解につながる質問

① あなたは，担当ケースの個々のクライエントに対して行っている「援助」や「対応法」をどの程度他の人に明確に説明できますか。

② クライエントとの面接や日常の対応で，「気を付けていること」は何ですか。

③ クライエントが経験している問題の解決を考える時に，どのような知識基盤を使っているか考えますか。

④ あなたが「この方法はこのクライエントにとって最適だ」と提案した改善案を，クライエントが受け入れない，または一応受け入れたかに見えたが最終的には提案した方法を取らなかった，という経験はありますか。もしあれば，なぜそのようなことが起きたのでしょうか。

⑤ 職場で必要な時以外でも，日々の仕事で気づいたこと，気になったことなどを記録として書き留めていますか。

---

1 実践の振り返り

　上の質問を，皆さんはどのように受けとられただろうか。③の「知識基盤」が何を意味するか迷われたかもしれない。これらは本章で取り上げる「省察的実践」に関係する内容である。第1章で述べたように，ソーシャルワーク・アセスメントでは「どのような視点からクライエントを理解すべきか」に関する基本的な枠組みはあるが，クライエントの個別性・固有性に合わせてこのような基本をどう応用するかを常に考えなければならない。

　この特性を考慮すると，ソーシャルワーカーは実践を常に振り返り，今の援

第Ⅰ部　省察的ソーシャルワークとアセスメント

助法がクライエントの生活にどんな影響をもたらすかを考え続け，必要に応じて援助のあり方を修正していかねばならない。この「実践の振り返り」に関する枠組みを提供してくれるのが「省察的実践」という考え方である。この考え方をソーシャルワークに取り入れようとする試みは特にイギリス等で盛んであり，かなりの数のテキストで取り上げられると同時に，その教育効果についても研究が行われている（例：Bellefeuill 2006，等）。まずは事例5-1をお読みいただきたい。

> **事例5-1　省察的ソーシャルワーカーの第1歩**
>
> 　スクールソーシャルワーカーになって3年目の小田さんは，実習の時に心から尊敬できると感じる指導者に出会いました。指導者の木村さんは，実践経験20年にもかかわらず決して威圧的な話し方をすることなく，いつも穏やかに小田さんに接してくれました。木村さんから学んだことは数々あります。それらを挙げると，①あまり意識しすぎてはいけないが，日々の自分の行動に意識を向け，考えながら仕事をすること，②その時々で自分に沸き起こる「感情」や「考え」「疑問」を自覚すること，③自分がなぜ，どのような理由でその判断を下したのか，行動をとったのかといったことを意識し，その結果を踏まえて，必要に応じて次の仕事での判断や行動を修正していくこと，④子ども，親や学校関係者の行為・行動や，理解には世間一般の常識だけではなく，ソーシャルワークで用いる「人や問題の捉え方」「社会科学等の知識」などを応用できるように本を読むこと，⑤疲れている時は怠け心も出るかもしれないが，毎日①から④を含めた自分の「仕事の記録」を付けること，でした。また木村さんは，小田さんが「自分で考え，その考えを行動に移し，それらを振り返る」ことができた時は，少々の失敗があっても，失敗に焦点を絞るのではなく，小田さんの試み自体を評価してくれました。
>
> 　しかし，実習の中盤になった頃，小田さんは，自分が理想としていた「誰かの役に立つ」ことが中々できないこと，思い通りに子どもたちが変化していってくれないことに苛立ちとやるせなさを覚え，自分がこの仕事を選んでよいものかどうか悩みはじめました。ちょうど実習疲れが溜まっていたこともあり，「日々の仕事の疑問など気づかない振りをした方が楽だ」と思い始めました。すると，そのような考えは，日々の行動にも出てしまったようです。木村さんから「話しをしよう」と声をかけられました。

この事例5-1には，本章冒頭にある5つの質問の回答になるような内容を

盛り込んでいる。小田さんの実習指導者である木村さんが，小田さんに示して
みせたことが「省察的実践」への道筋ともいえる。こう書くと，「そんなこと
は取り立てて目新しいことではない。優れたソーシャルワーカーや指導者は，
このようなことをすでに実践できている」と言われるかもしれない。確かにそ
の通りである。しかし，このような実践姿勢が，どのような思想を基盤にし，
どのようにして生み出され，ソーシャルワークという領域に応用することがで
きるのか。これまでのソーシャルワーク実践理論で重要だと考えられてきたこ
ととどのように合致するのか，どこが新しいのかを理解することなく，「既に
わかっている」ということは「異なる立場の人々に対する深い理解」を大切に
するワーカーの基本と矛盾することになる。

　そこで本章では，省察的実践の起源はどこにあるかという省察的実践の成り
立ち，省察的実践のポイント，従来のソーシャルワーク理論や教育との関連性
に着目し，「省察的なソーシャルワーク実践を実現する」とは何かを考えてい
きたい。

2　省察的実践とは何か──定義と語源から[(1)]

　近年「省察的実践家」という用語がよく聞かれるようになり，それに従い研
究の数も増えている。省察的という言葉は，英語の reflective の日本語訳であ
るが，その訳語は複数あり，反省的，内省的などという訳もある。省察的実践
家，英語では Reflective practitioner[(2)]という表現は，ドナルド・ショーン（D.
A. Shon）による「専門家像を示す概念であり，彼の造語である」（Schön
1983=2001：2）といわれている。つまり，ショーンが作成した「在るべき専門
家の特性」を表現するための用語である。

　しかし，この用語はショーンが独自に作ったものではなく，その由来は，周
知の通り教育哲学者のジョン・デューイである。デューイが強調したのは，目
的と結果の見通しの重要性，知性，観察などの要因との関連性であった。例え
ば「結果の見通しには，知性の作用が含まれる。知性の作用には，第一に客観
的条件と環境を観察することが求められる。…（中略）…周囲の状況との相互
作用や協働によってのみ，結果というものがうみだされるからである」（デュ

第Ⅰ部　省察的ソーシャルワークとアセスメント

ーイ 2004：106）と述べ，さらに「立ち止まって，よく見て，良く聞かねばならない」（デューイ 2004：107）と続ける。これはまさに，ソーシャルワーク実践におけるアセスメントに必要な条件ともいえる。

（1）「実践ができる事」と「省察的実践家である事」の違い
──経験の振り返りと言語化

　前述したジョン・デューイは，1930年代に *Experience and Education* を出版しており，その考え方は教育論に分類される。日本では，市村尚久による『経験と教育』と題した訳書が出版されている[3]（デューイ 2004）。デューイの教育論は様々な領域に応用できるものであり，省察的実践（Reflective Practice）という用語を用いて専門職論を展開したドナルド・ショーンは，まさにその応用を試みた一人である。では，省察的実践がなぜ必要なのだろうか。まず次の事例5-2・3を読んでほしい。

　　事例5-2　経験を積めば優れた仕事ができるのか

　　　梅田さんは，社会福祉士の資格をとり，病院のソーシャルワーカーとして仕事を始めて2年が経つ。仕事は毎日忙しいが，もともと病院でのソーシャルワーカーを目指していたため，少しでも早くクライエントにとって役に立つワーカーになりたいと頑張ってきた。1年目はただ仕事を覚えることに必死で，無我夢中で時間が過ぎていった。2年目に入った今年，大学時代の友人たちと話をする機会も増え，「自分はどの程度成長できているのか，どうすれば成長できるのか」を考えるようになった。そんなある日，職場で「優れた仕事をしているな」と常々考えていた先輩と昼食を共にする機会があった。そこで，どうすればもっと成長できるのかという疑問をぶつけてみた。先輩の答えは，「経験を積めば力が付いてくるわよ。焦ることないわよ」であった。

　　事例5-3　優れた実践を言葉にして伝えられるか

　　　ある児童養護施設では，一人の子どもが怒りを爆発させることをきっかけにして，他の子どもたちも落ち着きがなくなり，ちょっとしたパニック状態に陥ることがある。そんな時いつもその場を収めてくれるのが，経験豊富なワーカーの北村さんである。若手の職員たちは北村さんのその力に憧れ，自分もそうなりたい，と考えて

第5章　アセスメントと省察力

いる。しかし，北村さんに「なぜ北村さんは，子どもたちの心を鎮めることができたのですか」と尋ねると，「別に。何か特別なことしている？　自分でもよくわからない」という答えが返ってくる。

　さて，事例5-2・3を読んで，どのように感じられただろうか。「こういうことって，普通でしょう」という反応，「いやこれでは駄目だよ」という反応，どちらもあっただろう。2つの事例に共通しているのは，仕事ができるワーカーでありながら，自分の実践を言葉で説明しない，あるいはできていない，ということである。では実際に経験を通して習得した実践力を言語化するのは不可能なのだろうか。ここで「経験の長さ」や「経験から得た力」，また「実践力」と「省察的実践」の関連を考えてみたい。

　デューイは1930年代にすでに，経験の重要性を認識しつつも，それだけでは教育的な意味を持たせることができないことを看破している。私たちも，経験的にこのことを知っているはずである。ただ長いことその仕事に就いているだけでは，真の意味での成長はないだろうことはわかっている。「プロフェッショナル」と呼ばれる人たちを取り上げた番組などを見ると，プロと呼ばれるには，その仕事の経験から多くの「学び」を得，それを自分たちなりに言語化していることに気が付く。デューイは「教育が経験を基礎にして，知的に導かれ処理されるためには，経験の理論を形成する必要がある」（デューイ 2004：42）と，経験からの学びを「理論化する」必要性に言及している。デューイの教えは，ソーシャルワークの実践現場で昔から言われてきた「先輩の背中を見てしか学べない」とか「経験からしか学べない」といった経験至上主義から一歩進めた考え方を示している。

　省察という言葉を聞くと「顧みる」という意味なので，自分の行為を振り返ればよいのかと勘違いする人もいるかもしれない。しかし本来の意味での省察的実践家というのは，単に自分の実践を振り返るだけでなれるものではない。省察的実践で重要なのは「行動しながら考える」ことである。ワーカーのような対人援助の仕事に就く人であれば，大切なのはクライエントと面接している時，また特別な面接場面でなくてもクライエントと接している時や同僚と仕事の話をしている時，それぞれその行動の中で，自分の行為の意味やその目的を

115

第Ⅰ部 省察的ソーシャルワークとアセスメント

認識しながら行動する事でもある。しかし単に認識しているだけでは，実践力は高まらない。

　実践力を高めるためには，その振り返りで気づいたことを言葉にし，多面的に検証する。修正する必要があると判断した時には「それをどうすれば変えることができるのか」を考え，次に「行動する」という「行ったり戻ったりする思考と行動のプロセス」を続けなければならない。そのために重要なことは，省察的実践を志すその人自身がまず自覚を持ち，自分の実践をしっかりと見据えて言語化し，そこで見出した課題に対峙する姿勢を確立することである。しかしこのプロセスをたどるのは，自分が持っている知識や技術の枠組みだけでは不十分なことも多い。実践初心者のワーカーは，日々のルーティンについていくだけで精一杯であろう。このような問題の解決策の一つが，次の第6章で取り上げたスーパービジョンと呼ばれるプロフェッショナルとしての成長を促進する方法である。

（2）問題設定と思考プロセス

　ソーシャルワークにおける実践と理論との関係性は「実践課題は単に基礎知識・概念・理論をそのまま当てはめるだけでは解決できない類のものである」（渡部 2016b：18）。ソーシャルワーカーがクライエントとともに見出す問題解決法についてのショーンの詳述を少々長いが引用する。

　　「専門家の実践は問題の『解決』（solving）の過程である。選択や決定という問題は，すでに確立された目的にとって最適な手段を利用可能なものの中から選択することによって解決される。しかし，この問題解決をいくら強調しても，問題の『設定』（setting）は無視されている。手段の選択，達成する目的，意思決定という問題を設定する過程が無視されているのである。現実世界の実践においては，問題は実践者にとって所与のものとして出されているわけではない。当惑し，手を焼く，不確かな問題状況の素材の中から問題を構成しなければならない。問題状況を問題に移しかえるために，実践者はある一定の仕事をしなければならない。そのままでは意味がわからない不確かな状況の意味を認識しなければならない。」（ショー

ン 2001：59-57)

　ワーカーがクライエントの置かれている状況，問題，クライエント自身の問
題状況の捉え方への深い理解，つまり統合的で多面的なアセスメントプロセス
を軽視すべきではないことを再認識させられる言葉である。

3　プロフェッショナルとして成長するために必要な要素
——行為の中の省察・暗黙知——

　私たちは，優れた実践をしているワーカーを見ると「どうすれば，あの人の
ような実践ができるのだろうか」と考え，少しでもその人から学びを得たいと
考える。前述したように「経験」は確かに大切であるが，経験を積み重ねるこ
とで成長できる人は「実践をしつつ自分の仕事を振り返りながら仕事をしてい
る」のである。これができなければ，どれだけ経験年数があっても大きな成長
はない。
　省察的実践家という概念を広めたショーンは，実践家が単に実践を振り返っ
て省察するのではなく，「行為の中の省察」が重要だと主張している。つまり，
実践しつつ振り返る習慣を持つことが大切なのである。その理由を「行為のパ
ターンや扱っている素材に対する感情の中に暗黙に存在しており，不明瞭なも
の」であり，知が「…行為の"中"(in)」(ショーン 2001：76)にあるからだと
説明する。

（1）暗黙知を暗闇の中から明るみに出す

　事例 5-3 に登場したワーカーも，おそらく考えながら仕事をしているはず
だ。しかし，そこで自分が「学び取ったこと」を後輩に言葉にして伝えること
はできなかった。その理由は，自分の行為を言葉に置き換えられないからかも
しれない。実際にはある種の知識・思考に基づいた行為をしているのにもかか
わらず，それを言語化できない「知識」が存在する。これは暗黙知と呼ばれて
いる。暗黙知という用語は，マイケル・ポランニーが概念化したもので，「私
たちは言葉にできるより多くのことを知ることができる」「言葉に置き換えら
れない」類のものである（ポランニー 2003：18, 引用文の強調点を省略）。

117

第Ⅰ部　省察的ソーシャルワークとアセスメント

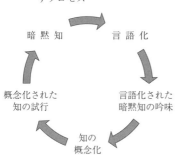

図5-1　暗黙知を表出し実践に活かすプロセス

　レナードらは，暗黙知の伝達の困難さを「経験知の持ち主がものごとのパターンを見てとれるのは暗黙の知識のおかげだが，それは暗黙のものなので他人に移転するのが難しい（移転が困難だからこそ，経験知は競争の武器になるのだが）」（レナードら 2013：296）と説明する。つまり私たちは，自分が実践していることを常に言語化できるとは限らないのである。また，そのような状況でできることとして，ポランニーは，まず暗黙知を認識することの重要性を強調している。渡部は「この暗黙知の認識というものは，ソーシャルワーカーとして，自らの実践の意味を問い続けること，つまり，なぜそこでそのような言動をとっているのか，とったのかを振り返り続ける省察的実践につながってくるのであろう」（渡部 2016b：4）とも述べている。図5-1は，暗黙知を実践に活かしていくプロセスを図示したものである。

　ショーンは省察の対象を「その人が現象を理解しようとするときには，行為の中で暗黙になっていたものへの理解を明るみに出し，批判し再構造化し，引き続く行為の中で具体化する理解もまた，省察することになる」と述べ，「不確実性，不安定性，独自性，そして価値の葛藤という状況で実践者が対処する"技法"の中心をなすものは，『行為の中の省察』というこの過程全体である」（ショーン 2001：78）と結んでいる。言い換えれば，省察的実践に必要なのは，「単に暗黙知を浮き彫りにするにとどまらず，そこで見えてきたものをさらに吟味し，そしてそれらに新たな構造を与え，そして，その構造を自らの実践で具体的に試行し，そしてその試行をも省察の対象となるという継続的な過程を示している」（渡部 2016b：19）のだろう。

（2）省察的実践の視点をソーシャルワークに取り入れるメリット

　これまで省察的実践とは何かを概観してきた。ではソーシャルワークにこの実践の枠組みを取り入れることのメリットは何だろうか。ウォーカーらは「省

察的実践は，ますます増えていく官僚的な組織によって標準化されたルーティン実践の正反対のものである。様々な状況に対して起こりうる出来事を予測して行動するため，実践のプロフェッショナルの水準に見合うためにはクリティカルで（鑑識眼を持ち），自立した姿勢が必要不可欠」と述べている（Walker et al. 2011 : 146）。つまり，ワーカーが省察的実践の姿勢を常に意識しておかなければ，制度や組織の決まりきった規則的なルールでのみ動く仕事をしてしまう危険があるのである。第2章で指摘したように，ワーカーのアイデンティティや使命に所属組織や制度が与える影響に敏感であるためには，省察的実践のスタンスが必要だ。

これ以外のメリットとしては，省察的実践が「熟慮され計画されたアプローチ」をするため，クライエントに対してソーシャルワークとは何をするのかを明確にできることでオープンな評価を可能にするということが挙げられている（Homer 2004 : 11）。また，イングラムらは，省察することによって，ワーカーが「自分自身の実践をより広い文脈と組織的な要素の中で考える」（Ingram et al. 2014 : 134）ことを促進すると述べている。

しかし日本では，ソーシャルワークのテキストで「省察的実践」という視点からソーシャルワーク教育を実施しようとする試みは，まだそれほど広がっていない。前述のように，海外，特にイギリスにおいては，この試みが活発に行われている。ドーランらは，例えば家族支援の実践では「家族全員の行動と行動を形成する構造的な要因によって生み出される制限と機会の両方を継続して思考し続けること」が必要となり，「そこに省察の役割がある」と主張している（Dolan et al. 2006）。また，ウェブラーらは，精神保健領域のソーシャルワークにおいては，省察的実践が特に（経験や知識の豊かな）「より上級のソーシャルワーカー」に必要だと主張している（Webbler et al. (eds.) 2010）。渡部が複数の省察的ソーシャルワーク実践を取り上げたテキストをレビューし効用・特性・留意点に関する要点を整理して，15のポイントにまとめているので紹介したい。表5−1は，それらのポイントである。これら15のポイントを基にして，次項では，省察的ソーシャルワークが実践力を高めていくことにどのような形で貢献するのかを考えていきたい。

第Ⅰ部　省察的ソーシャルワークとアセスメント

表5-1　省察的ソーシャルワーク実践の効用・特性・留意点15のポイント

① 家族，精神保健，高齢者といった従来の広範なソーシャルワーク実践で用いられてきた理論や実践は矛盾なく省察的な視点から再解釈することが可能である。
② 本来矛盾しがちな「根拠に基づく実践」「関係性に基づく実践」という基本概念を矛盾なく連結できる。
③ 知的プロセスと情動プロセス両方を重視する（知性と衝動両方への働きかけの必要性）。
④ 省察的実践は循環型である。
⑤ 経験と理論の相互作用・両者の累積的な連結の自覚が必要である。
⑥ 省察的ソーシャルワーク実践は一見シンプルに見えて実際は複雑である（しかし，様々な深い振り返りを促すスーパービジョンや体験型学習の方法は存在する）。
⑦ 実践が持つ複雑性・不確実性・不安定さ・独自性・価値葛藤の認識をする。
⑧ 日常的に気づいているが曖昧にしておきたい，あるいは気づいていない自らの思考・感情・行動に対する自己理解が基礎となっている。
⑨ 問題設定が無視されがちな現状を自覚し問題設定をしっかりと行う。
⑩ 省察的ソーシャルワークの目的はサービス利用者にメリットをもたらす。
⑪ 暗黙知の重要性の認識と言語化の努力をする。
⑫ 省察から行動が生み出されるときのみ「省察的実践」となる（行動なくして省察的実践なし）。
⑬ 省察的実践家は教育の早い時期からの取り入れが重要である。
⑭ コミュニケーションスキルを発達させることは重要。絶対正解のスキルはなく，多面的なクライエントとその語りを理解できる力に支えられたコミュニケーション感性を磨くことで，省察的なコミュニケーションスキルとなる。
⑮ その目的が矛盾する可能性のある組織の管理・マネジメント領域でも省察的実践は可能で，省察的ソーシャルワーク・リーダーを目指すことができる。

出所：渡部（2016b：23）を加筆・修正。

（3）対立概念の融合──学びのプロセスのモデル提供

　まず挙げられるのは，対立概念の融合を促進するということである。第1章で述べたように，ソーシャルワークの発展の歴史では，ソーシャルワークをいかにして他者にも理解可能で，社会から認知される専門職になれるかを追求してきた。その一つが「根拠に基づいた実践（Evidence based practice）」と呼ばれているものであり，この志向自体は評価できるものである。しかしながら同時にワーカーが根拠に基づく実践の意味を取り違えて，単なる合理性のみを追求することで陥る危険も認識して仕事をすることを忘れてはならない。このような課題の解決に有益なのが省察的実践の視点であると指摘するのは，2016年に『ソーシャルワークにおける省察的実践』（原題：*Reflective Practice in Social Work*）を著したノットら（Knott et al. 2016）である。彼らは「根拠に基づく実践，関係性に基づくソーシャルワーク等，一見相容れないようなソーシャルワ

ークの基本的概念が，省察的実践を応用することで，矛盾を起こさず連結可能
になる」（渡部 2016b：19）と述べている。この意味をさらに考えるために，事
例 5 - 4 を見ていただきたい。

事例 5 - 4　最も効果的な問題解決法とは

　今年70歳になる森山さん（男性），は，定年退職後も会社で引き続き仕事をして
いるいわゆる「会社人間」である。仕事が彼の生きがいであり，森山さんの家族も
このことをよく理解して，6歳年下の妻も「お父さんは仕事している時が一番よ
ね」とお互いを認め合ってきていた。彼はこれまで 1 日たりとも仕事を病気で休ん
だこともない健康自慢でもあった。それが，3 カ月前に自宅で転倒してしまい，歩
行が困難になった。じっくりと腰を据えてリハビリテーションを行うことで「全く
元のようにとは言えないけれど，日常生活に差し支えないようになる」と医者に言
われている。しかし，森山さんの落ち込み方はかなり深刻で，「こんな体だったら
生きている意味なんかない」などと弱音を吐くようになってきている。落ち込み方
があまりにも激しいので家族は一体どうすればよいのか悩んでいる。

　さて，あなたが病院のワーカーで，退院前に事例 5 - 4 の森山さんの面接の
担当をしたなら，彼とどのようなことを話し合うだろうか。ソーシャルワーカ
ーとして何ができるのだろうか。ノットらは，そのアプローチが，一見正反対
のように見えるものが省察的実践を応用することで，矛盾を起こさず連結可能
になることを指摘している（Knott et al. 2016）。森山さんに対して，これまで
数々あったケースの積み重ねから得られたデータを基に「職場人間だった高齢
者が仕事を失った時に感じる喪失感は，彼らが経験したことのない地域社会で
の役割を得ていくことで変化する」と考え，彼に対して「地域社会での新たな
役割獲得」を提案していくことはこの応用例といえるであろう。

　一方，関係性を重視するソーシャルワークの考え方に基づいた思考を使えば，
ワーカーが森山さんに寄り添い，深い援助関係を作り上げていくことで，彼自
身が自分の課題を探求し，今後の方策を考えつくことができるかもしれない。
しかし，現実はそう簡単に割り切れないだろう。森山さんの思考スタイル，価
値観などを含めたこれまでの生活史，その中で彼が発揮してきた強さや限界の
範囲等を明らかにする必要がある。そのために必要な情報が，アセスメント面
接等で得られる内容である。「豊かな情報」をクライエントから受け取るため

には，ワーカーとクライエントである森山さんの間で信頼のおける関係性がなければならない。しかし，関係性だけで今後の方向性が見つかるとは限らないことも理解しておかなければならない。このクライエント理解に必要不可欠なものが「クライエント自身とクライエントのニーズや強さの，簡明な像を提供するために，情報を収集・分析・統合する」アセスメントプロセスである（Hepworth et al. 2010：172）。

　第Ⅱ部でより詳しく述べるが，統合的・多面的アセスメントには，人間と環境，その相互作用理解のための複数理論が用いられ，クライエントの問題解決に役立てようとしている。そのような複数の理論を取り入れたソーシャルワークの統合的・多面的アセスメントでは，クライエント自身の問題意識，問題の具体性，クライエントによる問題認識のあり方，クライエントの強さ・長所・価値観・成育史などを含めたクライエント特性，クライエントの経験している課題に固有の情報，クライエントの問題対処の仕方とその対処を支えるサポーター等の資源の存在，問題解決に貢献可能な資源等の把握をすることが大切だと考えている。

　つまり，ワーカーはショーンが述べたように問題解決のみを強調するのではなく，問題の設定をしっかりと認識し，思考し[6]「実践について，実践に関して，実践しながら，の省察…（中略）…は継続的な成長の鍵」（Knott & Scragg 2016：10）であることを自覚し，「一見異なるように見える理論や概念を実践に応用するとどのような結果となったのか，その結果を基にしてどのように自分の実践を次に修正していくのか」（Knott & Scragg 2016：10）という思考と実行の流れを継続することだろう。

4　循環型の経験・理論の相互作用と累積的な連結

（1）学習の循環

　実践は直線的に進んでいくのではなく，循環型のプロセスである。このような循環型の実践プロセスモデルの2つをここで紹介したい。1つ目は，有名なコルブによる，「具体的な経験，省察的な観察，概念化，積極的な実験・行動」の4つの行為が限りなく循環することを指摘した学習のサイクル図である

図5-2 コルブの4つの行為の循環モデル図　　図5-3 レッドモンドの批判的省察的実践のダブル・ループ

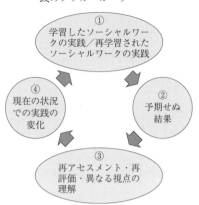

(Kolb 1984)。2つ目はレッドモンドによる,「批判的省察的実践のダブル・ループ」と名づけて紹介している学習の循環である。それは,「学習したソーシャルワークの実践／再学習されたソーシャルワークの実践,予期せぬ結果,再アセスメント・再評価・異なる視点の理解,現在の状況での実践の変化」という4つの行為の循環による省察的実践モデルである(Redmond 2006)。図5-2・3は,筆者なりに彼らの思考を図にあらわしたものである。

(2) 学習の循環という考え方の応用

ここで,図5-2・3を参考にし,具体例を用いて応用法を考えてみたい。まず事例5-5を読んでほしい。

事例5-5　私の辛さをわかってほしい

　大橋さんは現在82歳である。末期癌で自宅療養をしている。ご家族は大橋さんのことを気遣い,常に何とかして大橋さんの痛みが和らいでくれるように,できる限りの援助をしているようだった。大橋さんの担当になった新人ケアマネジャーの加藤さんは,そのようなご家族に敬意を払っていた。大橋さんが辛いであろうことは理解していたが,訪問する度に「ああ,早くお迎えが来てほしい。なんで,こんな辛い思いをしないといけないんだ」と言う大橋さんと会話をすることが辛くもなってきていた。

第Ⅰ部　省察的ソーシャルワークとアセスメント

訪問の度に「今日はお加減いかがですか」と声をかけていたが，それに対して「気分が良いはずなんかない」というぶっきらぼうな答えが返ってくる。加藤さんは，ついつい「そんなことをおっしゃらないで下さい。お子さんたちもみなさん，大橋さんのことを思って一生懸命になっていらっしゃいますよ」というやりとりを繰り返していた。

　事例5‐5をお読みになって，どう感じられただろうか。「加藤さんは大橋さんの辛さがわかっていないな。もっと違ったアプローチをしないと……」という感想をお持ちになった方は，知識や経験を持ち，それらを実践に活かしている方だろう。一方，経験の浅いソーシャルワークに必要な知識基盤が十分自分のものになっていない方は，加藤さんのようなアプローチをしてしまうかもしれない。そこで加藤さんの実践を上のレッドモンドの批判的省察的実践のダブル・ループに従って考えてみよう。

1）学習したソーシャルワーク実践

　加藤さんは，学校教育でクライエント理解の重要性を学びはしたものの，大橋さんの辛さを理解できるまでには至っていなかった。加藤さんは実践経験もまだ浅く，年齢的にも自分の健康状態からも，より理解しやすい大橋さんのお子さんたちの方に感情移入しがちなようである。ここで大切なことは「ワーカーという職業では，クライエントが持つマイナス感情にさらされることが多く，それに耐え難い思いを持つことがある」という感情に気づくことができていなかったことである。そのため勇気づけや励ましや「ご家族はあなたのことをとても大切にしている」というメッセージを伝えることで大橋さんも元気になるのではないか，というソーシャルワークの専門性というよりは，一般的な考え方での対応をしてしまった。

2）予期せぬ結果

　一般的な常識範囲での対応で援助が進む場合もあることはあるが，大橋さんの場合はそうではなかった。大橋さんは加藤さんに対して「あなたは私の状況を正しく読み取っていない」というメッセージを送っていたともいえる。

3）再アセスメント・再評価——異なる視点の理解

　ここで加藤さんが疑問を感じ，自らの実践を振り返ることができれば，省察的実践家としての成長のプロセスをたどり始めることができる。「私のアプロ

124

ーチのどこかがおかしい。それは何だろう？」と加藤さんは考えはじめた。事例5-5は，筆者がスーパービジョンで取り上げた事例である。そこで加藤さんは「私は毎回，大橋さんに『お加減いかがですか』と相手の思いを尋ねるけれど，それは形式だけで，大橋さんの辛さをきちんと聞いたことがなかった」と話した。これに気づいた加藤さんは，次の面接で新たなアプローチをすることを決心した。それは，「お加減いかがですか？」とは尋ねないことである。

　大橋さんが辛いことはわかっている。それなのに，これまで自分が相手の思いをきちんと聞こうとしなかった事実を認め，それを伝え，「今日は大橋さんのお話を聞かせて頂きに来ました」と語ることだった。これだけであれば，「再アセスメント」というほど大げさなことではないかもしれないが，やはりクライエントの置かれている状況を再度評価し直した，という面ではこれを再アセスメントと呼んでよいだろう。

4）現在の状況での実践の変化

　実際に加藤さんは，次の大橋さんとのやり取りで新たなアプローチをした。すると，これまでとはうってかわって，大橋さんは自分の置かれている状況を話してくれた。加藤さん自身も驚くほどであった。「子どもたちが，どれだけ自分のためにがんばってくれているかもわかっている。しかしながら，痛みや自分ができないことが多いことが情けなく，ついつい愚痴ばかり言っていたのだ」と加藤さんに語ってくれたのだ。また加藤さんに対しても「あなたが私のことを思っていつも言葉をかけてくれることもわかっていたが，あのように言われても返す言葉は無かったのだ」と，自分の行動について説明をしてくれたというのだ。この経験を通して加藤さんは，自分自身の実践に不足していた状況の捉え方，そしてその状況へのアプローチの仕方を学んだようであった。

　これまで図5-2・3でコルブとレッドモンドの2つの考え方を紹介してきた。これらは，考え方の基本は同様ながら，異なる表現を用いて省察的実践を表現したものだといえよう。図5-4は筆者が前述したコルブ（Kolb 1984）による「経験的学習サイクル」を核にして，省察的実践を支える要素を，これまでの先行研究結果を踏まえながらまとめたものである。

第Ⅰ部　省察的ソーシャルワークとアセスメント

図5-4　省察的実践における思考・行動の循環プロセス

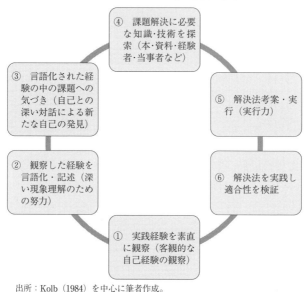

出所：Kolb（1984）を中心に筆者作成。

5　経験・エキスパート・省察的実践

　事例5-5を省察的実践の視点から見直すことでわかることは，エキスパートと呼ばれる経験豊かなワーカーであれば，豊かな実践量と学習を基にしてクライエントとのやり取りでの結果はある程度「予期」できるだろうということである。例えば，ワーカーは，資格取得のための学びやその後の継続学習で，エリクソンのライフサイクルモデルやその他の研究者による発達理論を学ぶはずである。その理論に従えば，老いは数多くの喪失経験を伴う時期であり，高齢者たちはそれを乗り越えるという課題があることを知っている。そして，その課題の乗り越えの大変さ，乗り越える方法は個々人の生活史によって違いがあることも知っているはずである。「死生観」や「痛みに対する耐性」「家族との関係」等，多くの要因がクライエントの場合に影響を及ぼすであろうこともアセスメントの段階でわかっていただろう。

　さらに，死，喪失，などの課題の乗り越え方に関係する理論としてストレス

コーピング理論⁽⁸⁾があることも知っていただろう。この理論は，ストレス対処の仕方には様々な要因が関係していることを説明してくれる。個人の性格特性，資源，過去のストレスを乗り越えた経験，サポーターの存在，経済・健康，問題解決力などのその個人が持つ資源等がその一例である。またソーシャルワーク実践理論では，アセスメントは統合的・多面的に環境との交互作用を考慮して実施しなければならないこと，ワーカーとクライエントとの間に信頼関係が形成されなければクライエントからの情報は得られないこと，さらにクライエント自身の強さなどを見つけ出すことが困難なことも学び，それらを応用していくことで実感も得ているだろう。そうなれば，これらを考慮した初回面接を実施することで，クライエントから得た情報を統合し，クライエントと一緒にゴール設定をしてそのゴールを達成するために，クライエント自身が選択する「最適な援助法」をより早く見つけ出すことができ，クライエントの問題軽減や変化も経験することができるだろう。

　繰り返すようだが，省察的ソーシャルワーク実践は一見シンプルで常識的にも見える。しかし実際は非常に複雑である。実践が持つ複雑性・不確実性・不安定さ・独自性・価値葛藤を認識していなければならない。日々の実践の中でこのような複雑さの認識をしながら，循環思考・行動をすることは決して容易ではない。しかしながら，この実践を促進してくれる方法は存在する。その一つが次に述べる「記録」である。

6　記録と省察的実践・自己覚知の関係性

　ソーシャルワーク実践では，何となく気づいてはいるが曖昧にしてしまいがちな思考，感情，行動がある。しかし，ワーカーは，このような状態をそのままにしておいてはならない。対人援助を行う者にとっては基本中の基本である「自己覚知」をすることが求められる。

　多くの人は，ソーシャルワークを学び出した頃に，自分自身をまず知ること，つまり「自己覚知」をすることの必要性と重要性を教えられただろう。様々な価値観・生き方をしてきた人々と出会い，援助的関係性を作り上げていくことが求められるワーカーにとって「苦手なクライエント」「理解できないクライ

エント」「直面するのが辛いクライエントの課題」に出会うのは当然である。どんな人や事情も理解でき，常にクライエントと良好な援助的関係を作ることは難しいであろうし，それが容易にできると考えること自体が危険だろう。

「そんなに容易に他者を理解できない」という自覚をした上で，「クライエントを理解したい，少しでもわかりたい」と考えることでより良い援助的関係性をつくることができるのではないだろうか。そこで必要なのが，自分自身の持つ価値観，バイアスにより早く気づく訓練をすることである。ソーシャルワークで強調する自己覚知とは自分自身を知ることだが，そのためには，まず自分がどのように考え，感じ，行動しているか，に注意を払い，気づけなければならない。省察的ソーシャルワーク実践の大きな特色は，行動しながらその行動に自分自身を開き，何が起きているのかをしっかりと意識することであった。それは単に感情だけでなく，思考や行動に対して目を向けることでもある。意識化することで，言葉にして他者にも伝えられるかもしれない。

ワーカーは，自分が持っている価値観，表情・姿勢・話し方などに現れる特性が，他者に与える印象がどのようなものかを少なくとも自覚できなければならない。クライエントに出会った時，自分の中にどのような反応が沸き起こるのか，クライエントの問題を聞きながら何を考えているのか，それらが自覚できなければ適切なクライエントとその課題のアセスメントはできないだろう。問題設定を軽視し解決法にばかり目を向けないためにも，また，サービス利用者にメリットをもたらす援助をするためにも，ワーカーが，自らの行為，クライエントの問題状況，クライエントに関してじっくりと向き合い，振り返る方法を持つ必要が出てくる。

しかし残念なことに，「『実践家の思考プロセス（これはもちろんクライエントとの協働作業で成立するものである）の重要性』が実践家の間で共有されていない」と渡部は指摘している（渡部 2016b：3）ただ，最近は日本でもワーカーの思考プロセスに対する関心が高まり始めている。例えば，日本精神保健福祉士協会監修のテキスト『ソーシャルワークの面接技術と記録の思考過程』では，本書で強調してきたことと同様，ワーカーが常に「思考を巡らせて」（日本精神保健福祉士協会監修 2017：1）支援を展開している，と述べ，記録の具体的事例の中では，「記録の思考過程」という小見出しの付いた「ワーカーの解説」が

第5章　アセスメントと省察力

表5-2　省察的実践における記録の効用

1. わかっていること・わかってないことがはっきりする。
2. 自分の考えが明らかになる。
3. 倫理的なジレンマをコントロールできる。
4. 日常的な理解や解釈を問いなおすことができる。
5. 感情的な自己覚知を深められる。
6. 理論の理解を深められる。
7. 繰り返される自分と他人の行動のパターンを理解し認識できる。
8. 過去と現在の経験の関連性を見つける。
9. 自分が曖昧にしておきたいと感じることや領域に気づきそれを深めて考えられる。
10. 今後の行動の計画が立てられる。
11. 自分自身が専門職としてどんな成長，進歩，学びをしているのかがわかる。

出所：Bruce（2013：88）を基に筆者作成。

掲載されている。その解説は主に「なぜそのように記載したのかの背景・理由，ある事象に関するワーカーの類推，解釈など」である。このような記録の積み重ねは，省察的実践や仕事の質の向上にもつながる。

「行動なくして省察的実践なし」と言われるように，省察したその結果を行動に反映させるべきであり，そのためには「記録」が重要な役割を果たす。記録することで，私たちは自らの思考・感情・行動を明確にできる。では，記録は具体的にどのような効用があるのだろうか。表5-2は，ブルースが述べた，省察的実践における記録の効用（11項目）をリスト化したものである。筆者自身，実践でわからないことが起きた時，必ずその内容を振り返り，できる限り詳しく「クライエントは何を語ったか，その語りをする時どのような表情を見せたか，私自身はそれに対してどのような反応をしたのか，その結果，どうなったか？」を記録してきた。ワーカーとしてあるクライエントのことが「何か気になる」とか「それなりに援助もできていたようだが，どこか引っかかっている」という気持ちになる時，それをまずは言語化してみる。そうすることで，その理由が少しずつ見えてくることが何度もあった。何よりも，自分自身の成長が見えてくることが「記録」の一番大きな効果ではないだろうか。また記録によって「暗黙知」が明るみに引き出されることもあるだろう。

表5-3は，表5-2を基にして，筆者がみなさんに考えてみてほしい質問内容を作成したものである。それらの回答の「はい／いいえ」について振り返り，それを基にして記録をすることの意味を問い直していただければと願っている。

129

第Ⅰ部　省察的ソーシャルワークとアセスメント

表5-3　省察的ソーシャルワーク実践度質問

ご自分の日々のソーシャルワーク実践を振り返って以下の質問に答えてみて下さい。

質　　　　問	回　　　　答	
①　自分がわかっていること，わかっていないことをしっかりと認識している。	はい	いいえ
②　仕事をしている中で自分は何を考えているのかよく理解している。	はい	いいえ
③　仕事で直面する倫理的ジレンマを自覚し，それを適切にコントロールできる。	はい	いいえ
④　日々の仕事で自分が担当するクライエントや，クライエントの問題に対する理解や解釈の適切さを振り返り，考えることができる。	はい	いいえ
⑤　自分の心の中に起きている感情が何に起因するのか自覚できる。	はい	いいえ
⑥　ソーシャルワーク実践の基礎理論を知っている。	はい	いいえ
⑦　ソーシャルワーク実践の基礎理論について実践の中で深めることができている。	はい	いいえ
⑧　自分自身や他者がよく使いがちな行動のパターンに気づいている。	はい	いいえ
⑨　過去の経験が現在に及ぼす影響を理解できている。	はい	いいえ
⑩　自分が曖昧にしておきたいと感じることや領域に気づき，それを深めて考えられる。	はい	いいえ
⑪　次に何をすべきか，という今後の行動の計画が立てられる。	はい	いいえ
⑫　自分自身が専門職としてどんな成長，進歩，学びをしているのかがわかる。	はい	いいえ

出所：表5-2と同じ。

7　本章のまとめ

　これまで述べてきたように「省察的ソーシャルワーク実践」とは，とり立てて新しいソーシャルワーク実践法ではなく，これまで私たちが理論や実践から学びとった様々な要素を入れることができる「容器」にたとえられるかもしれない。このような省察的ソーシャルワーク実践の教育は，どこでいつから始めることが可能なのか。事例5-1にあるように，省察的ソーシャルワーカー教育は早い段階からの取り入れが重要である。そのためには大学のみならずその他の養成校でも，ソーシャルワーカーにとって重要な学びのプロセスをしっかりと教育する必要があるだろう。その教育は，単に座学でその重要性や考え方を示すに留めていてはいけない。省察的実践が行為の中の省察を強調することからもわかるように，演習や実習などで繰り返し，体を通して，経験を通して，

130

思考と行動が一体化していく学習法を取り入れ促進する必要があるだろう。

　最近，演習授業でロールプレイを実施することが多くなったが，実施法に留意する必要がある。単にロールプレイを実施するだけでなく，「ロールプレイを通して何を考え，感じていたか」や「そこで感じ考えたことから見出される『学び』は何であったか」「ロールプレイの繰り返しの中での『学び』が何らかの規則性を持っていたか」「自分自身が今後変化させたいと考えることはあったか」等を常に問い，そこで出た回答をまた振り返るという「ロールプレイとフィードバックの繰り返し」（渡部 1995）が無ければ，ロールプレイをしても真の意味での「省察的な学び」とはいえない。

　ソーシャルワーク面接，クライエントや関係者とのやり取りの基本となるコミュニケーションスキルを向上させることがいかに重要であるかを，省察的ソーシャルワークは再確認させてくれる。さらに「絶対正解の方法は無い」ということを付け加えることも忘れずにいたい。パターン化された相談援助面接トレーニングのテキスト等も存在する。それらは初心者の学びの初歩段階で使用できるかもしれないが，そこでとどまっていてはいけない。ワーカーは常に，その場，その人，その状況に最適のコミュニケーションを模索し続けることが大切である。コミュニケーション力とは，統合的・多面的にクライエントとクライエントの語りを理解できる力に支えられたものである。本書で取り上げる統合的・多面的アセスメントは，省察的実践の視点と，実践が伴って初めて可能になるといっても過言ではないだろう。

注

(1)　本章は，渡部（2016b）を基に大幅に加筆修正をしたものである。原文からの引用の際は，その頁数も記載している。

(2)　ドナルド・ショーンの *The Reflective Practitioner*（1983）の2冊の日本語版でも，佐藤学・秋田喜代美訳（2001）は『専門家の知恵——反省的実践家は行為しながら考える』（ゆみる出版）と「反省的」と訳しているが，柳沢昌一・三輪健二訳（2007）は『省察的実践とは何か——プロフェッショナルの行為と思考』（鳳書房）と「省察的」と訳している。

(3)　本書では，デューイに関しては，この翻訳を用いて解説する。

(4)　Parker & Bradley（2003）を Knott & Scragg（2016：11）で引用しているもの

第Ⅰ部　省察的ソーシャルワークとアセスメント

を転載。

(5)　基になる論文では，この順番とは異なる順番で15ポイントが紹介されているが，本書では順番を変えて紹介する。また，これらのポイントがすべてではないこと，省察的実践としてのソーシャルワークが取り入れられてまだ日が浅いこと等から，ここで挙げたようなメリットの検証が，さらに必要であると言われていることをお断りしておきたい。

(6)　Knott & Scragg（2016）がHomer（2004）を引用して述べたもの。

(7)　ライフサイクルモデルについては，第Ⅱ部で触れる。代表的な理論は，エリクソン（Erikson）のモデルである。

(8)　第Ⅱ部で詳しく説明する。心理学的ストレス理論の代表的な研究者はラザラスとフォルクマン（Lazarus & Forkman）である。

第6章 アセスメントとスーパービジョン

本章の目的理解につながる質問

① 日々の仕事の中で自分がどう考え，感じ，行動しているのか，また自分の課題は何か，などに気づいていますか。

② 教育や実践の早い段階で，指導者や先輩はあなたがどのようなことをした時に褒めてくれましたか。また，注意を促してくれましたか。

③ スーパービジョンを実施する自信はありますか。

---

1 思考プロセスを言葉にする──「沈黙は金なり」?

1980年代初頭，アメリカの大学院の実習において，筆者は担当のスーパーバイザーからの個別スーパービジョンを受けるとともに，当時から筆者の実習先で行われていたピアグループ・スーパービジョンを受けていた。ピアグループ・スーパービジョンとは，経験を積んだ同僚間で，お互いが担当しているケースで抱えている課題を話し合い，そこから解決の糸口を見つけていこうとする試みであった。また，この場は，初回面接をしたクライエントのアセスメント報告をする場所としても活用されていた。

筆者は，このピアグループ・スーパービジョンで展開されるワーカーたちの質の高い話し合いにただ圧倒されるばかりで，発言することはほとんど無かった。その理由の一つは，自分がそのグループの中で一番の新参者であり，また外国人であるために英語を流暢に話すことができず，筆者がそこで口を挟む事はよくないと考えたからであった。日本には「沈黙は金なり」という格言があり，筆者自身もわからない時は何も言わず沈黙しているのが最高であると信じていた。

133

第 I 部　省察的ソーシャルワークとアセスメント

　ところがある日，いつも筆者に対して深い思いやりを示し，温かくサポーティブに接してくれるスーパーバイザーが「私はあなたの個人スーパービジョンをしていて，あなたがきちんと実践ができていることをよく知っている。でもチームのみんなは，あなたができないと感じているみたいよ。あなたは，ミーティングでほとんど発言をしないでしょ。私はそれが歯がゆいの」と，日本語に訳せばそのような内容を告げられた。いつも冷静で優しいスーパーバイザーから出たこの言葉を聞いて，申し訳ないという気持ちを抱くとともに，少なからずショックを受けていた。心の中で「よくできるワーカーたちの前で，新参者の私が自分の意見を言うなんてできるはずがない」とつぶやいていた。しかし時間が経つにつれてわかってきたことがある。それは「表現しなければ，人には理解されない。間違っていてもかまわない。自分が間違っているかどうかを知るためには，まずは表現しなければならない」ということであった。

　ソーシャルワークという仕事を選んだならば，スーパービジョンでは，自分の考えを表現し，自分の判断が受け入れられるかどうか確かめないといけないのだ。これはクライエントに対しても同じである。クライエントに対してワーカーが理解したことをきちんと「伝えて」いなければ，よほどの場合を除いては，クライエントには伝わらない。これは言語表現だけに限らず，非言語の表現にも同様のことがいえる。「言わなくてもわかっているに違いない」という前提でワーカーが援助をし，その後，その援助がクライエントの望んでいたものとは違っていることが明らかになることも少なくない。

　文化の違いはあっても，ソーシャルワークという仕事では言葉を大切にし，自分の考えや感情をできる限り言語化する訓練が必要不可欠なことは言うまでもない。これはアセスメントをしっかりと実施するということと深く結びついている。クライエントはどのような表現で，何を語ったのか，そしてそこで語られた事はクライエントの感じる「生きづらさ」とどのような関連があるのか，またそこで語られたことは，生きづらさを変えることに，どうつながっていくのか等を明らかにするという，「情報収集と分析・統合のプロセス」がアセスメントである。そのためには，クライエントの語りのみではなく，ワーカーの思考のプロセス，つまり「何を根拠にしてどのような援助をしようとしているのか」を明確にする必要があるのだ。

134

第6章 アセスメントとスーパービジョン

2 実践力向上に欠かせないスーパービジョン

（1）どれだけ経験を積んでも自分を振り返る習慣を忘れない
——ソーシャルワーカーのあるべき姿

ワーカーは常に自らの仕事を振り返り，その中で自分自身が持っているバイアスの検証をしなければならない。しかし，実践経験年数が長くなると，わかっていながらも，ついついそれをおろそかにしてしまうことは筆者も経験している。ワーカーがどれだけ経験をつんでも，自分を振り返ることの重要性を示す事例を紹介したい。

事例6-1　著名な家族療法家のスーパーバイザーと自己覚知

　家族療法の小グループ研修を受けた時のことである。筆者は初級クラスに所属していて，中級クラスの指導にやってくる著名な家族療法家であるソーシャルワーカーの実践を見学させてもらうことができた。そのワーカーがあらかじめクライエント家族の了解をとって「ワーカーの卵が，勉強のためにワンウェイミラーの一方でその実践を見ている」ことが許されるという設定で行われたものだった。

　セッションが終わると毎回そのワーカーは，ワンウェイミラー越しに観察していた筆者らのグループにやって来て，感想を求めたり，自分がセッションを行った際の気づきを語ってくれたりした。その中で今でも忘れられないことがある。それは家族療法をしている人なら，ほとんどがその名前を聞いたことのあるこの著名なワーカーが，毎回のセッションの後にしっかりと自分に向き合い，自分に足りなかったことなどを筆者らに伝えてくれる，というその真摯な姿勢であった。

　ある日のこと，彼は筆者らの所に来て「今日はあの家族の中の妹とのやり取りがうまくいかなかった」と語った。初心者である筆者から見ると，何も問題が無いように進んでいたセッションだった。続けて彼は次のように語った。「私は自分自身の家族の中で，妹との関係があまりうまくいっていなかった。そのためその関係性が想起されるような場面に出会うと，自分自身がプロとして訓練を積んできたにもかかわらず，その場の対応が難しくなることをしばしば自覚するのだ。今日もまさにそのような経験をした。個人として自分が持っている妹との関係性のマイナスの影響がクライエント家族との間で邪魔をしないように，一生懸命制御しながらセッションを続けていた」と。

135

第Ⅰ部　省察的ソーシャルワークとアセスメント

　事例6-1にみられるのは，ワーカーが熟練度を高めるためには，どれだけ経験が豊富になっても，常に自らの実践の振り返りを怠らないことの大切さだった。本書で取り上げるアセスメントはクライエントを対象にしているが，ワーカーも同様に自らをしっかりとアセスメントしておく必要性がある。そこで確認しておかなければならないのは，自分が作り上げてきた人生観，人間観，家族観，世界観などの再確認をすることであろう。ワーカーがクライエントの変化や成長の可能性，将来をどう捉えられるかは，ワーカー自身の持つ人生観や人間観と密接に関わっている。人を信じることができるか，自分自身が変われると思えるか，人が可能性と同時に限界も持っているという現実が受け入れられるか，様々な形態の家族が存在することを理解し，その違いを活かした暮らしを考えることができるか。これらの事実を認識し，必要な修正を試みようとすることが，ソーシャルワークで「自己覚知」と呼ばれる作業である。

（2）スーパービジョンを経験した人々の反応──筆者自身の経験

　スーパービジョンをどのように捉えるかは「スーパービジョンを受けた人がどのような方法でスーパービジョンを受けたか」という個人的な経験から導き出した結果によるところが少なくない。「スーパービジョンはもう2度と受けたくない」というほどネガティブな経験をした人もいれば，「スーパービジョンを受けたことで今の自分がある，とても良い経験であった」というポジティブな経験をした人もいる。筆者はこれまで日本とアメリカの両国で複数名のスーパーバイザーからスーパービジョンを受けることができた。そこでの個人的な経験に基づいて，スーパービジョンに関する筆者なりの考えを以下の8つのポイントにまとめてみた[1]（以下，スーパービジョンを「SV」，スーパーバイザーを「バイザー」，スーパーバイジーを「バイジー」と表記）。

　　①　バイザーが批判的であるとバイジーは，真実を語りにくい。しかし，バイザーが「理由・背景」を丁寧に尋ねてくれるとバイジーは安心できる。防衛的にならず自分自身と向き合い，深い振り返りができるようになる。

　　②　バイジーが自分で答えを発見できると，次に同様の問題に出会った時

に応用が可能である。一方で，常にバイザーが「このようにすべきであった」という助言ばかりしていると，バイザーへの依存傾向が出てくる。

③　バイジーから得る情報は「間接的」なもの，二次情報であることをバイザーは，常に意識していなければならない。つまりバイジーが「なぜそのようなアセスメントをしたのか」の根拠を聞く必要がある。バイザーはバイジーのフィルターを通した情報を得ていることを忘れてはならない。

④　SV が本当に役立ったかどうかは，すぐにはわからない。

　成果はバイジーが現場で実施している「実践」で応用し活かされて初めて意味を持つ。バイザーは単なる批評家となってはならない。バイジーも単にバイザーの解釈を聞いて，「『感動』『感激』『感心』をした……」で終わると意味がない。担当事例の進行に従い，SV を受ける機会を持てた上で，バイジー自身が SV を受けた際の学びを応用し「自分でその結果を確かめること」が理想的である。

⑤　バイザーの指導法のバリエーションが，有効性を高める（情報提供・助言・教材提供・課題・ロールプレイなどを使っての具体的な方法伝授・ライブ指導・省察を促す等）。

⑥　バイジーが記録を書くプロセスそのものに，「振り返り」「省察」の効果がある。バイジーは SV に先立ち，可能な限りの準備をする必要がある。

⑦　バイザーは「クライエント」だけでなく，「バイジー」をもアセスメントする必要がある。

⑧　SV プロセスでは援助プロセスと似た，あるいは同様の現象が起きる。

　筆者自身はこのような結論に達した。では実践家たちは，SV を，どのように感じているのだろうか。感想程度でしかないが，筆者が実施した介護支援専門員（通称ケアマネジャー）を対象にした研修でのアンケート回答（自由記述方式）の一部をご紹介したい。ここで紹介する SV は，筆者が兵庫県介護支援専門員協会のメンバーと一緒に作り上げてきた「気づきの事例検討会」の支持的なグループ・スーパービジョン方式を使用した。

第Ⅰ部　省察的ソーシャルワークとアセスメント

　アンケート実施は，今から数年ほど前である。実施場所は，関東の都市部で，SVに関する「3日間研修」の際に実施した。研修プログラムは，1日目は，「なぜスーパービジョンが必要か」に関する理論背景の理解に向けて，演習や様々な具体例をも活用した。2〜3日目は講師によるSVのデモンストレーションと，受講生全員が自分の事例を用いてバイザー，バイジーの両方を経験するピアグループ・SVの実施と振り返り，であった。

　講義では，本章第3節で紹介するカデューシンとハークネスが定義するSVの3つの機能である管理的・教育的・支持的機能と，それらをいかに発揮させるかの説明，さらに前述した「気づきの事例検討会」で重視している「バイジーが防衛的にならずに自分の持つ情報，考えを話せる環境づくり」のための基本ルールなども伝えた。受講生は基本原則やその応用を講義とデモンストレーションなどで事前学習してからグループ・SVを実施している。この点を踏まえ，SVでは，バイジーの人格を否定しない，バイジーの仕事で改善の余地がある側面は恐れず「建設的な」話し合いをするが，それはあくまでも，バイジーとのしっかりとした関係性を基にしたものであること等の考え方（表6-1参照）を受講生の方々と共有した。

　この研修では，受講生から132件の自由記述回答を得た。コメントには類似した内容も多かったが，代表的なものを，便宜上，①スーパービジョンの有益さ，どんなふうに自分自身に役立ったか，何らかの発見，に言及したもの，②スーパービジョンの難しさを指摘し具体的に「何が難しいか」に言及したもの，の2つに分類した。その内容を要約したものを，以下，紹介する。⁽⁴⁾

　　①　SVの有益さ・どんなふうに役立ったか・発見に言及したコメント
　　（支持的な雰囲気でSVを実施したことで）「異なった側面からケースを見てもらえたり，適切な問いかけをしてもらえたことで，新たな考え方や見方ができた」「自分自身の課題が明確になった」「自分がバイザーとなることで実は自分自身にも気づいたり成長できたりすることがわかった」「他者の考えを訊き，さらに考えを深めていくことで気づきがどんどん増え，考えが広がった」「自分の中で最も引っかかっていたことに気づいた」「自分の現在の問題を整理し，新たな見方ができた」「自分に欠けていることや

第6章　アセスメントとスーパービジョン

表6-1　ソーシャルワークにおけるスーパービジョンの存在意義・3つの機能・バイジーの到達点

(1) ソーシャルワークにおけるスーパービジョンの存在意義	
① 官僚組織への適応	⑦ 因果関係の理解の困難さに対応
② サービスとサプライの適切な配給	⑧ 自己訓練と批判的な評価の少なさを補足
③ アカウンタビリティー	⑨ 雇用前の訓練の欠如を補足
④ 一般のコンセンサス	⑩ 効果的な組織統制の欠如に対応
⑤ 「広範で統一性のない課題」遂行に対応	⑪ 限定的な知識基盤とテクノロジーの補足
⑥ 直接観察不可能な仕事内容を明確化	⑫ 感情エネルギーの要求からくる燃えつきに対応

(2) スーパービジョンの大ゴール・3つの機能と目的・機能を最大限に発揮する方法
　　大ゴール＝CLTに質と量の両方で可能な最善のサービス提供（権限と責任の付与）

		① 管理的機能	② 教育的機能	③ 支持的機能
(A)	目的(最も近い職業)	バイジーが組織内で適切な役割遂行ができるようにする（マネジャー）	バイジーのゴール達成を可能にするように知識不足を補ってトレーニングをする（教師）	効果的なサービス提供のため，仕事関連ストレス適応を助け，不満を解消（適応を促進するカウンセラー）
(B)	機能を最大限に発揮する方法	1．権威的にならず「力」の行使に躊躇しない 2．組織のルール・実践方法を体系立てて明確に伝えられる 3．バイジーと組織の生産性のニーズバランスを図る 4．押し付けずスーパーバイザーの存在を認識してもらう 5．心理的・物理的に身近にいる 6．バイジー間でよい人間関係を維持できるようにする 7．管理職者・部下の両方に効果的にコミュニケーションができる 8．組織の安定性を保ちつつ，変化が必要な時にはアドボカシーができる	9．行動を通してソーシャルワークへのポジティブな姿勢，職業価値観を見せる 10．バイジーの成長に真摯な関心を示す 11．専門性，SWの理論と実践に関する最新の知識を保持・提供できる 12．問題解決に民主的な共同関係に基づいた方向性を持つ 13．柔軟で明確なバイザー・バイジー間の関係性の枠組みを提供できる 14．実践内容とバイジーの知識量の両方の振り返りができる 15．文化の違いに敏感である 16．安心できる環境を保持し，支持的に接しながら必要に応じて建設的フィードバックができる真剣な関わり方をする 17．学習効果を最大にできる教育方法を習得し実践できる 18．専門的なスキルを示し，バイジーの仕事を援助する 19．失敗を受け入れ乗り越えられるようにする	20．自立性と自由裁量を最高にするため，バイジーに対する信頼を態度で表す 21．バイジーの評価すべき仕事に肯定と称賛を与えられる 22．ストレスの度合いを感じ取り，それに従って仕事量を変化させる融通性を持っている 23．バイジーが正直に感情表現できるような対等なコミュニケーションをする 24．逆転移や否定的なフィードバックにも防衛的にならず気持ちよく受け入れられる 25．支持的でありながらバイジーの個人的な領域に侵入しない

(3) バイジーの到達点（ソーシャルワーカーに必要な姿勢・知識・技術＝8つのスーパーバイジー評価基準項目）
Ⅰ　意味のある効果的で適切な「専門職としての人間関係」を形成・維持していく能力
Ⅱ　ソーシャルワークプロセスに必要な知識と技術を持ち，使えること
Ⅲ　組織の管理職が持つ方向性の理解と実施できる力
Ⅳ　スーパービジョンに対する責任性を持ち使用
Ⅴ　スタッフとの良い関係性形成力
Ⅵ　仕事の内容・量のマネジメント
Ⅶ　専門職として適切な特質と態度を保持する力
Ⅷ　文化的な力の評価力

注：(1)　本表は第4版を基に作成したものである。最新版の，2014年出版の第5版は翻訳書（Kadushin et al. 2004=2016）が出版されているので参照いただきたい。なお本章で紹介するのは筆者の訳によるものである。
　　(2)　本書では，元の表に入れていた(3)の説明の列を取り，後に続く説明文で解説している。
出所：渡部（2008）を一部改変。本表はKadushin et al.（2002）を基に(1)は pp. 32-43，(2)-(B)は pp. 324-326を，(3)は pp. 358-360を使って筆者が翻訳・要約・リスト化したもの。

139

安心して話せる環境づくりの大切さを理解できた」「所属組織での他のワーカーとの関わり方に対する意識が変化した」「バイジーもバイザーも双方が学んでいくものだとわかった」「バイジーが緊張しない関係性づくりの重要性を知った」「常に疑問を持ち，根拠を持つ重要性を学んだ」「相手の言葉と同化できる共通言語で話すことが大切だとわかった」「バイザーは助言すべき立場だと考えていたが，バイジーに考えてもらえるよう促すことの方が大切だと学んだ」「バイザーはバイジーのアセスメントとともに，事例のアセスメントもしなければならないというダブル構造であると知った」「SV ではアセスメントが重要であると気づいた」「見えないものを見つけ出すことの難しさがよくわかった」「バイジー自身が気づきの機会を得られるような関わり方をしたいと考えるようになった」「面接とは相互交流であると確認した」「SV が楽しいことに初めて気づいた」「SVを体験してみてその必要性がわかった」「バイジーの力量の見積もりをすることの重要性が再確認できた」「SV 体験をすることで具体的にどのように対応するとバイジー自身が課題に気づけるのか，共感を持つとはどういうことかがわかった」「（今まで固定観念があり，クライエントと壁を作っていたが）SV 体験を通して内省の重要性を実感した」「体験を通して自分がバイジーに真剣に向き合うことが大切だと感じた」「管理者が普段行うことと SV とは違うことを理解した」「共に答えを見つける SV には心理的，制度的，援助法，などの知識が不可欠であると感じた」。

② SV の難しさの指摘——「何が難しいか」に言及したコメント

「本質的な課題にアプローチすることの難しさを感じた」「言語化の重要性と難しさを知った」「質問する時，答える時のすべてに言語力が必要。日常的な学びが必要と感じた」「バイザー・バイジー両方の立場での難しさを知った」「バイジーに対して『どうしてこんなことがわからないのか』と言ってしまいそうな時，他の伝え方をすることの難しさを経験した」「バイジーのレベルに合わせることの難しさを経験した」「時間をかけて問題点にたどり着くプロセスやそれを導き出す質問が難しかった」「SV は奥が深い」「回数を重ねる必要性，継続することの必要性を感じた」「ケース理解をしつつ，バイジーの資質や力量に着目することが難しい」。

第6章 アセスメントとスーパービジョン

　これらのコメントにみられるように，多くの受講生がサポーティブな環境下で実施された SV の成果を様々に述べてくれている。ここではすべて報告しなかったが，「（メンバーからの質問による）新たな視点の気づき」「自己の課題の明確化」に分類される感想は非常に多かった。研修の受講生の中には，過去のSV でネガティブな経験を持つ人も少なくなかった。これは，バイザーがバイジーの力量の適切な見積もりとバイジーの力量に適した教え方を十分考慮できなかったためかもしれない。

3　スーパービジョンの存在意義

（1）スーパービジョンの必要性と現状——3 つの機能・ゴール・到達点

　SV において，ワーカーが担当するケースを個人やグループで共有し検討する教育訓練法は，第5章で述べた省察的ソーシャルワークと深く関係している。SV に欠かせないのが，バイジーによるクライエントのアセスメントの妥当性の検討である。経験が浅く訓練途上のワーカーは，より経験を積み，バイザーに必要とされる力と教育法を身に付けた人とともに，自らのアセスメント，そのアセスメントを基にした援助法の適切さを振り返ることになる。

　職場内 SV の実施が構造的に根づいており，上級認定資格を得るためにも，[5]SV が必要不可欠である北米などとは異なり，[6]日本では SV の体制作りが遅れている。しかし，最近，社会福祉士や介護援助専門員等において SV をシステ[7]ム化する動きが始まるとともに，アメリカの SV の第一人者であるカデューシンとハークネスの翻訳書を含め，SV 関連書籍の出版も相次ぎ，SV への注目度が高まってきたといえる。このような傾向を考慮して SV の詳細はそちらに譲り，本章ではこの SV の要点を解説したい。

（2）スーパービジョンの存在意義

　表6-1の(1)では，なぜ SV が必要かに応える12項目を挙げた。SV を実施する，あるいは受けるためには，バイザーと呼ばれる指導・教育役を務めるワーカーも，バイジーと呼ばれる指導・教育を受けるワーカーも，まずはワーカーの仕事が社会にどのように受け取られており，どんな課題を持っているのかを

141

第Ⅰ部　省察的ソーシャルワークとアセスメント

認識しておくことが大切である。どれだけワーカーが「私たちは，こんなに良い仕事をしている」と感じていても，それが適切に社会に向けて発信されていなければ「ワーカー不要論」が出るかもしれない。ワーカーがしっかりとクライエントに向き合うことでクライエントの問題，クライエント自身，クライエントを取り巻く社会環境の理解が可能になる。

「アセスメントの枠組み」（第Ⅱ部参照）を念頭に，クライエントからのフィードバック（クライエントによる「援助プロセスへの参加」ともいえる）を得ながら「アセスメント面接」を実施し，そこで得られた情報を統合することができれば，「⑥直接観察が不可能な仕事内容，⑦因果関係の理解の困難さ，⑧自己訓練と批判的な評価の少なさ」等の問題にも耐えうる専門職として成長することができる。それを可能にする方法として，豊かな経験を持ち，ワーカーに必要な基盤である専門職としての使命・知識・技術（表6-1の(3)）を理解・実践するバイザーと呼ばれる立場にある人とのやり取りを通して，仕事内容の検討をするSVが存在する。

（3）3つの機能と目的・機能を最大限に発揮する
——スーパービジョンの最終目標

前項で述べたように，SVは主に管理的・教育的・支持的，の3つの機能を持つといわれている。これらの中で本書のテーマである「クライエントのアセスメント」と最も重要な関わりを持つのは教育的機能である。教育的機能とは，バイジーが専門職として独り立ちするために必要な，専門職として持つべき価値体系，クライエントの問題の解決法を探求する基礎となる知識・スキルが適切に習得され，実践で応用されているかを認識していく作業である。表6-1では教育機能を適切に発揮するためにバイザーが留意すべきポイントを9～19の番号を振って記述している。

この一部を，表6-1の中で下線を引いたものに限定して補足説明をしたい。
「9.職業価値観を見せる」とは，バイザーが口先だけではなく実践ありきの姿勢を見せることである。ワーカーは「こうあるべきだ」と言っても，バイザーの実際の仕事に専門職の価値観等が全く見えていないと，バイジーが学びを得ることができない。

第6章　アセスメントとスーパービジョン

「11. 最新の知識を保持・提供できる」は，バイザーが常に自分自身も学び続け，新たな知識をバイジーにも提供できるということである。バイザーは様々な教え方を工夫しそれを使うことができなければならない。その様々な教え方の中にはバイジーに「課題を出す」というものもあるが「バイジーにとって，この知識の習得は有益であろう」とバイザーが考えた時は，その知識を得られる参考文献を紹介し，その後それをどのように役立て，応用できたかをSVセッションの中で話し合うことも有効である。

「12. 民主的な共同関係」は，バイザーが一方的に上から命令を下すのではなく，助言や情報提供に関してバイジーが抱いた疑問なども自由に話せる雰囲気を作るということである。

「14. バイジーの知識量の両方の振り返り」とは，バイジーが担当ケースの中でどのような実践を行ったかを再アセスメントし，そのことをバイジー自身がどのように受け止めているか，理解できているか等を聞かせてもらう努力をし，バイジーの力に見合った伝達法を選択していくということである。

「16. 建設的フィードバックができる真剣な関わり方」は，バイジーに足りない部分を指摘するだけでもなく，誉めるだけでもなく，必要な事は何かに焦点を絞り，真剣にバイザーがバイジーと向き合って話を進めるということである。筆者自身も実践家の人々とともにグループSVを行うが，そのグループSVでの文脈や雰囲気がわからず，単に表現された言葉だけをみると，バイジーにとっては厳しい問いかけと受け取られるやり取りもある。しかし，相互の信頼関係と真剣な向き合い方がその根底にあれば，スーパーバイジーにとってネガティブな質問とは捉えられず，「よくぞこのことを聞いてくれた」と受け取られる「気持ちの良い質問」になり，その後の展開につながることを経験している。

「17. 教育方法を習得し実践」は前述したように，バイザー自身が学び続け「どのような教育方法がより有効なのか」を常に考え，そこで見出した方法を使っていくことである。

「19. 失敗を受け入れ乗り越えられるようにする」は，SVの中でも非常に重要なことである。どれほど経験を積み力を付けたワーカーでも，クライエントやケースの特性によっては悩み苦しむことがある。クライエントに対して最

143

第Ⅰ部 省察的ソーシャルワークとアセスメント

適な援助を考えるプロセスでは，いわゆる失敗に見えることも起きるであろう。重要な事はそれを修正し乗り越えることなのである。バイザーが「批判的」でなく，バイジーの説明を十分聞いてくれる人であるならば，失敗かもしれないと考えることを率直に語ることができ，その結果，SV のセッションでそれを，どのようにすれば克服できるのかを話し合い，実践に応用していくという良循環が生まれるのである。

（4）スーパーバイジーの到達点

　表 6－1 の(3)は，このような SV が目指すバイジーの到達点である。以下，カデューシンらが述べた内容（Kadushin et al. 2002：358-360）を要約し，筆者による補足説明で解説していく。バイジーに期待される力の水準は 8 つの項目にまとめられ，これらによってスーパーバイジーの力を評価することができるといわれている。これら 8 つのうちⅠ，Ⅱ，Ⅶを少し詳しく説明していきたい。

　Ⅰ.は専門職としての人間関係を作り，それを維持していく力である。具体的には，ワーカーがクライエントに対して専門職としての適切な行動を取ることができるということである。ワーカーとしての適切な行動とは，クライエントに対する関心，役立ちたいという思い，クライエントに対する敬意，共感的な理解，クライエントを容易に判断せず非審判的に受け入れる態度，偏見を持たずに「固有の人格」としてクライエントを見ることができること，自己決定の尊重，クライエントに対する温かさと関心を示せることである。またワーカーは必要に応じて，（客観的な姿勢を保ちながら，十分なトレーニングを受けた上で），自分自身の中に生じる自然な反応を表現できること，ワーカーという専門職としての価値と倫理を，クライエントとの関係の中で用いることができることである。

　Ⅱ.はソーシャルワークを展開するために必要な知識と技術に関するものである。ワーカーとして必要な知識や技術として，1 つ目は本書がテーマとしている情報（データ）収集の技術である。情報を収集する際には，心理・社会的・文化的な要因を識別する力を発揮しなければならない。さらに，アセスメント面接だけでなく，その面接以外の方法でも必要な情報を見極め，収集することが要求される。

144

第6章　アセスメントとスーパービジョン

　2つ目は，収集された情報の理解や，解釈に必要なスキルである。そのためには問題の背景にある心理的要因，人間関係要因，環境要因といった統合的・多面的な要因を相互の関係性において理解することが求められる。さらに，それらの関係の理解には，人間行動と社会のシステムに関して蓄積された知見を効果的に応用する必要がある。そしてそれらを報告書等の文章にして表現できなければならない。

　3つ目は，援助介入のスキルである。前述した2つのプロセスから導き出された理解を基盤にして「クライエントの状況改善というゴール達成のためにはどのようなことが必要なのか」について，具体的な行動プログラムを計画し実施する力が必要である。また，クライエントと協働して，面接の目的を導き出す力が求められる。(第4章の相談援助面接の解説で述べたように) ソーシャルワーク面接は，クライエント援助という明確な目的を持ち，その焦点を見失ってはならない。

　面接ではクライエントが中心であることを原則とするが，それはワーカーが単に，受身的にクライエントの話を追っていくだけではない。ワーカーは融通性を保ちつつ，ワーカーとしての責任を果たすため，面接の方向性やコントロール力をも提供し，両者のバランスを維持していく力が必要である。クライエントが委縮せず話せるように語りを勇気づけ，その語りに，事実と感情の両方が必要に応じて表現できるようにしていく。その上で，クライエントから得た情報や，その情報を基に考えた援助方法を正確さと簡潔さを兼ね備えた記録にしていく。

　Ⅶは，ワーカーが専門職としてクライエントの役に立てるように，自分自身を理解しておく「自己覚知」である。自己覚知は，ワーカーが自分自身に対して「現実的でかつ批判的に自分の能力と限界の両方をアセスメントできている」ことである。ワーカーに必要なものは，融通性と協調性，仕事に対する熱意と信念，専門的価値と倫理に従って行動できる力，専門職としての成長の維持をする努力をすることであるといわれる。

145

第Ⅰ部　省察的ソーシャルワークとアセスメント

4　スーパービジョンのステップ

　SV の進め方は，バイザー・バイジーの関係性，職場環境，バイザーの教育観等により違いが出てくる。しかしそのような違いを超えて，基本モデルとして応用できる SV のステップが存在する。ワナコットらは，モリソンとともに作成した教育教材の中で示した 6 段階のステージモデル（以下，6 段階モデル）を紹介している（Morrison & Wannacott, 2009）。このモデルはイギリスにおいて，ワーカーの中で新たな資格者たちのトレーニングと，サポートするためのフレームワークとしても使われているという。表 6-2 に示すように，6 段階モデルは「省察的実践」と同じく，省察的 SV サイクルであり，アセスメントのプロセスと実践に影響を与えている力動関係の相互関連性に着目している。これらの段階は「バイザーとバイジー間のやり取り」という双方向性を持ち，「行き来しつつ」進行するもので，かつ各々の段階でも相互作用を及ぼし合う。[10]SV セッションでバイザーとバイジーが，しっかりと，このような段階を踏むことで，バイジーの到達した援助計画の理由が明らかになるのである。

　ワナコットは，SV の本質に触れ，「真に効果的なスーパービジョンは対話をはるかに超えたものである。スーパーバイザーは，スーパーバイジーとともに積極的に共同作業を行い，バイジーがケースのすべての側面を理解し，自らの決断の背後にある理由を明確に述べることができるところまでたどり着けるようにする」と述べている（Wannacott 2012 : 130）。ここには，バイザーとバイジーの真剣さ，クライエントへの援助に対する責任と覚悟が表れているといえる。

　最終の第 6 段階では SV のツールとして，決定に至る道筋を図に表すことを勧めている。そこで問いかける内容を一部紹介したい。それらは，「この時点で私たちはどんな決断をしなければならないのか？　どんなオプションがあるか？　現時点で決断を下すのに，どの程度の情報を持っているのか？　異なる決定をした時のメリットとデメリットは何か？　誰にとって，どんなメリットとデメリットがあるか？　所属している組織の義務と責任感を考慮すると，この状況で交渉可能なことと不可能なことは何か？　問題に対するサービス利用

第6章　アセスメントとスーパービジョン

表6-2　省察的スーパービジョンの6段階モデル[11]

第1段階——アセスメントの焦点を明確にする 　ここではアセスメントの課題の特性を共有し，理解していく。「ワーカーとバイザーは，アセスメント実践の役割と焦点に関して異なる信念を持っている」という仮定から始める。 ・スーパービジョンの際にバイザーがバイジーに対して問いかけるべき13の質問事項 　① このアセスメントをなぜ実施するように言われたのか？ 　② アセスメントの目的は何か？ 　③ このアセスメントではどのような質問に対する答えが必要なのか？ 　④ 使うべきアセスメントの枠組みとプロトコールに関して，どれほど明確にわかっているか？ 　⑤ クライエントは，アセスメントのリクエストに気づいているのか？ 　⑥ どのようにしてクライエントにアセスメントプロセスへの参加を促そうと計画しているのか？ 　⑦ このアセスメントは，他のアセスメントにどのように適応するか？　行われるべき他のアセスメントはどこに存在するのか？　誰がコーディネートし，リーダーの役割を取っているのか？ 　⑧ アセスメントプロセスのどの部分が，実践者であるワーカーにとってより挑戦する力が必要になるか？ 　⑨ このアセスメントにはどのような知識基盤が必要になるか？ 　⑩ 1から10のスケールを使う際，このアセスメントを実施することにどれほど自信を持っているか？ 　⑪ このタイプのアセスメントはどのような結果を導き出す可能性があるか？ 　⑫ このアセスメントの限界は何か？　例えば，何がカバーできておらず，どんなリスクが予測されるのか？ 　⑬ スーパーバイザーからどのようなサポートやガイダンスを得ることが必要か？
第2段階——スーパービジョンの仮説を振り返る 　バイジーがクライエントをどのように捉えたのか？「仮説はワーカー個人として，そして専門職としての価値基盤，歴史，仕事環境に影響を受ける」（Wannacott 2012：101）。振り返りが必要な内容は，(1)「このケースのアプローチに影響を与えるだろう自分の中核的信念・価値は何か？」，(2)「この役割の中で，自分が見ている自分自身と，期待との間には一致が見られるか？」，(3)「このアセスメントに関連する役割に，どの程度の確信があるか？」（Wannacott 2012：105）。
第3段階——情報収集と評価 　「よく言われることだが，ソーシャルワーカーは情報を集めることは得意であるが，情報を分析することはそれほど得意ではない」（Wannacott 2012：105意訳）。 ・5つのタイプの食い違い（不一致）（Wannacott 2012：106） 　① 情報：複数の情報源からの情報間の不一致 　② 解釈：同じ情報をもとに異なる専門職が違った結論を導くために起きる不一致 　③ 交互作用：クライエントが表現した「意図」と「行動」の不一致 　④ 不適合（incongruent）：クライエントが状況に関して一貫しない，矛盾する，あるいはつじつまの合わない話をする 　⑤ 直観的：ワーカーの直観が何かとはうまく言えないが，何かがおかしいと感じる
第4段階——システムを超えた力動を探求する ・「家族関係，ワーカーとクライエントとの関係，専門職ネットワーク間の関係といったものを含む，関係性の力動を探求する」（Wannacott 2012：108）。⇒この時にジェノグラムなどが使える。

147

第Ⅰ部　省察的ソーシャルワークとアセスメント

- 「クライエントが援助に抵抗を示すことが見えてくることがある。これを探求することが，クライエントと効果的な援助的関係を作ることに関するワーカーのスキルのアセスメントの良い機会になる」（Wannacott 2012：110）。
- バイザーがワーカーのスキルを理解する方法4点（Wannacott 2012：113）
  ① 直接観察
  ② 一緒に仕事をする
  ③ スーパービジョンでロールプレイをする
  ④ クライエントからのフィードバック
- バイジーのスキルの中で注目するべきもの
  「共感を表現する」「敬意を表す」「明確に，オープンに，正直にコミュニケーションする」「必要な場所ではチャレンジする」（Wannacott 2012：113）。メタ・コミュニケーションにも言及（Wannacott 2012：114）。
- コミュニケーションの意味確認に関してスーパーバイザーがなすべき5つのポイント
  ① 実際に行ったコミュニケーションの確認
  ② コミュニケーションの詳細の探求
  ③ コミュニケーション内の感情や情緒
  ④ コミュニケーション内の感情・情緒の探求
  例：「あなたの役割を彼らはどんなふうに受け取ったと思う？　彼らのあなたに対する期待は何？コミュニケーションに影響したかもしれない力や上下関係の問題は？」
- コミュニケーションが持つ含蓄の探求
  例：「もっと他に尋ねることはある？」（Wannacott 2012：116）

第5段階——クリティカルな分析
知的であるだけでなく感性も発動させ適切な行動を導くプロセス（Wannacott 2012：121）。

第6段階——決断と計画の探求
決断と計画の背後にある思考を問う（Wannacott 2012：125）。この段階が全体のアセスメントプロセスの効果を検証する。

出所：Wannacott（2012：99-131）を基に筆者作成。

者の理解，問題への関与の度合い，真剣にそれらに取り組む意思と能力に関して，どれほど根拠があるのか？」である。

5　スーパーバイザーに要求される力

　これまでの議論を踏まえて，スーパーバイザーに要求される力をシンプルに表現すると，図6-1のようになるだろう。

　図6-1の(1)は「ソーシャルワーカーに必要な専門性」である。バイザーにはワーカーに必要な基盤の知識・スキルが求められる。バイザーは本書で述べてきた①使命，アイデンティティの核となる職業倫理・価値観を持ち，②クライエントやその家族，関係者等と援助的関係性を形成した上で相談援助面接を

148

第6章　アセスメントとスーパービジョン

図6-1　スーパーバイザーに求められる力

(1) ソーシャルワーカーに必要な専門性
  ① （使命・アイデンティティ等を明確にする）専門職としての倫理・価値観
  ② 援助的関係性を形成できる相談援助面接力
  ③ 制度・所属組織がワーカーに与える影響の理解
  ④ （クライエントを統合的・多面的に捉える）ソーシャルワークの統合的・多面的アセスメントの枠組みとそれを支える知識・理解

(2) その時点でのスーパーバイジーの力量の見積もり

(3) 教え方のバリエーションを持つこと
  バイジーに最適な教え方の工夫を持ち，それらを組み合わせて使える力
  ① 情報提供
  ② 助言・アドバイス・指示
  ③ モデル提示・ロールプレイ等
  ④ バイジーが自ら考え，答を出す機会を提供
  ⑤ 自己学習のための課題を出す……等

(4) ゴール（目的）
  スーパーバイザーは，ソーシャルワーカーとしての
  ① 専門職に必要な基盤となる知識・スキル（クライエントの統合的・多面的アセスメント力等）を持ち，
  ② スーパーバイジーの力量を見極め，
  ③ バイジーの成長を最大限に促す方法を考え，実行できる

展開する力，③制度・所属組織がワーカーに与える影響の理解，④クライエントとクライエントが直面している課題を俯瞰的に理解し，最善の援助法を導き出せるソーシャルワークの統合的・多面的アセスメントが最低限必要となる。

しかしながら，バイザーがこのような力を持っていたとしても，自分が最善であると考えるアセスメント及び援助方法を，バイジーに適切に伝えられるスキルがなければ，バイジーの成長は難しいだろう。そのような力が無ければ，バイザーは「この人はおそらく今，決断ができなくて困っているようですね」「この人に必要な事は○○サービスを使うことですね」といったような助言をすることばかりになってしまう。

さらに助言がバイジーにうまく伝わらない時には，苛立ってしまうかもしれない。望ましいSVというのは，SVを受けるワーカー自身が自分で課題に気

149

づき，その課題の解決方法を導き出すことであろう。そこでバイザーに必要になってくるのが「(2)その時点でのスーパーバイジーの力量の見積り」である。バイジーは経験年数や個人特性によって理解する力・実践力が異なってくる。SVを実施する段階でバイジーが何をどこまで理解しているのか，実際にどこまで行動ができるのか等に関してバイジーの力の見積りをすることは重要である。これは，ワーカーがクライエントの問題解決援助をする時に，クライエントの力を十分理解した上で援助を実施することと同じである。これにより，バイジーに最も伝わりやすい知識やスキルの熟練度に見合った教え方が見えてくる。すると「(3)教え方のバリエーションを持つこと」が必要になる。

バイジーが自分自身で答えを出せるようなやり取りが理想的ではあるが，熟練度の低い，経験の浅いバイジーには情報提供や助言，アドバイスや指示をすることも必要になるだろう。さらにその方法については，具体的なモデルを見せたりロールプレイを実施したりして，身体を通して学ぶ機会を提供することもあるだろう。もちろんバイジーにその力がある時には，自ら考え，答えを出す機会を提供する。時には「バイジーに理解を深めておいてほしい」と考える知識や理論を取り上げた書籍などの課題を出すこともある。このような学び方をすることで，バイジーは次に同じような問題に出会っても，その都度バイザーの助言を仰ぐことなく自分自身で考え，その解決方法を考えられるようになるといわれている。つまり「バイザーは対人援助職者としての専門性を持ち，バイジーの力量を見極め（バイジーの力のアセスメント），その上でバイジーの成長を最大限に促す方法を考え，実行できる」ことが必要なのである。

6　アセスメント情報の適切さの確認

情報収集に関しては，バイジーが適切な情報を収集できているかどうか確認する必要がある。単にバイジーの報告をそのまま受け入れるのではなく，クライエントとのアセスメント面接と同様に，情報の正確さを確認しなければならない。第4章の事例4-3で取り上げた山手ワーカーがバイジーであると仮定してみよう。

バイザーであるあなたの所に来て，山手ワーカーは「先程，相談の電話が入

ったんです。『どこか夫を預かってくれる所はありませんか？』と尋ねられたので，ショートステイを紹介をした所，急に怒り出してしまって。結局，相談には至りませんでした」と言うかもしれない。

バイジーが報告してくれる内容は，必ずしもバイジーとクライエントの間に起こった出来事の詳細を含むものではない。もし，SV のセッションで，バイザーが「記録」あるいは「逐語録」と呼ばれるクライエントとのやり取りの中で起きたすべての事柄をできる限り思い出して記録し，それを基に SV のセッションを行うのであれば，バイザーは，この山手ワーカーの「出来事の要約を自分の立場から述べたもの」を超えた，豊かな情報を得ることができ，それを基にしたバイジーとの会話ができるであろう。

しかし，SV のセッションの際に，バイジーの持参する記録が「要約記録」であったり「口頭報告」であったりする場合も少なくない。このような時には「電話で相談を受けた時，その方は何を言われましたか」とクライエントの主訴を明確にすることが必要となってくる。このようにしてバイジーとのやり取りの中で，断片的な情報が形をとって見えてくるのである。

もし，バイジーがクライエントから必要な情報を十分聞き取れていないことがわかれば，それはなぜなのかをバイジーと話し合う必要がある。その理由として考えられることを 3 点挙げたい。1 つ目は，バイジーがクライエントと適切な援助的関係を形成することなく，情報を得ようとしたということだろう。2 つ目は，バイジーが最低限押さえておくべき情報の枠組みを持ち合わせていなかったことがあるだろう。3 つ目は，これはあってはならないことなのだが，バイジーがアセスメント面接の重要性を理解することなく，自分の役割を既存のサービスと結びつけることだけに限定していることであろう。その他にも何らかの理由があるかもしれないが，今後バイジーがクライエントと向き合った時に，豊かな情報を得るためには，「どのような理由で，クライエントの情報をしっかりと取ることができなかったか」を話し合っておくことが必要である。

第Ⅰ部　省察的ソーシャルワークとアセスメント

7　本章のまとめ

　ソーシャルワーカーが実践力を高めるために欠かせない教育法の一つは，SVである。ワーカーは経験を積み力を付けても，常に自分の実践を振り返り，それを言語化し，新たな気づきを実践に反映させ，クライエントにとって有益な援助を提供するために努力し続けなければならない。ソーシャルワークにおいてSVが必要な理由の一つは，ソーシャルワークが「直接観察することが不可能な仕事内容」であることも関係している。そのため社会に対する説明責任の観点からも，個別事例を丹念に見ていくSVを通じて，ソーシャルワークが何を成し得ているのかを明らかにすることを怠ってはならないだろう。バイジーが担当しているケースの振り返りの際には，クライエントの問題だけに焦点を絞るのではなく，クライエント自身が自分の置かれている状況をどのように把握しているのか，どのようにしたいと考えているのか，それを実現するために持っている力は何なのか等を，しっかりと確かめながら状況理解を深めるプロセスがSVである。

　SVには，主に管理的・教育的・支持的と呼ばれる3つの機能があることが共通認識とされている。本章では，これら3つの機能の中でも特に「教育的機能」を詳しく見てきた。ワーカーが専門職として力を付けていくために，バイザーが，自分自身が仕事をする姿を見せ，ソーシャルワークに対するポジティブな姿勢を示し，バイジーの成長に真摯に関わらなければならないことが明らかとなった。

　SVでは，バイジーが（失敗をも含め）バイザーに自由に語れる民主的な関係が成立することが望ましい。バイザーは当該ケースを理解するだけではなく，バイジーの持っている知識の量やスキルも同時に理解し，バイジーの力に適したアプローチをすることが大切である。このようなSVは，「バイジーはクライエントをどのようにアセスメントしたのか」「それはどのような根拠に基づいているのか」を慎重に検討する一連のステップを踏むことで，可能になっていく。バイジーの成長段階，特性に合わせて，最も効果的なSVの方法を見出していくことが重要である。

152

第6章　アセスメントとスーパービジョン

注

(1)　この8つは，2017年12月10日（日），第12回ソーシャルワーク研究所主催のシンポジウム『ソーシャルワーク実践現場における人材育成とスーパービジョンの視座』で話した内容を一部改変したものである。このシンポジウムは，渡部律子（2018）「主題講演　ソーシャルワーク実践現場における人材育成の方法とスーパービジョンの課題」『ソーシャルワーク実践研究』7号，26-42頁，に掲載されている。

(2)　これは，統計的な処理をしたものではない，自由記述式の感想の一部であることをお断りしたい。

(3)　渡部編著（2007）では，グループスーパービジョンの要素を取り入れた「事例検討会」8事例の逐語録，及び事例検討会実施法を，詳しい解説とともに掲載している。

(4)　A県のアンケート結果，自由記述事後調査。回答者156人中132人が自由記述に回答。

(5)　職場内SVの長い伝統を持つ北米でも，もちろんバイザーのSVの質の課題は存在する。

(6)　ACSWと呼ばれるアメリカにおけるソーシャルワーカーの資格制度に関しては，Academy of Certified Social Workers（ACSW）-National Association of Social Worker（NASW）がネット上で紹介されているのでご参照いただきたい（https://www.socialworkers.org/Careers/CredentialsCertifications）。

(7)　日本社会福祉会のスーパービジョンの実施マニュアルの詳細は（https://www.jacsw.or.jp/ninteikikou/contents/02_seido/files/supervision_manual.pdf）をご参照いただきたい。

(8)　研究者によって違いはあるものの，これら3つに関しては合意されている。日本の介護援助専門員研修では，この「評価・機能」を加えている。

(9)　介入方法に関しては，環境改善，心理的援助，クライエントの置かれている状況を明確にすること，クライエントが問題に関する洞察を得ること，アドボカシー・ブローカー・ソーシャルアクションといった介入法が挙げられている。

(10)　この6段階に関しては，Wannacott（2012：99-131）が著書に再掲し，説明しているものを使っている。

(11)　表6-2は，2017年12月10日（日）に行われた第12回ソーシャルワーク研究所シンポジウム『ソーシャルワーク実践現場における人材育成とスーパービジョンの視座』「主題講演　ソーシャルワーク実践現場における人材育成とスーパービジョンの課題」（渡部律子）の補足資料として配布されたものを修正したものである。

第Ⅱ部 統合的・多面的アセスメントで得られる クライエント情報

　第Ⅱ部では，統合的・多面的アセスメント実施に必要な主要情報に焦点を絞り，「そのような情報を得ることで何を明らかにするのか」「援助の際にそれがどう生きてくるのか」「その情報を分析し解釈する際に有益な理論は何か」に関して，第7～9章の3章に分けて論じる。

　統合的・多面的アセスメントに必要な情報は，表序-1にも示したように，（1）クライエントの問題意識，（2）主訴，（3）問題の具体的な特性，（4）クライエントの問題の捉え方，（5）クライエントの特性，（6）クライエントの問題理解に必要な固有の情報，（7）クライエントの問題対処力と問題対処のための資源，（8）問題を解決するためにクライエントが使える人的・物的資源，（9）クライエントのニーズと今後必要な外部資源，の9項目である。これらの項目は，筆者がこの20年間，研修などでの応用を通して，実践で使いやすいように，度々改訂をしてきたものである。参考のために，筆者がこれまで様々な文献で紹介してきた情報項目の変遷を，次頁の表に掲載する。

第Ⅱ部　統合的・多面的アセスメントで得られるクライエント情報

表　「統合的・多面的アセスメン

出典 （掲載頁） 【情報 項目数】	(1)1999年，2011年第2版『高齢者援助にお ける相談面接の理論と実際』医歯薬出版， 1999年（第2版：2011年）（62-75頁） 【16項目】	(2)『気づきの事例検討会』中央法規出版， 2007年（326頁，資料5）【11項目】
「統合的・ 多面的ア セスメン ト」情報 項目	1．何がクライエントの問題なのか？ 2．問題の具体的な説明：問題の始まり， 　継続期間，頻度，問題が起きる時と場所 3．この問題に関するクライエントの考え， 　感情および行動は何か？ 4．この問題はどのような発達段階や人生 　周期に起こっているのか？ 5．この問題はクライエントが日常生活を 　営むのにどれほど障害になっているの 　か？ 6．この問題を解決するためにクライエン 　トが使える人的・物的資源 7．この問題解決のためにどのような解決 　方法あるいは計画がすでに考えられたり， 　とられたりしたか？ 8．何故，クライエントは援助を受けよう 　と思ったのか？進んで援助を受けようと 　思っているのか？ 9．問題が起こるのに関係した人や出来事， 　それらの人間や出来事は問題をより悪く 　しているか，あるいはよくしているか？ 　（現在抱えている問題以外のストレッサ 　ーの存在） 10．クライエントのどのようなニーズや欲 　求が満たされないために，この問題が起 　こっているのか？ 11．だれが，どんなシステムがこの問題に 　関与しているか？ 12．クライエントの持つ技術，長所，強さ 　は何か？（クライエントの持つ資源） 13．どのような外部の資源を必要としてい 　るのか？ 14．クライエントの問題に関する医療・健 　康・精神衛生などの情報 15．クライエントの生育歴（成長過程で起 　こった特記すべき事項や家族・近親者と 　の関係も含む） 16．クライエントの価値観，人生のゴール， 　思考のパターン	1．クライエントの問題意識（何故，クラ 　イエントは援助を受けようと思ったの 　か？　進んで援助を受けようと思ってい 　るのか？） 2．主訴 3．問題の具体的な特性 4．クライエントの問題のとらえ方（クラ 　イエントは問題をどのように感じ，考え， 　どのような行動をとっているのか？） 5．クライエントの特性（クライエントは 　どのような人か？）＝ライフサイクルと 　の関係，成育歴（成長過程で起きた特記 　事項や家族・近親者との関係）・強さ・ 　長所，価値観・人生のゴール 6．クライエントの問題理解に必要な固有 　の情報（医療・健康・精神保健・認知 　力・経済状況・学力等の情報） 7．クライエントの問題対処（クライエ 　ントの問題の対処の仕方，その結果） 8．問題が起こるのに関係した人や出来事， 　それらの人間や出来事は問題をより悪く 　しているか，あるいはよくしているか？ 9．クライエントのニーズと問題の関連性 10．クライエントが持っている今後の問題 　対処に有効な資源（問題を解決するため 　にクライエントが使える人的・物的資 　源） 11．クライエントが持っていないが今後の 　問題対処に有効な資源（どのような外部 　の資源を必要としているのか？）

注：これらの文献，章はすべて筆者の単著・編著である。

ト」情報項目内容・数の変遷

(3)社会福祉士養成講座『相談援助の理論と方法Ⅰ』中央法規出版（初版：2009年，重版：2010年，第3版：2015年）（189-200頁）注：情報項目数は同じ。版により順番の入れ替えあり。【16項目】	(4)2012-2019年（毎年刊行）『社会福祉援助技術論Ⅰ——相談援助の基盤と専門職・相談援助の理論と方法』全国社会福祉協議会『社会福祉学習双書』編集委員会編（2019年版）（186-201頁）【9項目】
1．何故，クライエントは援助を受けようと思ったのか？ 進んで援助を受けようと思っているのか？ 2．何がクライエントの問題なのか？ 3．問題の具体的な説明：問題の始まり，継続期間，頻度，問題が起きる時と場所 4．この問題に関するクライエントの考え，感情および行動は何か？ 5．この問題はクライエントが日常生活を営むのにどれほど障害になっているのか？ 6．この問題はどのような発達段階や人生周期に起こっているのか？ 7．クライエントの生育歴（成長過程で起こった特記すべき事項や家族・近親者との関係も含む） 8．クライエントの持つ技術，長所，強さは何か？（クライエントの持つ資源） 9．クライエントの価値観，人生のゴール，思考のパターン 10．クライエントの問題理解に必要な医療・健康・精神衛生などの情報 11．この問題解決のためにどのような解決方法あるいは計画がすでに考えられたり，とられたりしたか？ 12．問題が起こるのに関係した人や出来事，それらの人間や出来事は問題をより悪くしているか，あるいはよくしているか？ 13．だれが，どんなシステムがこの問題に関与しているか？ 14．クライエントのどのようなニーズや欲求が満たされないために，この問題が起こっているのか？ 15．この問題を解決するためにクライエントが使える人的・物的資源 16．どのような外部の資源を必要としているのか？	1．クライエントの問題意識（何故，クライエントは援助を受けようと思ったのか？） 2．主訴（クライエントは何が問題だと述べているのか？） 3．問題の具体的な特性（問題の開始時期，継続期間，頻度，場所，時，場面は？） 4．クライエントの問題の捉え方（クライエントは問題をどのように感じ，考え，それに応じてどのような行動をとっているのか？） 5．クライエントの特性（クライエントはどのような人か？）＝①ライフサイクルとの関係，②成育歴・強さ・長所・価値観・人生のゴール 6．クライエントの問題理解に必要固有の情報（医療・健康・精神保健・認知力・経済状況・学力等の情報） 7．クライエントの問題対処力 8．問題対処に関係する出来事・人・機関とその結果（問題の解決に関係する事柄にはどのようなものがあるか？） 9．クライエントのニーズと問題の関連性・今後の問題対処に必要な資源

<table>
<tr><td>第7章</td><td>クライエントの意図をつかむ
──なぜ援助を受けようと思ったのか</td></tr>
</table>

本章の目的理解につながる質問

① クライエントが支援を求めていない場合には，どのような対応をしていますか。

② クライエントは，「支援を受ける」ことに関して，どのような思いを持っているかわかっていますか。

③ クライエントにとっての「一番の困りごと」「一番気がかりなこと」は明確ですか。

④ クライエントが，初回の面接でワーカーに伝えた「一番の困りごと」「一番気がかりなこと」が面接を進めていく内に「真の問題」では無いことに気づいた経験はありますか。

⑤ クライエントにとっての「一番の困りごと」「一番気がかりなこと」はワーカーや他の専門職が認識している内容と一致していますか。異なる場合，その認識の違いがどこから生まれるかわかりますか。

⑥ クライエントの問題のリスクの高さを，どうやって判断していますか。

⑦ クライエントの思考・感情・行動が一致しているか確認できていますか。

⑧ 自分の専門領域での支援に必要な固有のアセスメントツール，法制度，公的サービス，私的サービス，関連機関はどのようなものですか。また，それらの間で起こりうるジレンマに遭遇した時，どのような方法で最終判断を下しますか。

---

1 クライエントの問題意識
──アセスメント面接初期に理解すべきこと──

アセスメント面接初期にしっかりと理解を深めるべきことは，（1）クライ

第7章　クライエントの意図をつかむ

エントの問題意識，（2）主訴，（3）問題の具体的な特性，（4）クライエントの問題の捉え方，の4項目である。これらを明らかにするために，ソーシャルワーカーは，クライエントがどのような経緯でワーカーに会いに来ることになったのかを教えてもらう必要がある。まず，ワーカーや，ワーカーの所属機関で支援を受けることに対するクライエントの思いを，クライエントとの言語的および非言語的なコミュニケーションからくみ取り，クライエントが置かれている問題状況をしっかりと聞き取ることが必要である。そして，アセスメント面接の開始の仕方によって，その後の展開が大きく変化してくることを忘れずに，これら3つの内容を聞き取り，その背景にある意味を探っていかなければならない。

　ワーカーがクライエントから話を十分に聞くことなく「ワーカーが想定したクライエントのニーズ」を基に面接を進めた結果，新たな問題が起きてしまうことは少なくない。前述したように，アセスメントに必要な情報は，クライエントとのやり取りの中で得ていかなければならない。

（1）　人に援助を求めるとは——その意味を考える

　クライエントが自らの思いを語りやすくするためには，ワーカーが「相談に来る人の気持ち」を想像できなければならない。しかしワーカーのような対人援助の仕事に就いていると，毎日毎日人の困りごとを聞く。すると良くも悪くも，「慣れ」が生じてくることもあるだろう。すると相談を受ける際に，クライエントの「不安」や「緊張」に対する感受性が薄れてくるかもしれない。しかしクライエントのこのような思いに気づけないと，クライエントに「やはり誰も，私の苦しみは理解されないのだ」という印象を与え，すでに何らかの問題に直面して辛い思いをしているクライエントを，さらに追い詰めてしまう結果となる。

　そのような結果をもたらさないためにも，ワーカー自身が「もし私が『援助される立場』ならば，援助者に対して何を期待してどのような思いを抱くだろうか」と考えてみることが大切である。自分自身が困った時，人に助けを求めたいと思う一方で，それを躊躇したことはないだろうか。また悩んでいる時，何を悩んでいるのかがはっきりしないという経験をしたことはないだろうか。

159

第Ⅱ部　統合的・多面的アセスメントで得られるクライエント情報

クライエントが自分から援助を求めることが容易ではない場合もある。ワーカーは相手の置かれた状況をしっかり理解できるような関わり方をしなければならない。それには第1章で紹介した「ソーシャルワーカーの役割・援助関係アセスメントの枠組み」（表1-3）が応用できる。

（2）人が援助の求めを躊躇する理由と自ら求める理由

　ある状況で，人が「援助を求めることを躊躇する」のはなぜなのだろう。次は筆者が考える①人が援助を求めることを躊躇する理由と②人が援助を求める理由である。

　　①　援助を求めることを躊躇する理由
・援助を求めることは自分の弱さをさらけ出すことだと考え，その躊躇から，自分で何とかすべきだと思う。
・これまで自分が他人から助けてもらった経験がほとんど無く，そんなことを誰にも頼めないと考える。
・自分が困っていることはぼんやりわかっているが，あまりにも多くのことがあり，何をどうやって助けてほしいかを明確に言葉にできない。
・問題をおおよそ理解できているが，それに直面したくない。

　もちろん他にも理由はあるだろうが，少なくともこれらの項目にどこかしら当てはまる部分があるだろう。ではどんな時であれば，援助を求めることを躊躇しなくなるのだろうか。

　　②　援助を求める理由
・「誰かに助けを求めることは，自分自身の弱さをさらけ出すことにはならない」と考えられる。
・自分も人を援助した経験を持つため，「自分が援助を求めることは相手に負担になる」とは感じなくて済む。
・他人から助けを得る機会も多く，それが良い経験となっており，周囲に手を差し伸べてくれる人が少なからずいることを自覚している。

第7章　クライエントの意図をつかむ

・自分の中で「何をどう援助してほしいか」が明確で，限定的な部分への援助
　を求めるだけで済む。
・あまりにも困難な状況で（本来は援助を受けることは避けたいが）どうしようも
　なくなってしまった。

　人は通常「自分の問題は自分で解決したい」と考え，自己解決することで自
分自身のプライドを保ち，かつ自分の人生に対するコントロール感を持つこと
ができる。多くの問題が絡まり合う状況，あるいは多くの問題が同時に起きる
状況等では，「何が大変なのか」「この大変な状況は，いつどんな風にして始ま
ったのか」等がわからなくなっているかもしれない。また，ぼんやりわかって
いても「その問題に直面したくない」と考えているかもしれない。自我心理学
で「自我の防衛規制」という概念がある。これは「自我」と呼ばれる自己統制
機能が危機的な状況になった時に起こる反応だといわれる。辛いことに直面す
ることを避けるのも，その反応の一つと考えられるだろう（これに関しては後述
する）。ワーカーは，クライエントの表面的な言葉や態度に捉われず，常に
様々な可能性を考えてクライエントに対応することが重要である。

2　主訴を明確にしないクライエントの思い
——「わかっていてもできない」を受け止める——

ここで，下の2つの事例を読み比べてみてほしい。

事例7-1　相談の始まりに主訴を語るクライエント
　ある日，在宅介護支援センターに相談の電話がかかってきた。その電話を取った
ワーカーは，電話の向こうで相手の女性がこのように話し始めるのを聞いた。「も
しもし，私もう疲れてしまって……。このままでは共倒れになりそうで，どこか夫
を預かってくれる所はありませんか？」(1)（奥川・渡部監修 2007）

事例7-2　相談の始まりに「問題は無い」と語るクライエント
　ある日，地域包括支援センターのワーカー岡本さんのもとに，地域の民生委員の
河野さんから相談が持ち込まれた。河野さんの話によるとあまり他の人とは人付き
合いがなく，河野さんが唯一の知人といえるような一人暮らしの高齢男性がおり，

161

第Ⅱ部　統合的・多面的アセスメントで得られるクライエント情報

彼が最近外に出ることがほとんどなくなったようで心配だということであった。つい先日，この男性の家を訪問してみたが「今，ちょっと体調が良くないので，またにして下さい」という返事だった。この男性は奥さんを亡くして以来，自分できちんと家の片づけや食事の支度などもしていたようだが，ドアの隙間からほんの少し見えた家の中も，少々散らかっている様子であった。このことを聞いたワーカーの岡本さんは，さっそく民生委員の河野さんと一緒にこの男性の家を尋ねてみた。すると，男性は2人を家に招き入れてくれたが「いや別に大したことありませんから，大丈夫ですよ。ご心配かけてすみませんでしたね」と，自分には何も問題が無いと述べた。

（1）クライエントの問題意識と主訴

　事例7-1・2に見るように，ワーカーが出会うクライエントの中には，自分から援助を求めてやってくるクライエントとそうでない人がいる。自ら援助を求めてきた人は，アセスメントの段階で，少なくとも，自分の考える「問題」を話してくれる可能性がある。この2事例に見られる違いは，「主訴」と呼ばれるクライエント本人の訴えの有無である。

　アセスメント面接で，後の援助計画作成に影響する要因として「クライエント自身に問題意識があるかどうか」がある。クライエントが自ら問題意識を持って相談に来ているのか，クライエント自身は問題と感じておらず，周囲から問題であると指摘されて相談に来るのかということである。例えば「長い間夫の介護を自分一人で続けてきた妻が，介護に限界を感じて相談に来た場合」と，これと同じような状況だが「自分は介護でもまだ頑張れると思っている妻が，周囲の人に無理やり相談機関に連れてこられた場合」を比べてみれば，ワーカーの経験の違いは想像できる。クライエントが自分から進んで援助を受けようとしている方が，問題解決に対する姿勢が前向きになりやすく，ワーカーとクライエントの双方がアセスメント面接のゴールを共有しやすいだろう。

　しかし福祉現場では，このような場合ばかりではない。虐待の事例にみられるように，クライエント自らは「援助を求めていない」にもかかわらず，何らかの法的な措置によって相談機関を訪れることも少なくない。後述するように，このようなクライエントは「非自発的クライエント」とも呼ばれ，「○○という問題を解決したい」という問題解決に対する意識が無い場合，クライエント

第7章　クライエントの意図をつかむ

の「主訴」に相当する話を聞かせてもらえないことが多い。

　また自分から進んで相談にやってきたクライエントでも，解決に向けて高い
モチベーションを持っていると思い込むことは危険である。ワーカーは，クラ
イエントがどのような援助を望んでいるのかを，アセスメント面接で見つけな
ければならない。ヘプワースらは，クライエントがワーカーのもとを訪れる動
機は大きく2種類に分けられ，その動機の違いが，援助法やゴールの違いにつ
ながると述べている（Hepworth et al. 2017）。自ら支援を求めるクライエントを
「自発的クライエント」，自分では支援の必要性を認識していないクライエント
を「非自発的クライエント」と呼んで区別している。また，非自発的クライエ
ントは「…自分等がゴール設定に関して限定された力とコントロール」しか持
たされていないと捉えていると指摘している（Hepworth et al. 2017：316）。

　では，自ら問題意識を持たず「仕方なく」相談に来たクライエントとのアセ
スメント面接の場合には，どう対応すればよいのだろうか。このような場合，
少なくとも次の2点を確認する必要がある。1点目は「面接を受けなければな
らない状況を本人はどう捉えているか」を明確にすることである。「○○さん
は，今日ここに来るようにと勧められたと思いますが，ご自身では，何のため
にここにいらしたのだとお考えですか？」等の問いから，クライエントの考え
を聞くことができるだろう。あるいは，相談機関からクライエントの自宅等に
出向いて面接が始まる場合もある。そのような場合にはおそらく，何が目的で
訪問面接に至ったかをクライエントに説明する必要がある。その上で「今日こ
れから○○さんと話し合い，○○さんご自身のお考えを聞かせていただき，今
後どうしていけるかを一緒に考えさせていただきたいのですが，如何でしょう
か？」と必ずクライエントの参加意思を尋ねることが大切である。

　2点目は「クライエントの関係者が持つ問題意識とは別に，クライエント自
身が『気にかかること』を持っているかどうか」について尋ねることである。
これらの点を念頭に，事例7-3でのやりとりを読んでほしい。

事例7-3　自分から支援を求めてこなかった介護者の息子

　認知症がある要介護の高齢の母親に対する虐待の疑いで，ワーカーと本人たちの
自宅で面接をすることになった介護者の54歳の息子の内田さん。「彼が母親に虐待

第Ⅱ部 統合的・多面的アセスメントで得られるクライエント情報

をしているかもしれない」とデイサービスの職員から連絡を受け，ワーカーは内田さん本人と母親との面接をすることになった。ワーカーは訪問に際して息子の話をしっかりと聴くことにした。自己紹介の後に訪問の理由を告げ，「今日これから内田さんと一緒に話し合い，内田さんご自身のお考えを聞かせていただきたいと思います。そして，今後どうしていけるかを一緒に考えていきたいのですが，如何でしょうか」と述べた。すると内田さんは「私は，自分にできることを精一杯している。でも，急に母親が訳のわからないことを言い出したりして，自分でもどうしたらよいのかわからなくなる。必死に母親を説得しようとしているうちに，ついつい手を挙げてしまった。きっとこの事を咎められて呼び出されたのだろう。でも私自身，母の介護のために仕事も辞めなくてはならなくなった上，1日中慣れないことをして，もうクタクタで死にたいくらいなんです」と，自分の置かれている状況を語り始めた。

　もし事例7-3のような展開になったなら，最初は自発的には支援を求めてこなかったクライエントが，アセスメント面接の中で，自ら主訴に相当する「困っている状況」を明らかにしてくれたことになる。もちろん，常にこのように上手くクライエントが自分の思いを語ってくれるとは限らないが，ワーカーが相手に対する「思い込み」を持たずに接することと，クライエントに自身の言葉で自分の状況を説明してもらうこと，つまり「クライエント自身が見ている世界，状況」を語ってもらうことが重要である。

（2）クライエントが持つ思いの複雑さを理解する
──アンビバレントな心の動きに気づく

事例7-4　アンビバレントな思い（両価的な感情）の理解
　30代後半の川上さん（女性）は，経済的に行き詰まっていた。彼女は，中学校の頃から不登校になり引きこもり生活を続けてきた妹との2人暮らしである。両親は彼女が20代の時に相次いで亡くなっている。元々，親戚との付き合いもほとんど無かった家族だったため，川上さんが頼れる人はいない。高校卒業後，自宅近くの工場で働くことになった。十分に満足のいく給料ではなかったが，妹と2人であれば何とか生活していくことはできた。しかし，2年ほど前から腰痛に悩まされるようになった。少し無理をし過ぎたのだろうと思ってそのままにしていると，どんどん症状はひどくなり，工場で荷物を運ぶことは，ほとんどできなくなってしまった。

164

第7章　クライエントの意図をつかむ

このままでは仕事を続けられないと考え，経済的な理由もあり，あまり行かないようにしている病院を受診した所「原因は不明」と診断されてしまい，湿布薬を処方されて帰ることになった。しかし痛みは一向にひかず，そのような状態で仕事を続けるのも難しくなってきた。職場でも，明確な診断が無いために，自分の腰の痛みを理由に，仕事の異動希望を出すのも難しく思われた。「少し仕事を休めば楽になるかもしれない」，そう考え思い切って仕事を辞めたが，そのうち経済的にかなり苦しい状況になってきた。どうしたらよいのだろうか，とこれまで他人に頼らないで生きることを誇りにしてきた川上さんは，途方に暮れてしまった。そして，「生活保護」という制度があることを以前聞いたことを思い出した。川上さんにとっては何かに頼り，自活できない事は死ぬほど辛いことだった。しかし，仕事ができなくなった現状と妹のことを考えると「何とかしなければいけない。一度聞くだけでも聞いてみよう」と一大決心をし，市役所の福祉事務所を訪ねることにした。

　もし，あなたがこの福祉事務所の担当者であり，川上さんからの相談を受けたとしたら，どのような対応をするだろうか。この対応が川上さんと妹の今後に，大きな影響を与えることは想像いただけるだろう。もちろん担当のワーカーは，川上さんに出会った時点では，このような彼女の背景を知らない。また日常業務上で様々な相談者とのやり取りをしていると，生活保護受給を気楽に考えて相談にやってくる人がいることに気づき，相談者の意図を疑ってかかってしまうかもしれない。

　担当ワーカーが川上さんの話を十分聞くことなく，「生活保護を受けるために必要な条件がいかに難しいか」を滔々と話したらどうだろうか。ただでさえ自活できない自分の事を恥ずかしいと考えているであろう川上さんは，「ありがとうございました」と言って帰ってしまうかもしれない。では最初から「経済的に困ってしまっているのですね。生活保護を受けたいのですね」と単刀直入に聞かれたらどうだろう。川上さんの背景を考えれば，即刻「はい」とは言えないかもしれない。時間をかけてしっかりと状況を理解してもらい，自分の中にある「何とか頑張りたい」と「もう限界にきている。人の助けがほしい」という2つの相反する思い（アンビバレントな思い）を整理できなければ，川上さんに必要な支援が明確にならないことが明らかだろう。

　アセスメント面接でワーカーが押さえておくべき点は，「クライエント自身が，希望して支援を受けようとしているのか」「クライエント自身は何が問題

165

第Ⅱ部　統合的・多面的アセスメントで得られるクライエント情報

だと述べているのか」の2点である。これら2つを明らかにするためには，第3章で取り上げた面接力を発揮しなければならない。そして面接力は，クライエントがワーカーに「自分の思いを聴いてもらえた」「受け止めてもらった」と感じ取れる対応をすることで生まれる「援助的関係性」が，そのベースにある。

　相談機関を訪れながら，あるいは相談機関の人たちがその人を訪問していたにもかかわらず，当事者が「私には助けは不要です」と言われたので「本人の自己決定を尊重しました」と言って，そのままその人を放置した結果，当事者が死を選んでしまったという事件が度々マスコミで取り上げられる。もちろんマスコミで取り上げるのは断片的な情報だけなので，実際に相談機関の職員と当事者の間でどのようなやりとりがなされたかを，詳しく知ることはできないため，単純にワーカーだけをせめられない。

　しかし，ワーカーにできることはある。それは，クライエントに敬意を払い，クライエントの「言葉に耳を傾ける」ことである。これは「クライエントが，表現したいことをすべてそのまま受け入れる」こととは別である。ワーカーは専門職として，クライエントが表現できない思いを表現しやすくなるように，クライエントとの面接を進めていく知識とスキルを身に付けていることが必要である。このような力を修得せずに，単にクライエントから話を聞き，クライエントの提供した内容だけを基に支援法を決めるのであれば，厳しい表現だが，「機械でもできる仕事」になってしまう。

　もしクライエント自身が要求を明確にし，その底には微塵も揺らぎの無い確信があり，その結果起こることの責任を引き受ける力があるならば，そこでの最適な支援は「クライエントの言語化した要求をそのまま実現すること」であろう。しかし，このようなクライエントが稀であるのは，経験を積んだワーカーであればよく知っていることである。すべての人間が必ずしもいわゆる「合理的な判断」ができない，「わかっていても，それができない」ことを，ワーカーは認識していなければならない。

（3）セリグマンの学習性無気力理論とマズローの欲求段階

　ぎりぎりの状態で暮らしていながら誰にも助けを求めず，最悪の結果を招い

てマスコミ報道をされる事件に遭遇すると，多くの人は「なぜ誰かに助けを求めなかったのか」と不思議がる。しかし，それしか道が無い生き方をしてきた人もいるのだ。そのことを私たちに教えてくれる理論がある。「学習性無気力理論」といい，セリグマンが動物・人間を対象にした実験を基に作り上げたものである（Seligman 1975）。その概要は「もし人々が『自分が試みたことが，その後の出来事に影響を与えないのだ』と見せつけられるような経験をしたとしたら，その人たちは，自分のやることは大抵の場合，役に立つ結果を生み出さないだろうという予測を形成するようになる。そのためそれ以外の状況において，役立つ行動を学習する能力が損なわれる。人々はモチベーションをなくし，不安感，抑うつ感を感じ，思考と学習が苦手となる」（Payne 2005：305）と説明されている。

　では「このような学習性無気力は，変化させられないのか」との問いに関しては，バーバーらを用いて「……彼らがコントロール感を持て，結果として成功できる経験の機会を提供」することが役立つ，と述べて変化の可能性を示唆している（Barber et al. 1986）。しかしそのような変化をもたらす支援には，前述したようなクライエントの持つ複雑な感情への理解が必要である。

　私たちは本来様々な欲求を持ち，それらを満たしたいと考える。しかしその欲求には様々なレベルがあり，「基本的な欲求が満たされなければ，その上の段階の欲求を満たしたいとは考えにくい」といわれている。このような欲求をマズロー（Maslow）は５段階に分類して説明した（図7-1）。これについてはクライエントのニーズを解説する際にも言及する。

　図7-1に見られるように，マズローは，人の生死に関わる空気・水・食べ物・庇護・睡眠・性などに対して起きる「生理的欲求」を第1段階として，これらの低い階層の欲求が充足されることによって，より高い階層の欲求を持つようになるとするピラミッド型の5段階の欲求階層説を提唱している。第2段階は安心して生活できる環境に対する「安全と安定の欲求」，第3段階は，人から認められ，どこかの集団に属したいという「愛・集団所属欲求」，第4段階は自分を誇れる存在としたい，他者から認められたいという「自尊心・他者による尊敬欲求」，そして，これらが充足できると，最後の第5段階として，自分が自分らしく生きる「自己実現欲求」を求めると考えた。

第Ⅱ部　統合的・多面的アセスメントで得られるクライエント情報

図7-1　マズロー5段階の欲求階層図

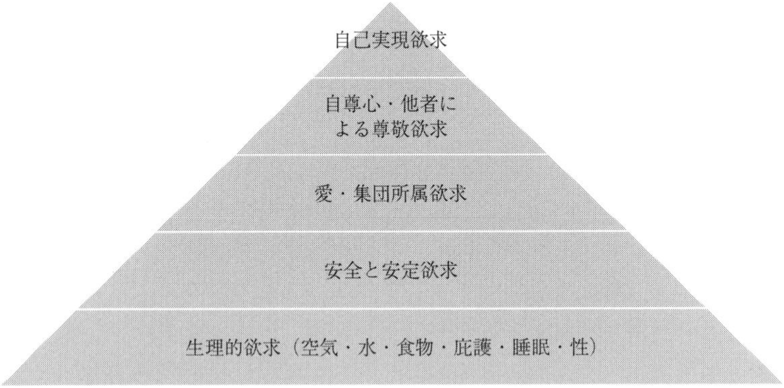

自己実現欲求

自尊心・他者に
よる尊敬欲求

愛・集団所属欲求

安全と安定欲求

生理的欲求（空気・水・食物・庇護・睡眠・性）

注：マズローの欲求の階層を簡略化，一部記述法変更。ゴーブルは注釈として「成長欲求はすべて同等の重要さを持つ（階層的ではない）」と述べている。
出所：ゴーブル（1972：83）

　最初の4つの欲求は，満たされることで満足し，そのことから生じる緊張感から解放される「欠乏動機」と名づけられ，最後の自己実現欲求は，足りないものを満たしたいという欲求ではなく，不足を満たすための行動をすることで「快い緊張感」が体験されるもので「成長動機」と呼ばれている（丹野ら2015：229-230）[3]。

　家庭では，親が自分に対してまともな食事を提供してくれない，いつ暴力を振るわれるかわからず安心して暮らせない状況の場合，本来，養育・愛情を提供してくれるはずの家庭では安心感さえ得られない。このような場合，子どもたちは，真っ先に何を必要とするだろうか。安全で安定した生活の場であろう。逆境を跳ね返して生きていけるレジリエンス，あるいはハーディネスと呼ばれる「強さ」を持った子ども（第9章参照）もいるが，このような状況で暮らす子どもにとって，自分を向上させていくために勉学に励む，何かに打ち込むことが容易でないと理解できるだろう。アセスメント面接の際，このような予備知識を持っていれば「クライエントの主訴が，どの欲求を充足させることを必要としているのか」に着目し，その背景を理解しようとすることができる。「すべての人間は，自分の持って生まれた可能性を実現しようとする傾向を，中核に持っている」とする人間観は，「自己実現傾向」とロジャーズ（C. Rogers）

168

が呼ぶものである。しかし，ソーシャルワークにおけるクライエントの中には，この自己実現傾向が発揮できる状況になく苦しんでいる人が少なくないのだ。

3　クライエントが抱える問題の具体的特性
──客観的情報の抽出による推測──

（1）　問題の具体的特性を知る手掛かりになる問い

アセスメントの実施の際，クライエントが語る「問題や気がかりなこと」に関しては，最低限，以下のような情報が必要である。

① 　クライエントの「困りごと」「気がかりなこと」は，いつ頃から始まったのか。

② 　それは，どれぐらいの期間続いているのか。

③ 　それは，どんな頻度で起きているのか。

④ 　それが起きるのは，特定の場所なのか。どこでも起きているのか。

⑤ 　それは，誰かといる時に起きているのか。誰といる時にでも同じように起きているのか。

⑥ 　そのことは，クライエントの日常をどれほど困難にしているのか。

「問題の具体的な特性」は，クライエントが訴えている問題が「実際には，どうなのか」を明らかにするために必要な情報である。上の例からもわかるように，人はある出来事を他者に伝える際に，必ずしも「確実な客観的情報」を伝達するわけではない。自分の思い込みや他者から言われたことを，そのまま伝えることも少なくない。このようなことは日常生活ではよく起きることであり，日々の生活では一々確認する必要も無いが，専門職がクライエントの問題解決のために状況を理解するという目的を考えれば，クライエントが置かれている状況を「できる限り正確」に捉える必要がある。その結果，クライエントの表現が誇張されていたことがわかることもある。気を付けなければならないことは，「クライエントが嘘をついている」と受け取って非難するのではなく，「クライエントには，そのように受け取られていたのだ」というクライエント側の状況の捉え方として受け止めることである。

169

第Ⅱ部　統合的・多面的アセスメントで得られるクライエント情報

　また問題の具体性と同時に，その問題のクライエントの日常生活にとっての深刻度も考慮する必要がある。それは，時としてワーカーや関係者が深刻な問題であると捉えていても，その問題がクライエントの日常生活をそれほど脅かしていないこともあるからである。クライエントが抱える問題が日常生活に及ぼす影響を知ることで，その問題の緊急性やその問題に対するクライエントの取り組みの予測にもつながる。

　問題に関して具体的な情報を得る際，気を付けなければならないことは，「それは，どれぐらいの頻度で起こるのですか。誰といる時起きるのですか」等，一つひとつ畳みかけるように尋ねないということである。特に面接の早い時期に矢継ぎ早に質問ばかりされると，クライエントは「質問されてばかりで，自分の思いを十分聞いてもらえない」と考え，面接で非常に重要な「援助的関係性」を作る妨げになることが多い。そしてクライエントは，いつの間にか「私は，この質問にただ答え続けていけばよいのだ」と考えるようになり，クライエントが問題解決において脇役，あるいは受け身になってしまう。問題の具体性を尋ねる場合には，文脈を大切にし，尋問にならないように注意をする必要がある。

（2）問題の詳細の理解——診断とアセスメントの違い

　もし誰かからの紹介で，クライエントがあなたの相談機関を訪れる時，紹介者が事前に次のような情報を，あなたに伝えたと想像してほしい。
　　「坂本さんはうつ病です」
　　「石川さんのお母さんは子どもを虐待しています」
　　「吉田君は非行少年です」
　　「内田さんは認知症です」
　みなさんは，それぞれのクライエントに直接会う前に何らかのイメージを抱く可能性が高いだろう。それはうつ病，虐待，非行少年，認知症といった用語の意味を知っているからである。もちろん専門職として仕事をするためには，このような診断名が何を意味するかを理解しておくことは必要であり，共通の用語を使用していれば，専門職同士の間で，その人のことをすぐに理解するのに有効なのは確かである。

第7章　クライエントの意図をつかむ

　しかし「診断」と「アセスメント」は，その意図や目的に違いがある。クライエントにとって，最適な支援法を見つけるための統合的・多面的アセスメントを実施するためには，このような診断名だけでクライエントの状況を決めつけないことが，何よりも重要である。同様に，クライエント自身が「私はうつ病なのです」「私は子どもを虐待しています」と述べたとしても，必ずその「具体的な内容」を聞き取ることが大切である。なぜならクライエントが「自分の問題」についてある言葉を用いる時，その言葉をどのように定義づけ理解して用いているのかを知る必要があるからである。その上でクライエント自身が固有に意識している「問題状況」を正しく理解し，その固有性に沿って問題を考えることが解決法につながっていく。このことを念頭に置いて，事例7－5を読んでほしい。

　　事例7－5　クライエントの提供してくれる情報の根拠は何か
　　吉田さん（女性）は87歳で，現在要介護1の認定を受けてデイサービスに通っている。彼女はデイサービスの職員にこんなことを話す。「うちの娘はひどい娘なんですよ。しょっちゅう私にひどいことを言うんですよ。私はもう情けなくて情けなくて……。私の歯が悪いのを知っているのに，いつも固い食べ物ばかり出すんですよ。なんとか娘に言ってくれませんかね」。

　さて，あなたがデイサービスの職員であれば，この話を聞いてどう感じられるだろうか。「大変だ，娘さんは，お母さんを虐待している可能性があるかもしれない。担当ケアマネジャーに，このことを確かめなければ……」と吉田さんの心配をし，何らかの行動を取らなければならないと考えるかもしれない。しかし，あなたがソーシャルワーカーであれば，少し立ち止まって考える必要があるだろう。事例7－5の女性の発言を，そのまま「問題だ」と捉えてよいのだろうか。ここで職員がさらに確認すべきことがあるはずだ。それは，私たちが使う「しょっちゅう」「いつも」「みんな」等の表現は，その出来事に対する個人の主観的な受け取り方であることが少なくないということである。そのため「しょっちゅう」「いつも」とは，どの程度の頻度なのか，「固い物」とはどのような食べ物なのか，等を確認しなければ，本当には何が起きているのかがわからないはずである。

171

第Ⅱ部　統合的・多面的アセスメントで得られるクライエント情報

　次に，事例7‐6を読んでほしい。この事例に出てくる晃君の行動の背景に
何があると推測されるだろうか。

事例7‐6　児童養護施設で暮らしている小学校5年生の晃君

　晃君は5歳の時に養父の虐待により，児童養護施設で生活を始めた。実母はその
後，この養父とは別れたものの，新しく知り合った男性と暮らしはじめ，晃くんに
とっては異父兄弟となる妹も生まれている。母親は晃君を「近い将来，引き取って
一緒に暮らしたい」と言いながら，すでに何年もの年月が流れている。最初の頃は
晃君に会いに来ていたのだが，この2年程は面会に来ると言っては色々な言い訳を
してキャンセルする状態が続いている。施設の職員や児童相談所などが母親の意向
を確認しようとするが，今一つはっきりとせず，今の生活を壊したくないという思
いが見て取れる。
　晃君は，施設ではお気に入りの荒木さんという職員を慕っている。また学校でも
取り立てて大きな問題を起こすことなく通学していた。荒木さんが勉強を見てくれ
る時間が楽しいようで，その時間には甘えも見せるようになってきている。しかし
3カ月程前から，1カ月に何度か，勉強中に荒木さんに対しても「どうせ，こんな
事してても意味ない」と投げやりな言葉を吐いたり，文房具を投げつけたりするな
どの行動をするようになってきた。また，他の子どもたちと一緒にいる時にも，突
然，反抗的な態度を取ることが見られはじめた。しかし，荒木さんが晃君に「何か
学校で嫌なことがあったのか」「施設で何かあったのか」と尋ねても，「別に」と言
うばかりであった。
　晃君のこのような行動を心配した荒木さんは，施設の職員たちと会議を開き，こ
の問題を話し合った。その話し合いでは，「晃君がそのような行動が出る日に，一
体，何があったのか」「特定の日時に，そのようなことが起きるのか」が話し合わ
れた。その結果，晃君がこのような行動を取り始めた頃，新たに施設に小学校3年
生の男子の悠人（はると）君が入所していることに気づいた。この悠人君との間で
何かあったかもしれないと推測した職員たちは，それからしばらく晃君の行動に注
意を払い，どんなことがあった後，晃君が荒れるのかを観察することにした。

　事例7‐6では，「問題の具体的な特性」をしっかりと確認しようとしている。
しかし，このように慎重にアセスメントをすることを怠り，誤った仮説を立て
ると，本来の問題の原因とは異なることに焦点を絞ったアプローチをしてしま
う。事例7‐6で，職員たちが晃君の行動観察を実施した結果，悠人君の母親
が面会に来た日，特に悠人君がその話を誰かにしたしばらく後に，晃君が荒れ

172

第7章　クライエントの意図をつかむ

るということが明らかになったとしよう。そうなれば，晃君はこれまで表現できなかった母親に対する思い，寂しさ，羨ましさ，理不尽さ，などが混じった複雑な思いを抱えながらも，それを上手く表現する手段を持たず，好きな職員である荒木さんに当たったり，無関係なはずの他の子どもたちに当たったりした可能性が高いといえよう。

　問題の特性を明確にすることが役立った事例を，もう一つ紹介したい。ある特別養護老人ホーム入所者の川田さんは，ナースコールを頻繁に押して職員を呼びつけ「トイレに行きたい」と言うが，実際にトイレへ誘導しても，どこか不満の残る様子を見せる。職員たちはこの入所者のナースコールに振り回され疲弊し，最終的には，川田さんのナースコールへの対応をやめようとしている。このことが問題となった。

　事例検討の場で，その行動の理由を具体的に探究することでわかってきたのは，「川田さんは施設に入って間もない方で，不安が高く，職員と話をすることで不安の解消をしていた。しかし職員たちは忙しく動き回っているため，声をかけても話をしてもらえる時はあまり無かった。ただ『トイレに行きたい』と言う要求には答えてくれると気づいた。それ以降，ナースコールが増えた」ということである。

　職員たちがナースコールに反応しないことが，川田さんがむやみにナースコールを押すことをやめることにはつながらない。川田さんの本来の要求を満たさない限り，この問題が解決に向かわないことを私たちは知っている。そこで第1のステップとして，職員が川田さんに安心感を持ってもらえるように時計を見せて「この時間になったら必ずお顔を見に来ますね」と話し，たとえ短い時間であっても約束した時間には，川田さんの所に声をかけに行くようにした。当初はそれでも時間以外にナースコールを押すこともあったようだが，職員が必ず約束した時間に自分を訪れてくれることがわかった川田さんは，不要なナースコールを止め，問題行動が消失した。これによって川田さんを「面倒くさい人」と感じていた職員たちの態度も変化し，最終的には良い結果を導き出した。

173

（3）行動理論・認知理論

　このように行動の前後に何があったかを明確にし考察を進める方法は，行動理論と呼ばれる考え方の特徴でもある。ウォルシュの説明を借りると，行動理論では，人間の行動と感情がどのように発達し，継続し，消失するかは，すべて学習の原則を通して理解しようとする（Walsh 2013：146）。つまり行動理論は，精神分析理論等とは大きく異なり，人の感情も行動もすべて学習されたものであり，その学習に関係するのは，これらを生み出すのに影響を持った何らかの「強化子（reinforcer）」と呼ばれる，その感情や行動に対する報酬となるような事柄，あるいは罰などであると考える。行動理論が関心を持っているのはあくまでも「客観的に観察することができる実証的なエビデンス」であり，ある介入法（援助方法等）の効果は，必ず目に見える結果によって判断をしていくという徹底した立場を取っている。

　行動療法と呼ばれるこの理論を基に作られた治療介入方法には，2つの主要なアプローチがある。1つ目は行動分析と呼ばれるものであり，行動の後に何が起こるかに焦点を絞ったもの，2つ目は刺激反応モデルと呼ばれるもので，行動理論に加えて認知的な要因が媒介しているとするものである。本書で取り上げているソーシャルワークの統合的・多面的アセスメントに最も影響を与えていると思われるのは，1つ目の行動分析である。

　そこで，この行動分析に関して，何に着目し，行動を捉えようとしているかを見ていきたい。行動分析では環境要因，社会的要因，身体的要因，情緒的要因，認知的要因の5つの要因が「ある行動の引き金」になると捉えて，これら5領域に関する分析を行う。例えば環境要因では，どのような人や場所やものがその問題を引き起こすきっかけになったか，社会要因ではクライエントが誰と最も多くの時間を過ごすか，問題を抱えていない人との関係を持っているのか，問題に関連する誰かと一緒に生活しているのか，などに着目する。身体的要因では，問題が起きる前に何らかの不愉快な身体的な状況が存在するのか，その問題が起きた後に身体的にはどのようになるか，結果として身体的な健康度がどう変化するかを分析する。情緒的要因では，問題発生に先立ち，どのような感情状態であったか，具体的にその出来事の後どのように感じたのか，また自分自身に関してどのように感じたのかを分析していく。認知的要因では，

第7章　クライエントの意図をつかむ

その問題に関して，クライエントはどのような考え，信念，信条を持っていたのか。具体的には，その出来事の後にどんな考えがあったか，自分自身に関してどのように考えたのかを明らかにしていくのである（Walsh 2013：153）。

このような行動分析に基づく支援アプローチは，アセスメントの結果，クライエント自身がその行動を変えなければならないとする明確なゴールとなる行動を持っていることがわかり，クライエント自身が問題発生のメカニズムに気づくことができれば，可能な支援方法の一部となるかもしれない。統合的・多面的アセスメントでも，クライエントの問題の具体性を明らかにするために必要な情報として，この行動分析が援用されていることがわかる。

また，このような情報をクライエントから聞かせてもらうことで，そのやり取りを通して，クライエント自身が「なぜある問題が起こり，それが継続しているのか」に気づく機会ともなる。認知療法では「人は『認知の歪み』と呼ばれる適切でない事象の捉え方によって問題を引き起こしている。そこで，うまく機能しない自分の思考を認識し，その思考の中にある誤った考え方を正していく」ことで問題行動が変化すると考える。

1970年代まで，ソーシャルワーカーが日々の実践で，その方法に特別な名前を付けることなく使用してきたのが認知理論である。そのような中，認知理論に基づいた議論をしたのが，ゴットリーブとスタンリーである。彼らは援助ゴールに関して，「もし，ワーカーがクライエントと共有することなしに援助の目標を定めたら，ワーカーはクライエントを失うか，あるいは援助の焦点を失うかのどちらかのミスを犯していることになる。クライエントは『なぜ自分が援助の場にいるのか』も分からないし，ワーカーが設定した非現実的な援助に関する期待も持てないからである」と述べている（Werner 1986：472）。これはクライエントに対してフィードバックをする必要を明確にしたという点で，ソーシャルワークに貢献したといえよう。認知理論の中心は，人の思考（考え）が感情や行動を導き出すというものである。行動理論と同じく認知理論の精神分析理論に対抗する理論・治療法として生み出されたため，特徴の記述にも精神分析理論が拠り所とする考え方の否定が多く含まれている。ワーナーは，認知理論の特徴を次の12のポイントにまとめているので（Werner 1986），それを筆者の解釈も交えて紹介する。

175

第Ⅱ部　統合的・多面的アセスメントで得られるクライエント情報

① 行動は思考が決定する。人の行動はその考えから生み出される。状況を適切に認識しなければ，誤った行動をもたらす。

② 思考は短期的，長期的な目標に関連している。人生は人が設定する目標によって決定され，そこに向かう基本的な行動パターンも作り上げられる。

③ 人生は無意識によってコントロールされているのではない。

④ 攻撃性は（精神分析の言うような）本能的なものではない。選択された「反社会的な目標」の表現である。

⑤ 人は本能的欲求によって支配されない。目標設定ができ，そこにやる気が加われば，欲求の修正は可能である。

⑥ 行動のほとんどは，性的衝動の表現や昇華（自我の防衛機制の一つ）ではない。

⑦ 感情の源は思考にある。

⑧ 動機づけは無意識の産物ではない。意識的な思考プロセスでできている。

⑨ 認知理論によって行われる治療は無意識に焦点を絞るのではなく，思考，感情，（表現されている）動機づけ，行動に焦点を絞る。

⑩ 認知理論は社会的に方向づけられており，感情，動機づけ，行動の主要な決定要因は思考である。思考は，社会，身近な環境，人間関係，一般的な経験の影響を受けている。

⑪ 人は生まれながらにして創造的で，強さと勇気という資源を持つという立場を取り，人の可能性を基本にしている（なりたいものになれる）。

⑫ 変化とは，個人が現実にできる限り近づけたと認めるまで広げ，修正できる。（治療では）クライエントの考えが変わるまで直接経験を話し合い，導いていく。

　行動理論に認知療法を組み合わせて治療に用いる「認知行動療法」のアセスメントの特徴については，ペインが，それは「異なる観点から問題を詳しく説明してもらう，誰がどのように影響を与えているかの例を挙げてもらう」「問題の初期からどのような変化をし，何がそれらに影響を与えたかをきっちりと

第7章　クライエントの意図をつかむ

追跡する，問題の異なる側面と，それらはどのように集約されているかを明確にする，その出来事の発生前，最中，発生後のクライエントの思考パターンや感情を明確にする，クライエントの持つストレングス（強さ）とそれに関連する事柄を明らかにする」等と述べている（Payne 2005）。[5]

4　クライエントが持つ問題の捉え方の差異
──思考・感情・行動のすべてが一致しているとは限らない──

（1）クライエントの考え・感情・行動間のズレに気づく

　ワーカーはクライエントの人権を尊重し，人の成長の可能性を信じて仕事をするようにトレーニングされている。そのため，クライエントが他者を傷つけるような言葉を吐くのを聞くと困惑することも少なくない。しかし言葉で表現されることと，実際のその人の行動との間に差がみられることも少なくない。ワーカーは，クライエントの語る言葉だけでクライエントやクライエントの置かれている状況を判断するのではなく，クライエントの思考・感情・行動のそれぞれが一致しないことがあることを理解することが大切である。クライエントが思考・感情・行動すべてで一致しているかどうかという側面を，アセスメントとしていく意味を考えてみたい。

> **事例7‑7　「娘がひどい」と訴える母親**
> 　野上洋子さんは現在43歳で，76歳になる姑の介護者である。姑の勝子さんはデイサービスに通っている。勝子さんは，デイサービスに行くと職員に「家の嫁は本当にひどい。私に優しい言葉の一つもかけてくれない。ここに来ると皆さんは親切で本当に天国です。私は施設で暮らす方がきっと幸せですよね」と悲しい表情で語る。それを聞いていたデイサービスの職員は，野上さんの義理の娘さんと一度きちんと話し合う必要があるのではないか，と不安になってきた。

　事例7‑7を読むと確かに勝子さんのことが心配になってくるだろう。お嫁さんの洋子さんから心理的虐待を受けているのではないか，と不安になるかもしれない。施設入所を勧めた方がよいのではないか，と新たな支援方法の必要性を考えはじめるかもしれない。続けて事例7‑8を読んでいただきたい。

177

第Ⅱ部　統合的・多面的アセスメントで得られるクライエント情報

事例7-8　「ひどい」と言われた娘の言葉

　ある日，チャンスが来たので職員は洋子さんと話をした。「お母様の介護は大変ですか。お母様の今後の生活場所のことを，どのように考えていらっしゃいますか」と尋ねてみた。すると，洋子さんは少し表情を厳しくして「私，本当に疲れています。姑がいなくなってくれればと思うことも少なくありません」と話しはじめた。

　洋子さんは疲れている。姑と別々の生活をした方がよいのではないかと思っている。姑に良い想いは持っていない，ということがわかるだろう。しかし，ワーカーはこれだけで洋子さんの全体を判断することはできない。それは，ここで語られたことは，洋子さんの「気持ち・感情」でしかない。さらに話を聞くと，次のようなこと（事例7-9）が明らかになった。

事例7-9　「ひどい」と言われた娘の考え・実感・実際の行動

　洋子さんは，ここまで話すとフーっと大きく息を吐いて，「でも，そんなことを考えてはいけないことは，よくわかっています。私は姑が施設で暮らさなくても済むように，一生懸命頑張りたいと考えています」と話した。ワーカーは，洋子さんが無理をしているのではないかと不安になり，「でも，野上さんはとてもお辛そうですし，お義母様も施設の話をされていましたよ。ご無理をなさっているのではありませんか」と尋ねた。するとそれに応えるように洋子さんは，自分のこれまでの姑との関係，姑の性格，そして自分の決心を話し出した。

　姑は厳しい人で，洋子さんのことをお手伝いさんのように扱うこともしばしばであった。洋子さんは夫と別れることも考えたほど，姑との確執で辛い思いをしてきた。しかし姑が介護状態になった時，介護ができるのは自分しかいない，自分が頑張って姑を支えなければならない，と強く考えた。きつい性格の姑は，外ではそれを表に出さないが，他人と長く良い関係を続けることができなかった。今でもデイサービスから戻ると，かなり愚痴を言っている。自分に色々不満はあるようだが，それなりに何とかやってきた。先程，話したように，姑がいない生活を望んでいないといえば嘘になるが，これまでのことを考えると，今は昔よりもまるくなったともいえる。自分はもともと責任感が強く，自分がなすべきことについては，自分の思いを抑えてでも実行するタイプである。しかし，自分が何かをする度に文句を言う勝子さんと顔を合わせる時間が多いと，気持ちが萎えそうになるので，勝子さんと話す時間はなるべく短くしていた。しかし，トイレや入浴介助，食事の支度，着

第7章 クライエントの意図をつかむ

替えの手伝いなどは，決して疎かにしたことは無かった。その時に少々勝子さんから何か言われても，我慢するよう努力をしていた。何とか自分なりに息抜きもできているので大丈夫と，会話の最後には少し明るい表情も見せて洋子さんは語った。

　このような情報が明らかになると，洋子さんと勝子さんの関係性の判断も変わってくるはずである。洋子さん自身は，思考レベルでは自分の置かれている状況が明確であり，その状況のコントロールの仕方も理解できている。さらに行動レベルを見てみると，しっかりと姑の介護を実行している。たとえ感情レベルで姑に対してネガティブな思いを持っていても，それが必ずしも洋子さんのすべてを表しているわけではない。

　事例7-7～9は複数の事例を基に筆者が創作したものであるが，実はこれらの事例を基にあるような出来事を立て続けに経験し，クライエントの一面だけを見ていてはいけないことを再認識した。ここでは，クライエント自身の表現した「感情」のみに焦点を絞って，ワーカーがクライエントを判断しそうになっていた。しかしクライエントの統合的・多面的な理解のために，クライエントの行動レベルをも確かめてみると，決して「ひどい人」と不用意な判断を下してはいけないことが明確になったのである。ワーカーがクライエントの語りに耳を傾けることは確かに重要である。しかし，その語りがクライエントの全体像を表していると単純に考えてはいけない。人は思考・感情・行動，それぞれの側面で異なる表現をすることがある。思考とは知的な側面での考えであり，感情とは異なることがある。さらに，行動もこのエピソードにみられるように，感情と一致しているわけではないのである。ワーカーがクライエント理解を深めるためには，これらのすべてに注意を払うことが必要である。そうでなければ，ワーカーはクライエントの持っている力や可能性，限界といったものの判断を誤ってしまうことになる。

　ここでワーカーは，お嫁さんが「冷たい」「介護力が乏しい」と捉え，この状態での介護に不安を感じている。しかしお嫁さんの行動に着目し，実は必要なことをきちんとできる力を持っている人，一方で今の自分の役割に対してマイナスの感情を抱いているのではないか，と考えることができたのである。このように考えることでワーカー側に変化が起こり，このクライエント家族への

179

第Ⅱ部　統合的・多面的アセスメントで得られるクライエント情報

支援でもお嫁さんのサポートをすることができるようになったのである。

　次に事例 7 -10を見ていきたい。この事例は，塩田（2015）による事例概要を筆者が要約したものである。

事例 7 -10　何度も児童養護施設と家を行き来する女児と母親

　問題の始まりは女児の出生以後 3 カ月頃だった。女児は母親の体調悪化による養育不可能との理由をきっかけに，乳児院に入所した。間接的な原因は実父による実母への暴力であった。これにより，夫婦の関係が悪化し実母が家を出た。問題は，児童が中学生となっている現在まで継続している。度々，母子が共に暮らすことを試みたが，その度に母親が，「体調を崩し，経済的に成り立たなくなり養育不可能」な状態に陥っている。養育困難を訴える頻度は高く，乳児院， 2 度の一時保護所生活，緊急一時保護， 3 カ所の児童養護施設での生活と， 7 回にわたり母子での生活と母子の分離を繰り返している。女児が 1 歳11カ月の時，実母が再び体調を崩し仕事ができなくなったために経済的に不安定となり，女児は A 児童養護施設に入所した。そして， 5 歳11カ月の時に家庭復帰した。 7 歳10カ月から 9 歳 7 カ月まで養育困難を訴えたため，B 児童養護施設に入所した。その後， 9 歳 7 カ月の時に母親の理由で C 児童養護施設に移った。その後 C 児童養護施設で生活を続ける。養育困難を母親が感じるのは，女児が自分と一緒に生活をしている時であり，母親にとっては娘との生活が大きな負担になっていると推測されている。

　時間の経過とともに，母子双方の困りごとや気がかりなことは変化している。女児にとっての現時点での困りごとは，むしろ児童養護施設内での生活における「自分の思ったような公平な扱いをしてもらうことができない」「自分は施設から高校に通いたいと思っているが，その思いが叶えられるかどうか」，また自分が物心つく前に別れてしまった実父に関して，自分は何も知らされていないということ，情報を持っていないことが，女児にとっての気がかりであった。

　事例 7 -10を使って，「問題に関する考え，感情および行動は何か（クライエントは問題をどのように感じ，考え，それに応じてどのような行動をとっているのか）」に着目し母娘の理解を試みたい。母親は，「子どもの養育困難」に関して，女児にとっては祖母にあたる母親の母親からの圧力があった。親として一緒に暮らさなければならないという考えを持ちながらも，気持ちはついていかず自信のなさがあるようだった。児童養護施設の担当ワーカーが女児のプラス面を報告しても，母親は「関心を示さなかった」（塩田 2015：13）という事実から，

180

行動面で子どもの養育に対して正面から向き合うことをしていない。娘に目を転じると「中学校卒業以降の進路については高校進学を希望し，実母宅に戻らず施設から通いたいと願う本児の強い意向が確認され」（塩田 2015：14）とあるように，母親とは別の生活を希望し，それを行動に移そうとしている。

事例7-10でクライエント母子の「現在の問題状況に関する思考・感情・行動」の間にある不一致にしっかり着目すれば，少なくとも「現実的に何が可能か」の理解を深めることに役立つだろう。ここから明らかなことは，母親が女児を施設に預けたままなのに対して後ろめたさを感じてはいるが，実際に本児を引き取って生活を営むために必要な準備はできていないことである。その準備ができていない中で，何度も家庭復帰を促され，揺れ動いていることは明らかだろう。このように理解を深めていくと，塩田の「実母が自身の生い立ちを振り返り，母親との関係を整理できない限り，本児の養育に十分向き合えていない現実について触れ，冷静に受け止めることは困難であろう」（塩田 2015：12）という解釈の妥当性がわかる。

（2）思考・感情・行動の諸要素から理解する重要性
——精神分析理論・認知行動理論等の応用

前述したように，統合的・多面的アセスメントにおいて，思考・感情・行動レベルでの重要性を強く感じるようになった理由は，事例検討やスーパービジョンの時に，ワーカーやクライエントの言動，つまり「ある場面で表現された感情に引きずられて，クライエントのアセスメントを誤ってしまう」ことに何度か続けて遭遇したためである。「クライエントはこんなひどい人だ」あるいは「クライエントはこんな素晴らしい人だ」などの報告があり，そのような判断に引きずられてしまったがゆえに「ひどい人」と思えたクライエントが，行動レベルでは「適切な行動をとっている」ことを見過ごして過小評価してしまったり，逆に立派な「かくあるべきこと」を語るクライエントを，すっかり信頼してしまったり，クライエントを過大評価してしまったり，ということが起きるのである。

ある問題が，どの程度日常生活の障害になっているかと関連することの一つに，クライエントの「問題の捉え方」がある。例えば，子どもが引きこもり状

第Ⅱ部　統合的・多面的アセスメントで得られるクライエント情報

態になったことを相談に来た母親が「子どもには子どもの人生があると考えてあきらめるしかないですよね」と言いながらも，家では毎日何度も子どもに向かって，「どうして，あなたはそんな風になってしまったんでしょう。きっとお母さんのせいなのね」と泣きながら訴えているとすれば，この母親が「子どもの引きこもり」に対して，知的には何とか理解してこだわってはいけないと考えているが，実際には悲しみ・怒り・落胆などの感情を持ち，子どもが罪障感を持つような，責める行動をしていることになる。つまり，知的なレベルでの発言は，実際には行動レベルと感情レベルの反応が食い違っていることがわかる。ワーカーは，アセスメントでクライエントの語る言葉に耳を傾けて，問題が持つ意味を深く理解する努力をしなければならない。

　考え・感情・行動の3つの側面からクライエントと問題の関係性を見ることは，ソーシャルワークが様々な人間の行動変容理論を応用してきたことの証でもある。ソーシャルワーク発達初期に最も隆盛を誇った人間の行動変容の理論は精神力動理論であり，そこでは特に幼少期の経験と対象との関係，そこから生まれる感情と思考が重視されてきた。その後，現れたのが，行動理論，認知理論，認知行動療法等である。これらは「行動変容」「認知スタイルの変容」に焦点を絞ったものである。

　どの考え方を使ってクライエントを理解するのがより適切かは，クライエントの持つ問題や，クライエント自身の特性によって異なる。そのため思考・感情・行動の3つの側面をすべて見ていくことで，クライエントの問題とその問題への今後の取り組み方を，より統合的・多面的に考えていくことができる。心理学では，このように便宜上，思考・感情・行動の3つを別物として扱い，研究対象としてきた歴史があるが，本来この三者は当然，相互関連していて分離しがたい面がある。

　これらの理論のうち，行動理論，認知理論はすでに概略を説明したので，精神分析理論について，ソーシャルワーク・アセスメントへの応用を考えて必要な内容に焦点を絞ってマーティンに従い紹介したい（Martin 2010）。精神分析理論の創始者はジグムント・フロイト（S. Freud）である。彼は，子ども時代の早期に形作られた「内的動機」によって行動が説明できるという捉え方をし，無意識レベルに着眼している。秘密，非合理的願望，恐怖，性的欲求，暴力，

利己的欲求などが，私たちの行動の動機になっていると考えた。そして，有名なイド（本能）・エゴ（自我）・スーパーエゴ（超自我）という3つの心理的構造モデル（topological model）を提唱した。この理論の基本の一つである心理性的（psychosocial）発達段階は，ソーシャルワークでの応用が最適とは判断できないため，ここでは自我の防衛機制に焦点を絞る。本能による欲求と道徳・社会の約束事に従おうとする欲求との間をうまく調整する機能を「エゴ」の働きと捉え，自我が適切に機能するようになっていると「行動を起こす前に現実を見極め」自分の欲求の充足を遅らせることができると述べた。

　日本で「自我の強い人」というとわがままな人などと解釈されるが，精神力動論では「自我」が適切に発達していること，つまり強い自我を持っていれば，人間が持つ社会的に受け入れられにくい欲求と，社会が認める道徳的規範との調整をうまくとって生きることができるというわけである。超自我と呼ばれているものは，私たちが自分の性格特徴の中に取り入れた価値体系や道徳的な指令で，「社会や文化の課す制限，善悪の学習された概念」でもある。この自我という概念を「自我の防衛機制」として発展させたのは，フロイトの娘のアンナ・フロイトである。自我の防衛機制とは「無意識の葛藤から生じてくる不安を解消する自我の対処法」（Martin 2010：41）と説明されている。

　この本能・自我・超自我という枠組みに沿って人間理解をする際に，ワーカーにとって最も役立つのは自我の防衛機制であろう。私たちは日々の生活の中で様々な，受け入れたくない，あるいは受け入れがたい経験を繰り返している。自我の防衛機制とは，私たちが日々出会う不愉快な感情や思考を上手く処理してくれる考え方である。例えば，認めたくないほど苦しい「出来事・事実」を無かったとする「否認（denial）」と呼ばれる方法や，通常「すっぱい葡萄反応」と呼ばれる，自分が受け入れられない現実を自分の都合のよいように説明する「合理化」などがその例である（Martin 2010：44）。

　以下，自我の防衛機制の中で私たちにとっても理解しやすく，実践現場でも出会う可能性の高いものを，丹野ら（2015）を基にして紹介する。以下の説明では引用部分のみに「　」を付けて，さらに引用文の掲載頁を入れている。

　・投　　影：自分自身が誰かを憎んでいる，破壊したいといったような，

第Ⅱ部　統合的・多面的アセスメントで得られるクライエント情報

　　　　　　自分自身がそれを認めにくい感情や願望などを持つ代わりに，
　　　　　　外界や他者がそう思っている，と捉えることである。

・否　　　認：その現実を認めると自分が不安になるため，そのような現実
　　　　　　は存在しないとして認めないこと。最愛の家族の死，自らの
　　　　　　病などを否認することで，安定を保てるということがある。

・反動形成：自分が受け入れられない欲求や感情（例：敵意・怒りなど）を
　　　　　　表現する代わりに，その反対の反応をする。例えば，嫌いな
　　　　　　人に過度に親切にする，などである。慇懃無礼に移る過剰な
　　　　　　反応を示すことである。

・知 性 化：欲求・感情表現をすることで不安になってしまうため，知的
　　　　　　な態度で対応しようとする。

・退　　　行：実際の発達段階よりも未発達な段階に戻ること。子どもが妹
　　　　　　や弟ができたことをきっかけに，それまでできていたことを
　　　　　　しなくなり，幼さを示すという赤ちゃん返りがその典型とい
　　　　　　われる。「遊びや楽しみも退行とされ，適応的に用いること
　　　　　　で心的エネルギーを得るための手段となる」（丹野ら 2015：
　　　　　　171）。

・抑　　　圧：自分が受け入れ難い感情・考えを無意識に閉じ込めること。
　　　　　　その感情・考えは押し込めてしまうこと。

・置き換え：「抑圧された願望や葛藤を，意識可能な形で著し，代理の願
　　　　　　望充足を得る」（丹野ら 2015：171）

・合 理 化：受け入れたくない現実から目をそらすために，自分の行動，
　　　　　　考えなどにもっともらしい理由づけをすること。イソップ童
　　　　　　話に出てくる，欲しかった葡萄を取ることができなかったこ
　　　　　　とに「すっぱいから取らなかった」という理由を付けて，自
　　　　　　分を正当化したキツネの話に例えて「すっぱい葡萄反応」と
　　　　　　も呼ばれる（丹野ら 2015：171）。

・昇　　　華：社会的に容認されない欲求，例えば攻撃性などを，社会的に
　　　　　　も認められる形にして表現すること。怒りを絵画に，攻撃性
　　　　　　をスポーツに表現するなどが，その例である。

第7章　クライエントの意図をつかむ

表7-1　様々な実践領域アセスメントに必要な固有の知識・スキルのチェックリスト

項　　目	詳　　細	習 得 度
①　固有のアセスメント票・項目		
②　関連する法制度		
③　既存のサービス		
④　協力を受けられる連携機関		
⑤　（これまでの経験を基にした）課題，ジレンマとその対処法		

　ソーシャルワークにおいて，精神分析理論の応用が果たす役割は，「思考と感情の自覚」「個人の自我の強さと防衛機制のアセスメント」である，とマーティンは言う。特にクライエントが危機的な状況にあり，そこに介入する際に，クライエントのサポートに有効であるといわれている（Martin 2010：44）。

5　問題理解に必要な固有の情報
──医療・健康・精神衛生・認知力・経済状況・学力等──

　何度も述べてきたように，本書で取り上げる統合的・多面的アセスメントは，特定の対象クライエントや問題にのみ焦点を絞ったものではなく，広範なクライエント・家族を理解するために，必要不可欠な基本的な理解を深めていくためのものである。そのため，本書で紹介する情報だけでは，クライエントのすべての領域のアセスメントをすることができない。実践領域に固有の特定領域に関しては，さらにアセスメントが必要になる。さらに，領域固有のアセスメントや援助法選択は，所属機関やクライエントの問題に関連する制度などの影響も受ける。そこで，みなさんが，ご自身の実践領域固有のアセスメントツール，援助方法選択に影響を及ぼす法制度，既存のサービス，協力を依頼できる関係機関等の整理に使えるチェックリスト（表7-1）を作成してみたので，参考にし，ご活用いただければ幸いである。

185

第Ⅱ部　統合的・多面的アセスメントで得られるクライエント情報

6　本章のまとめ

　本章では，統合的・多面的アセスメントのための情報枠組みの中の最初の4項目「(1) クライエントの問題意識」「(2) 主訴」「(3) 問題の具体的な特性」「(4) クライエントの問題の捉え方」とともに論じてきた。

　これらの情報はアセスメント面接の早い段階でクライエントから聞かせてもらうものであるため，特にワーカーがクライエントに対してどのような姿勢で臨むか，どれだけ関係性を作ることができるかによって，その後のアセスメント面接の方向性が大きく変化することを心に留めておく必要があるだろう。また本章の統合的・多面的アセスメントではカバーできない「(6) クライエントの問題理解に必要な固有の情報」に関して，その概略を説明するとともに，様々な実践領域で必要な固有のアセスメント情報や関連する法制度，既存のサービス，支援の協力を受けられる関係者，固有の領域で遭遇する可能性のある問題やジレンマ等を整理するチェックリストも紹介したので，ご活用いただきたい。

　注
(1)　最初の面接会話は，第4章で紹介したものである。これは前述したように，対人援助職トレーナーとして全国各地で研修や講演を実施している元医療ワーカーの奥川幸子さんと筆者が一緒に監修した『面接への招待』(VHS版〔2003年〕，DVD版〔2007年〕) でのクライエントの電話での最初のやり取りの部分である。
(2)　人間性心理学 (humanistic psychology) 学派に分類される。
(3)　各段階の日本語訳はゴーブル (1972) に準じた。
(4)　この訳は，Werner (1986：92-93) を筆者が修正，簡略化，加筆したものである。
(5)　シェルドン (Sheldon 1995) による解説をペインが自著で紹介したものである。

<table>
<tr><td>第8章</td><td>クライエント自身の特性を知る
——ライフサイクル・人間関係・環境・
ストレングス・価値観</td></tr>
</table>

本章の目的理解につながる質問

① あなたは，クライエントがどのような人生を歩んできたのか理解していますか。

② クライエントはどのような人生周期の中にいるのでしょうか（児童期・青年期・壮年期・老年期等）。

③ クライエントの，家族・親戚・友人・その他の人々に対する関わり方の特徴を理解していますか。

④ これまでの実践でクライエントの強さをよりよく引き出せ，それを活かせたことはありますか。

⑤ クライエントが何を大切にしているか，どこに価値を置いているかわかりますか。

---

1 クライエントの「歴史」を知る意義
—— 「歴史」は現状の把握を助ける ——

なぜクライエントの生きてきた歴史を知る必要があるのだろうか。この問いに，「今，自分が担当しているクライエントにとって大切なことは，サービス受給についての判断であり，これまでの人生でどのような生き方をしてきたかを知ることは必要ではない」。また，「昔のことを聞いてもどうしようもない。大切なのは今の問題をどうするかだ。変えることのできない過去にこだわる必要などない」と答える人がいるかもしれない。

しかしサービス受給が主要目的だとしても，ソーシャルワーカーは，提供したサービスがクライエントにとって「最適なものか」「長期的に真に役立つものか」を予測できなければならないはずだ。そう考えると，クライエントの人

第Ⅱ部　総合的・多面的アセスメントで得られるクライエントの情報

生やそこで作り上げてきた人間関係，彼らの強さや長所，価値観や人生のゴールの理解が重要なのは明らかであろう。クライエントが「どのように生きてきたのか」を適切なタイミングや状況を捉えて尋ね，「その人をより深く理解」できると，「どうしてこの人は，このような考え方をするのだろう」「この部分では，どうしてそんなにこだわるのだろう」「どんな援助が一番合っているのか」「提供する援助を，どう用いていくのだろうか」などの疑問に対する答えも見つかってくる。このようなことをご理解いただくために，少々長いのだが，事例 8 - 1 を読んでいただきたい。

事例 8 - 1　86歳でこんなに楽しい人生があるなんて

　今年86歳になる川田さん（女性）は，2 年前に夫を亡くし一人暮らしである。夫は 3 年間の闘病の末亡くなった。その間，川田さんは寝る間も惜しんで夫の介護に励んだ。彼女は，裕福な実業家のお嬢さんとして生を受け，若い頃はお茶・お花・日本舞踊と様々なお稽古事をして暮らしていた。しかし，20歳の時に父親は急死し，その後事業もうまくいかなくなり，当時たまたま来たお見合いの話を受けて，材木商を営む夫と結婚した。夫の実家は川田さんの実家のように裕福ではなく，家族全員が家業を手伝い何とか成り立っていた。お嬢さん暮らしに慣れていた川田さんにとって新しい生活は苦労も多く，人気の無い所で泣いたことも多かった。舅，姑，夫の姉妹とともに生活をし，「私はお手伝いさんなんだな」と思うこともしばしばあった。子どもの妊娠中も，慣れない力仕事を手伝い続けていた。66年の歳月が流れ，舅・姑・夫の葬儀，夫の姉妹の結婚準備などを，すべてを 1 人でこなせるようになっていた。しかし，ここ 1 年程，急激に体力の衰えを感じていた矢先に転倒し，入院，リハビリテーションを経て自宅に戻ったが，要支援 2 となり，予防計画作成となった。

　リハビリテーションも兼ねて，デイサービスに行くことが話し合われた。デイサービスの利用を勧めると川田さんは，「デイサービスって，大人の幼稚園みたいな所でしょ。私は，そんな所に行きたくないわ。カラオケしたり，体操したり，なんてもう嫌。今までずっと，夫の家族の顔色を窺って暮らしてきたの。もう，他の人と好きでもないことをするのなんてこりごり」と話した。担当の地域包括支援センターのワーカーは，川田さんのこの発言から，彼女の生活史を理解する必要を感じた。そこで，「川田さんは，ご主人のご家族のために気遣いながら暮らしてこられたのですね。ご結婚前からそのように，他の方々に気配りをする生活だったのでしょうか」と尋ねた。すると，この質問に川田さんは「いいえ，全然違うの。私は結

婚前まではお嬢さんで，お手伝いさんがすべてのことをしてくれていたの」と生き生きとした表情で，自分の若かった頃のことを語り出した。その結果わかったのが，前述したようなお稽古三昧の生活がとても楽しく，それぞれでかなりの腕前になっていたという事実であった。このことを聞いたワーカーは「川田さんは多趣味でいらっしゃったんですね。それらをまたやってみたいですか」と尋ねた。「もちろんよ，でもお金もかかるし，もう力も落ちているしね……」という回答だった。

　ワーカーは川田さんのこれまでの人生を知ることで彼女の強さ，そして，大切にしていること（価値観）を理解し，何とかニーズに対応できる場所はないかを探しはじめた。様々な施設をあたったところ，師範ではないがお茶や生け花を指導してくれる職員のいる小規模多機能型の施設を見つけ，早速，川田さんにそのことを伝えた。最初は渋っていた川田さんだが，ワーカーが自分のことを理解してくれ，その上で見つけてきてくれた場所だということで，「しょうがないわね。あなたが探してきてくれた所なら。まあ，一度ぐらいは見ても良いかしら」と言って見学に行くことにした。

　見学の日，早速，生け花をする機会があり，それを試してみた川田さんは「あれれ，昔取った杵柄かな？　手が覚えているわ」と言って，とても楽しそうに花を生けはじめた。指導役の職員は「川田さん，やはりすごいですね。何十年も生け花から離れていたとは到底思えません。何流だったのですか？」と尋ね，２人の話は弾んでいた。

　帰り道，川田さんは「あそこなら行っても良いかも。でも嫌になったらやめても良いんでしょ」とワーカーに聞いた。「もちろんですよ。川田さんの人生ですよ。私は，川田さんの毎日の生活に良いことを見つけてサポートするためにいるのですから，いつでも，お嫌になったらおっしゃって下さい」と伝えた。その後，川田さんは楽しくそこに通い続け，表情も生き生きしてきた。さらに自分から外出することも増えてきた。

　そんなある日，川田さんはワーカーに次のようなことを語りはじめた。「私ね，今，本当に毎日が楽しいの。主人が亡くなった後，介護が無くなって楽になったとは思ったけれど，考えてみれば，もう何もすることが無いように思えて，人生終わりかな，って思ってたの。だから転倒で入院した時も，もう，このままあの世に行きたい，といつも思ってた。自分の人生は何だったんだろう，とベッドの中でいつも考えてた。でも，あなたが私の若い頃の話を聞いてくれた時，一瞬楽しかったの。そして私にも楽しい時代があったんだな，と思えたの。また生け花やお茶ができる所を見つけてくれて，そこで私友達までできたの。86歳になって人生がこんなに楽しくなるなんて夢にも思ってなかった。本当にありがとう」。

第Ⅱ部　総合的・多面的アセスメントで得られるクライエントの情報

　事例8-1は，クライエントがどのような人生を送ってきたかを理解し，それを援助計画に活かすことで，クライエントの人生が大きく変化したものである。このようにクライエント特性を理解することは，「最適な援助」につながっていく。これらを十分に理解することなく「これが最適な援助だ」と胸を張って言う事は難しいことはご理解いただけるだろう。クライエントの特性を理解することの意味，その役割を事例も用いて解説していきたい。また少し難解な部分もあるとは思うが，アセスメントに役立つ理論として，エリクソンのライフサイクル，ボウルヴィの愛着理論，強さ（ストレングス）に着目した考え方等も紹介していきたい。

2　ライフサイクルにおける現在地
—— 人生の中で「今」はどのような段階にいるのか ——

　「アイデンティティ」や「人生はその年齢に従って一定の共通した発達課題がありその発達課題を乗り越えていくことで次の段階に進むことができる」という「ライフサイクル（人生周期）」という言葉は，精神分析に源を持つエリクソン（Erikson）によるものである。多くの心理学者が発達段階を成人期までしか論じなかった時代に，エリクソンは8段階のライフサイクルを提唱した。中年期，老年期をその発達段階に含め，その理論は今も多くの人によって応用されている。エリクソンの8つの発達段階とフロイトの心理性的発達段階との違いは「対人関係や社会性の方向に拡張すること」であり，「それぞれの段階の危機を克服し，肯定的な側面を獲得することによって，次の段階での危機への対処が円滑に行われると考えられる」といわれている（鈴木 2003：14-15）。

　発達と聞くと成長という言葉を想像しがちであり，そこに壮年期や老年期を含めることを不思議に思われるかもしれない。しかし「老いていくプロセス・死」を発達段階に含める考え方は「生涯発達心理学」とされ，成長と衰退の両方が考慮されている。エリクソンはそのような生涯発達の段階を理論化した貢献者であるが，異性間の恋愛や結婚をその段階に含める等，人生の多様性には適合していないこと，前の段階の「発達課題」と呼ばれる課題の達成が無ければ，次の段階に進むことができないという前提があること，などに対する批判もある（森川 2009）。

第8章 クライエント自身の特性を知る

　長寿時代を迎え，さらに自分も高齢期を経験したエリクソンは，その後この8つの段階で説明しきれない9番目の段階について論じているが，それは理論化されずに終わっている。この9番目の段階について，エリクソンは，現代社会での高齢者の経験は，それまで自分が理論化してきた8段階のように「課題の達成と失敗」（エリクソンら〔2001〕では「同調要素」と「失調要素」と訳されている）といったきれいな対立関係が成立しない段階かもしれないと述べている（エリクソンら 2001）。さらに，第9段階はそれ以前の8段階の課題の達成の成否に関係しているとしている。彼らは「例えば，老年期といっても，80歳代や90歳代になると，それまでとは異なる新たなニーズが現われ，見直しが迫られ，新たな生活上の困難が訪れる。これらの問題への的確な検討と取り組みには，新たに第9の段階を設定して，この時期特有の課題を明確化することが不可欠となる。我々は，今，80歳代後半から90歳代の老人の目をとおして，人生周期の最後の段階を見つめ，理解することを迫られている」（エリクソンら 2001：151）と記している。いくつかの課題があるものの，エリクソンの発達段階・課題は，ある年代の人々が遭遇する可能性のある課題を理論化しており有益である。もちろん，ある年齢層の人々に一定の共通点が見られるとしても「その共通点をつくりだしているものは，…（中略）…『時代背景』と呼ばれる，その人々が生きた時代もそこに影響を及ぼしている」（渡部 2013：233）ことも忘れてはならない。

　エリクソンが設定した8つの心理社会的危機は「基本的信頼対基本的不安」（乳児期），「自律性対恥・疑惑」（幼児期前半），「自主性対罪悪感」（幼児期後半），「勤勉性対劣等感」（児童期），「自我同一性対孤独感」（青年期），「親密性対孤独感」）（成人前期），「生殖性対停滞性（自己本位）」（成人後期），「統合性対絶望」（老年期）である。これらの段階とその概要は表8−1の通りである。児童領域で実践しているワーカーであれば，子どもの自律性，自主性，勤勉性といった特性が，どのようにしてできていくのかを理解するのに役立つだろう。またこの後，紹介するボウルビィの愛着理論と合わせてみていくことで，さらに子どもの発達に必要な環境を理解できるだろう。

　クライエントが第7段階に相当する時期にある40代の男性で，職業的にも他者との関係作りに関しても，順調とはいえない人生を送らざるを得なかったと

第Ⅱ部　総合的・多面的アセスメントで得られるクライエントの情報

表8-1　エリクソンによる8つの発達段階と課題の達成に失敗した場合に陥る状況

第1段階：基本的信頼対基本的不信 　生まれてすぐの人間の赤ちゃんは「無力な存在」。養育者のケアと存在なしには生きていけない。さらにその人が，いつも同じであることや，そこに継続性があることが大切になり，それにより自分の外の世界を信じることができるといわれている。この条件により達成されるのが「基本的信頼」で獲得に失敗すると，「不信」に陥る。
第2段階：自律性対恥・疑惑 　幼児期前半のこの時期は，少しずつ自分で動けるようになったり言葉を獲得したりしていく時期である。今までできなかったことができ，「自律性」を獲得することができる。自分の新たな可能性を試そうと様々な場所へと移動し，探索を行う。この時期に探索的な行動を養育者が励ましてくれることで，子どもは自分が，行動を統制することができるという「自律性」ができる。この時期に，子どもが自分自身の限界を試すチャンスが与えられず，過保護に育てられたり溺愛されたりすると，自律性の獲得に失敗し「恥や疑惑」の感覚を持つ。
第3段階：自主性対罪悪感 　幼児期後半のこの年代では，自発性の獲得をしようとする。自分のコントロールができた上で自分の要求を表現でき，自分が主体的に行動していく。親や家庭の外の世界にも関心を広げ，大人の真似をする「同一化」が始まる。さらに，集団の中で，他の子どもたちと友好的な関係作り，ルールを守った遊びや周囲との競争が起きる。自発性あるいは積極性がうまく獲得されなければ，「罪悪感」を抱くようになる。
第4段階：勤勉性対劣等感 　小学校時代に相当。何かを成し遂げたり，新しい技術や技能を習得したりする機会が与えられ，学びたい，知りたい等の好奇心や欲求を持ち，物事を注意深く探求するようになる。これが，「勤勉性」の感覚に結びつき何かができるという「有能感」を持つ。課題達成に失敗すると「自分はできない」等の「劣等感」に悩む。
第5段階：自我同一性対自我同一性拡散 　青年期の課題は「同一性」の獲得である。それが達成できない場合は「同一性拡散」をするといわれる。身体的特徴の変化に伴い，思考も大人へと変化していくこの時期には，様々な悩みを抱えると同時に，期待や希望を将来に向けて持てるようにもなる（「時間的展望」と呼ばれている）。時間的展望ができると自分を信じることができ，「自己確信」できる。この時期の課題となる「同一性の獲得」とは，社会の中でどのような役割を担っていけばいいのか，「自分が何者か」を認識することである。この発達課題をうまく達成できないと自我同一性拡散が起きる（吉田2001：125-126）。
第6段階：親密性対孤立 　成人前期はある特定の人と深い親密な関係性を築く（結婚などを通じて）ことが課題となる。それに失敗すれば孤立してしまうと言われる。
第7段階：生殖性対停滞性 　成人後期（壮年期とも呼ばれる）は，家庭を築き子どものいる人であれば，社会での役割もある程度安定した時期となり，それなりの自信が生み出されて来る。課題は，社会での役割をしっかりと獲得し，自分を成熟させ，続く若い世代を育てようとすることで，これが広い意味での「生殖性」である。課題達成に失敗すると「停滞性（自己本位）」の状況に陥る。
第8段階：統合性対絶望 　過去を振り返り，それが「受け入れられるもの」かどうかを評価する時期である。うまく達成できれば「自我統合」と呼ばれる課題を達成し，統合課題に失敗すると「絶望」という状況に陥るといわれる。

出所：エリクソンら（2001）・庄司ら編（2001）を基に筆者作成。

仮定してみよう。彼が順調な人生を歩むことができていれば，社会的な地位も得られ「自信」もできるライフサイクルにいるはずである。社会的に地位を得て家族も持って，という同年代の人たちと自分を比較すれば自信を失ってしまう可能性もある。ワーカーがこの点を理解して，そのクライエントと面接した時に，彼が「人生に意味を見出せない」「自分の問題を解決することに積極的になれない」と語っても，その意味が理解でき，その理解を基にした援助ができるはずである。事例8−1の場合は，まさにそのような理解に基づいた援助が良い結果をもたらしたといえるだろう。高齢のクライエントは，エリクソンの発達段階でいえば，第8段階に相当する高齢期にあり，家族，健康などをどんどんと喪失していき，自分の人生を振り返って「つらかった」「一体どのような意味があったのだろうか」と考えたかもしれない。しかし，人生の最終段階に自分の人生のあり方を受け入れる経験ができたといえるかもしれない。クライエントの生きてきた歴史を深く理解することは，その人が，今，目の前にある問題とどのように関わっていくのかという，第9章で解説する問題対処の方法の選択とも大きく関連しているので，第9章をお読みになる際に，また思い出していただきたい。

3　クライエントを取り巻く人間関係
──家族・友人を含む他者との関係性──

　人が家族・友人を含めた他人と作り上げる関係は，個人の成長・発達段階における他者との関わりから得た経験によって，左右されることは容易に想像できるだろう。人間関係は一方通行ではないので，他者との関わりに「その個人」がどう反応するかによっても変化する。前述したエリクソンの発達課題からわかるように，小さい頃には，主に家族，あるいは主たる養育者が子どもに安心感や安全感を持たせられる「基地のような存在」であることが大切である。子どもが外の世界を信じることができ，他人は「自分に危害を加える存在ではない」と思えることによって，子どもたちは他人と良い関係を築くことができる。

　自己コントロールができた上で主体的に動けるという発達課題を達成し，その後に有能感や期待，希望を持てるようになっている人は，他者から見ても安

第Ⅱ部　総合的・多面的アセスメントで得られるクライエントの情報

定した人間であると認められる。そしてお互いに助けたり助けられたり，という相互依存関係を作ることができるようになるはずである。「他者との関わりをどう作り上げてきたか」は問題に直面したクライエントにとっては，その後の「問題対処時に他者に必要なサポートを求めることができるか」を決定する重要な要因である。第9章で取り上げるストレスコーピング理論やソーシャルサポート理論で，このサポーターの存在と彼らが果たす役割により深く言及することにして，ここからは特に児童を対象にした領域で働くワーカーに必要な愛着理論に焦点を絞り，子どもと養育者との間の関係がどのようにでき上がり，それがどのような働きをするのかを見ていきたい。

（1）ボウルビィの愛着理論

　エリクソンの理論と同様に精神分析理論から発達したのが，ボウルビィによる有名な「愛着理論」である(1)（Milner 2015）。愛着理論は英語で "attachment" とも表現される。ミルナーによると，その骨子は「子ども時代の喪失経験が，その後の人生での喪失に対する反応の仕方に関係している」ことである。ボウルビィの理論では，幼児期での養育者（主に母親）との関係性の持ち方が，将来に人と関わる際に影響を及ぼすという。もちろんこの人間理解が100％正しい訳でもなく，幼児期に不幸な親子関係を持ちながらも，その後大人になって他者と適切な関係を持つことができる場合があることも研究で証明されており，ソーシャルワークに携わる際は，このことも理解しておかなければならない。

　ボウルビィによれば「人には生まれながらにして，その人が生き抜くために，大切な第三者に対する愛着関係を持つ必要性を含んで」おり（Milner 2015：112），私たちが作り上げる「他者との関係性」とは，それ以前にあったものの上に作られ，ボウルビィが内的作業モデル（internal working model）と呼んだモデルの基礎になっている。これは他者との関係性の中で「他者に関してどのような考え方を持つか」「どのように反応するか」を特徴づけるものである。

　また，愛着を示せるような関係性において，新しい情報の解釈として役立ち，その人の行動に影響を与える。愛着関係のパターンは継続するだけでなく，自らそのパターンを続けていくといわれている。例えば，安定した愛着関係を持つことができる子どもは，より幸福で，その子どもの養育をすることに関して，

194

第8章 クライエント自身の特性を知る

養育者もより楽しみを持つことができる。一方，不安を抱えている子どもは，
何かにしがみついたり気分が安定しなかったりするため，人との関わりを避け
ることもある。そのような子どもは，他の子どもをいじめる可能性も出てくる
といわれる（Milner 2015：112）。

　ボウルビィによる「アタッチメント」の定義を少々長いが正確を期して遠藤
に従って述べると，ボウルビィは「アタッチメントを，危機的な状況に際して，
あるいは潜在的な危機に備えて，特定の対象との近接を求め，またこれを維持
しようとする個体（人間やその他の動物）の傾性であるとし，この近接関係の確
立・維持を通して，自らが"安全であるという感覚（felt security）"を確保し
ようとするところに，多くの生物個体の本性があるのだと考えている」（遠藤
2005：1）「恐れや不安が発動されている状態において，自分が誰かから一貫し
て保護してもらえると言う事に対する信頼感（confidence in protection）こそが，
アタッチメントの本質的要件であり，それが人間の頑丈な心身発達を支える核
になるのだ」（遠藤 2005：2）と述べている[(2)]。

　この定義を具体的に考えてみたい。ここに2人のクライエントで若い男性
（坂本さんと森田さん）がいると仮定しよう。両者とも妻が現在急性の重い病気
で入院するという辛い経験をし，この危機的な状況で不安を抱え，今後どうな
っていくのかに関して恐怖心も持っている。しかし，このような状況で2人の
反応は少し異なった。

　ワーカーが今後のことに関して話し合いを持った際，坂本さんはすでに自分
の家族，友人，同僚などに今回のことを話すことができており，それぞれが自
分に対して共感を示してくれたことで一定の安定を得たこと，そして，今後の
妻の病変に関しても，どんな治療があるかに関して，情報を集めてくれている
こと，それによって，辛い中でも何とか希望を持てていることをワーカーに語
り，ワーカーに対して積極的に「自分がしてほしいこと」やその実現の可能性
を尋ねた。一方，森田さんは，面接の際のワーカーに対する態度は固く，あま
り多くの話をしようとしなかった。

　少々極端な2例を出したが，坂本さんはこれまでに作り上げた適切なアタッ
チメントを基に危機的な状況下でも他者の支援を求め，それによって安心感を
得ているのだろうと推測できる。面接の際に，クライエントの乳幼児期の他者

195

第Ⅱ部　総合的・多面的アセスメントで得られるクライエントの情報

との関係性の形成にまで戻って情報を得る時間は無かったかもしれないが，ワーカーへの接し方等から，他者との関係の作り方を類推できたであろう。ワーカーは他者との関係をうまく作ることができないクライエントを一般通念から「社交性がない」「消極的だ」などと即断することなくその背景を類推できる理論を応用し，クライエント理解を深めることが大切である。

　アタッチメント理論は，サルなどの動物を用いた研究の結果を基にしており，特にハーロウが行ったアカゲザルの乳児に対する研究が有名である（Harlow 1958）。アタッチメントが適切に形成されなかった場合の問題が数々指摘されているが，遠藤は，主に動物実験から得られた結果を人間にそのまま応用することが「短絡的かつ危険なこと」（遠藤 2005：9）であることも指摘し，人間の場合にはその発達の特徴として，可塑性・弾力性がある」と述べている。その上で，「重篤な発達遅滞や病理につながるのは，単に特定対象との間にアタッチメント関係が築けなかったことのみならず，環境刺激の著しい不足など，複数の要因が複合的に交絡した場合であるという指摘もある」（遠藤 2005：9）ことを強調している。この点に関しては，次項のストレングスの議論で取り上げる「レジリエンス」という考え方と合わせて理解してほしい。

　愛着理論は「どのような養育がポジティブなものか」ということに対する情報を提供してくれ，そのため安全確保や予防的なサービスにこの理論が応用できる。また，決して「愛着に問題を抱えて成長したすべての親」に見られる訳ではないが，養育者との愛着を，他の人から愛情や関心を得ることで補うことができなかった場合には，後に暴力や虐待の加害者となる可能性も指摘されている。この愛着パターンが「高齢者の虐待にも関係している」という指摘は，実際に現場でも認識されている。そのため老親と成人した子どもの理解，支援策作りに必要不可欠な知識基盤となるだろう。愛着パターンは高齢者虐待の予測要因でもあり，これらはクライエントの子ども時代の愛着経験の少なさと，年老いた両親と，彼らの子どもが作り出した関係性の乏しさに関連があるといわれている（Cicirelli 1991：115）。

　このように愛着理論は，ソーシャルワークに応用できる点を数々持っているものの，理論応用にあたっても，私たちが忘れてならないのは，乳幼児期に安定した養育環境を持てなかった人を簡単に「問題あり」と決めつけず，そのよ

196

第8章　クライエント自身の特性を知る

うな環境の中で，彼らがどのように他者と関係を持ってきたのか，どのような
資源を持っていたのかに関する理解を深めることに用いることである。

（2）強さ（ストレングス）と長所

　なぜアセスメントでクライエントの「強さ」に着目する必要があるのだろう
か。長い間，援助職者はクライエントの「問題」に焦点を絞り，問題解決の際
にも「クライエントの強さ・長所」に関心を払ってこなかったといわれている。
しかし，近年この考え方に変化が起こり，クライエントの強さ・長所に焦点を
絞り，それを活かしてクライエント自らが「何をどのように変化させるのか」
を決定するプロセスを重視している。これが，ストレングス視点（Strengths-
based approach）である。

　ストレングスに着目した考え方の柱の一つは「クライエント自身を尊重し，
サービスやワーカーに依存するのを避ける」ことである。「ニーズはサービス
提供者の観点から見るのではなく，サービス利用者の観点から見る。彼らが持
っているニーズや，可能な解決策に関する知識を尊重する」（Milner et al.
2015：158）。この姿勢は本書が提唱する統合的・多面的アセスメントの柱でも
ある。

　しかし，ワーカーがアセスメント面接の際，「このクライエントはどの福祉
サービスを使うことができるだろうか。どれと結びつければ良いのだろうか」
「どうすればこの問題を解決できるのか」ばかりを考えていると，クライエン
トの強さ・長所やクライエント自身の物事の捉え方が見えにくくなる。そうな
ると，たとえクライエントの会話の中にクライエント自身の強さを見つけ出せ
る機会が来ても，それに気づくことがないだろう。すると，クライエントの
「語り」の重要な部分は意味を失い，クライエントの強さをその後の問題解
決・軽減に活かすことができないはずである。

　しかしワーカーがこの「ストレングスに基づいたアプローチ」の真の意味が
理解できていれば，サービスに依存しすぎることなく（サービスはクライエント
が主体的に選択し，自分が必要だと認めて使用する一つの資源と捉える）クライエン
ト自身が最善の問題解決法をワーカーに教えてくれると考えられる。ここで付
け加えておきたいのは，このストレングスモデルを「サービス依存をせず自立

197

第Ⅱ部　総合的・多面的アセスメントで得られるクライエントの情報

することを促す」と称して，ワーカー主導でサービス利用を減らすように持っていくこととは，「天と地の差がある」ということである。ストレングスモデルの提唱者たちは，徹底してクライエントの主体性を尊重した「クライエントとのやりとり」を強調していることを忘れてはならないだろう。

事例 8-2　クライエントの強さに関心を払えなかったワーカー

「経済虐待につながるかもしれない」と関係者が心配した要介護の上野さん（76歳・女性）は，一人暮らしである。生活保護を受けて生活している。認知症状は無し。買物などが困難で，近くに住む一人娘が買い物をしてくれている。そのため，貯金通帳を娘が預かっている。ここしばらく，その通帳から引き落とされることになっている公共料金が，残高不足のため払えないことが起きた。上野さんは早くに夫を亡くしていたが，まじめに働き続け，一人娘を短大にまで行かせた。加えて社交的な人でもあり，支援してくれる知人も数多く持っている。これまでそのような窮状に陥った時は，その人たちがサポートしてくれ，大きな問題にはならずに済んでいる。しかし現状を問題視した専門職たちが，娘から貯金通帳を返してもらうべきであることを伝えるために，数人で上野さんの下を訪れた。その時にワーカーと上野さんの間で展開された会話は，次のようなものであった。

　ワーカー：上野さん，娘さんが預金通帳を預かっているんですってね。返してもらわないと，上野さんが生活に困ってしまうんだけれど，娘さんに連絡ができるかしら。

　上　　野：娘は，明後日，私の所に来る予定になっています。娘も忙しいんです。あの子は2人の小さな子どもを抱えて，一生懸命子育てをしているんです。父親が早くに亡くなったので，私が女手一つで，あの子を育ててきました。私は食堂の洗い場で働いていたのですが，あの子は学校から直接その食堂に来て，いつも食堂の机で宿題をしていました。でも頑張って短大まで出て栄養士の免許まで取ったんですよ。だから，今でも私に栄養のあるものを食べなさいと言って，食事を作って持ってきてくれたりするんですよ。

　ワーカー：そうでしたか。明後日だったら遅すぎるかもしれません。何とか，もう少し早くお嬢さんに来てもらうようにできませんかね。

さて事例 8-2 を読んで皆さんはどう感じられただろうか。もちろん上野さんのお嬢さんは，経済的虐待をしているかもしれないので，そのことを明らかにしていく必要はある。しかし，アセスメント面接で上野さんが一生懸命ワー

198

第8章　クライエント自身の特性を知る

カーに語った強さが，ワーカーには無視されてしまったようだ。上野さんの強さやがんばりに対する評価やフィードバックが全く無いまま，ワーカーは事務的に要求のみを述べている。もちろん危機的な状況の場合には，このような対応も必要なことはある。

　しかし事例 8 - 2 では，まだ上野さんの状況はそのような危機的なものでは無いし，今後どのような暮らし方をして生きるのかを考えるにあたって，上野さんや娘の力をしっかりとアセスメントする必要があるはずだ。アセスメント面接には，情報収集という目的はある。しかしその目的は，クライエントの語りの文脈に沿いながら，クライエントが持つ価値観や強さを見つけ出すことによって達成できるはずだ。クライエントの話に耳を傾けしっかり聞くこと，そして自分が聞いたことをクライエントにフィードバックすること，数多くの情報を聞き取りながら，それを支援に結びつけるような使い方をすることなどが，重要なことである。

　ストレングスモデルを応用することが難しい職場で働くワーカー達もいるかもしれない。しかしストレングスモデルを取り入れた統合的・多面的アセスメントでは，必ず「クライエントの強さ・長所は何か」に関する情報を収集しようとする。人は誰しもできることなら自分の人生の主役となり，人生の主導権を得たいはずである。しかし自分自身が問題を抱えてワーカーの所にやって来た時には，そのような人生の主導権を支援の提供者であるワーカーに「全面的に委ねてしまった」と考えてしまうことも多い。クライエントがそのような思いをしないためにも，アセスメント面接では，クライエントの強さ・長所をしっかりと見つけ，フィードバックし，クライエントの問題解決に活かしていくことが大切になる。自分自身のやり方に合った方法であればクライエントが，自分の問題解決に積極的に取り組む可能性は高くなる。つまり問題に積極的に関わる可能性が高くなるのである。

　ここでクライエントはどれほど「自分の強さ・強みをワーカーに理解してもらいたい」と思っているかを示す事例 8 - 3 を紹介する。クライエントは高齢者であり，加齢に伴う心身機能の衰えによって一昔前の自分とは全く異なる「人の助けを借りなければならない存在」になった自分を辛く思っていた。事例を読んで，クライエントがワーカーに何を理解してほしいと考えているのか，

199

第Ⅱ部　総合的・多面的アセスメントで得られるクライエントの情報

また，ワーカーの応答で何が起こったのか，を考えてほしい。

事例8‐3　「君，僕の教え子の写真を見ますか？」

　昔，大学教授をしていた一人暮らしの男性の井上さんが，自分の孫のような年齢のワーカーとの初回面接で，ワーカーが自宅訪問してくるといきなり，次のように切り出した。

　　　井上さん：ほー，君は若いね。いくつぐらいだろう。きっと僕の大学での教え子より少し年上ぐらいなのかな？

　　　ワーカー：そうなんですか。井上さんは大学の先生をしておいでだったのですね。私は井上さんには教え子のように見えるのでしょうね。私に井上さんの担当ができるかとご不安ですか？

　　　井上さん：いやいや，そんなことは思わないよ。学生さんにもしっかりとした人がたくさんいたからね。君もきっとしっかりとした人なのでしょうね。ちょっと僕の教え子の写真を見ますか？

　ワーカーは，井上さんと少し時間をとって彼のことを知る必要があると感じた。特に，これから井上さんの強みを教えてもらい，それを最大限に活かした支援をしなければならないと感じたためである。そこで，

　　　ワーカー：はい，喜んで。井上さんがどんな科目を教えていらっしゃったのか，そこでのご経験なども聞かせていただきたいです。今日は井上さんのことを色々教えていただいて，その上で今後の計画をしようと考えてまいりましたので。

　　　井上さん：そうですか。（表情が緩み）君は中々聡明な方ですね。では，私のことを少し話しますかね。あと，あなたも私に質問しなければならないことがあるんでしょう。また，時間の制限もあるだろうから，それを教えて下さい。私は年をとって体は言うことを聞かなくなりましたが，仕事を持つ厳しさはわかっているつもりですから。

　その後，井上さんはワーカーが示した時間を守り，自分の話をしながらも，ワーカーが用意した質問事項に丁寧に答え，今後の相談を始めたのであった。

　この事例は，加齢で心身機能が落ち，華々しい過去があったにもかかわらず，他者に見せたくない「最も弱い自分の姿」を見せなければならない高齢者の面接場面である。しかし，高齢者のみならず，若い人であっても状況は似ているだろう。何度も述べるが，アセスメント面接は単にクライエントから情報を得ることだけが目的ではなく，そのプロセスを通して，クライエントが自らの力

200

第8章 クライエント自身の特性を知る

を再認識し，自らも支援の協働作業者としてプロセスを経験し，その結果，たとえすべての問題が解決するわけでなくとも，今後に希望を見出せることが必要なのである。渡部（2013：159）は，ワーカーにとって必要なことは「クライエントの持っている力を見つけ出し，クライエントが自分を何よりも有効な資源と認識できるような援助」であると述べている。

　クライエントのストレングス（強さ）に着目する考え方も一つだけではない。表8-2はミルナーがストレングス（strength）に着目した3つのモデルの特徴を筆者が要約し，表にまとめ直したものである。この3つは，モデルの名前はそれぞれ異なるものの，クライエント支援の際に着目しているのが「クライエントが持っている強さ（strength）を見つけ出し，それらを支援に用いていくこと」である。それぞれのモデルに関して，以下，補足的な説明をしてみたい。

　1つ目の「レジリエンスモデル」は，人間が持つ「思考」に重きを置いている点において，認知理論と共通する面がある。このモデルにおいてクライエントの持つ力を見出す（あるいは潜在的な力を発見し，それをさらに高められるようにワーカーが支援する）ためには，まずアセスメント面接などのクライエントとのやり取りの中で，ワーカーは「問題探し」や「一方的な解決法を提示」しようという考え方をやめる必要がある。これは本書における統合的・多面的アセスメントを基にした面接でも共通する考え方であり，重要なことである。事例8-1では，そのようなクライエントの強さを見つけ出し，それをクライエントにフィードバックし，実際に支援に活かしていくプロセスが見られる。

　2つ目の「ナラティブモデル」は，表8-2にもあるように，他のアプローチと比べると政治的・文化的・社会的な色合いが濃いといわれている。ナラティブモデルを使ったアセスメントでは，ある社会や文化がいつの間にか信じ込んでしまっているような出来事の解釈を正すことから始まる。この「いつの間にか」信じ込んでしまっている考え方の例としては「貧困は当事者が怠けているからだ」「病気になるのは当事者の努力が足りないからだ」などがあるだろう。クライエントがこのような考えに陥ってしまわないように，アセスメントの際にも「問題の脱構築化」が重要視されている。ナラティブモデルの特徴である問題と人の切り離しは，本書で取り上げている統合的・多面的アセスメントでも考慮している点ではあるが，ナラティブ・アプローチほど徹底したやり

第Ⅱ部　総合的・多面的アセスメントで得られるクライエントの情報

表8-2　ストレングスに着目した3つのモデルの特徴

モデル名	ポイント
レジリエンスモデル	アンダーソン（Anderson 2013）の言葉を引用し「レジリエンスは逆境にあって，それにうまく適応していく力と定義されている」（Milner et al. 2015：159）。レジリエンスが着目されるきっかけはビクター・フランクルが強制収容所での経験を基に，そのような逆境の中でも生き延びることができた人は，ひどい状況が終わった時にどのような楽しいことがあるのかを思い描き続けることができる「強い決意」（同書：159）である。フランクルは困難や喪失がどれだけ辛いものであっても，態度や対応の選択は，本人の「自由」であることを強調し，逆境にあっても「決定」「選択」の自由だけはまだ本人の手の中にあり，その決定により逆境を生き延びることも可能であるとした。このような考え方をもとにレジリエンス・アプローチでは，レジリエンスのスキルを「学習可能」なものとして，14の獲得スキルを挙げている。【例：①情緒・感情に気づき，コントロールする力，②曖昧さにも耐えうる衝動コントロール，⑧家族・友人・教師などのサポートネットワークを持つこと（先行研究：たった一人でも自分をしっかりと支えてくれる大人がいれば，それが子どものレジリエンスの源になっていることが明らか＝Gilligan 2002；2007の研究）】
ナラティブモデル	他のストレングス・アプローチと比べるとより「政治的，文化的，社会的」（同書：162）人生の物語には曖昧さや矛盾が必ずあり，そのすべての結果に対応できるようなたったひとつの物語はない，という立場をとる。そのため，この曖昧さなどをどう意味づけるかの資源を提供してくれる。ある行動に対してドミナント（支配的）な，文化的な物語があるが，クライエントがそれを信じてしまう。また，ワーカーなどの専門家が，無意識に「疑いようのないもの」として存在する考え方を見直すことになる。人が受け入れてしまっている問題やその意味づけを変えていく必要がある，という立場をとる。「ナラティブ・アセスメントでは，まず問題を脱構築する」（同書：162）と言われ，そこでは，問題と人の切り離しが行われる。「ナラティブ・アセスメントでは，それゆえにクリティカルな自己モニタリングと継続的な他者からのチェックが必要である」（同書：162）といわれている。
解決思考モデル	理論の中核は，「実践家は，サービス利用者が自分自身でできる問題解決法を発見する能力があると揺るがない信念を持っている」（同書：162）ことである。問題がサービス利用者の内的な部分にあるのではなく「問題が問題」，「できないことを見つけることを基本にしない」，「サービス利用者が現在持っているレパートリーに解決の種を見つける」（同書：162），「（サービス利用者がワーカーとの出会いの場に持ってきてくれたことを）どのようなときには問題がなかったか，そして，問題の無い将来を想像すること，に焦点を当てて注意深く傾聴し，そこに見出されたこと（すでに利用者ができている，彼らの行動のレパートリーの中にある事柄）を使っていこうとする。（その際，サービス利用者から教えてもらうことは）その問題の無い状況では今と何が違うのか，またそれはすでに始まっているのか，は非常に詳細な詳述である」（同書：164）

注：De Shazer の哲学は，Milton Erikson（1959）の心理療法の考えを大部分でベースにし，Derrida（1973）と Wittgenstein（1980）の言語と意味の理論を基本にしてできている。
出所：Milner et al.（2015：159-164）を基に筆者作成。

方を取ろうとしているものでもない。

　3つ目の「解決志向モデル」が強調する「クライエント自身が問題解決を発見する力がある」という考え方も，統合的・多面的アセスメントで重視しているものである。そのため，アセスメント面接の際にもクライエントの生活史を通して，そこで養われた考え方や価値観に適した問題解決の仕方を見つけていこうと意図している。解決志向モデル自体は，ブリーフ・セラピーと呼ばれる期間限定短期療法としてできたモデルで詳細なアセスメント質問項目も用意されている。利用者の持っている力，資源など既にあるもの（レパートリー）を活用していこうとする立場を貫き，そのためには綿密なやり取りをする。

　ここで紹介してきた3つのモデルは，それぞれがモデル固有のアセスメント質問や支援の進め方があるものの，クライエントのストレングスに焦点を絞ってアセスメント面接を実施し，そのストレングスを用いて最善の援助法を見つけていくという考え方は，本書の統合的・多面的アセスメントと共通点がある。ワーカーがクライエントの持つストレングスを見つけ，それを支援に組み込むことで，クライエントの福利の増進を目指している。ワーカーが行うことはすべて「人が持つストレングスと資源を発見しそれをさらに発展し，ゴールを達成し，夢を実現し，福祉サービスから自由になり，自らと家族の将来がより良くなる」（Milner et al. 2015：166）ことを目指している。しかし，これは単に明るい側面だけしか見ないアセスメントをすることではない（Milner et al. 2015：166）。ストレングスを基礎にしたアプローチを用いる際，ワーカーがクライエントから教えてもらうことは（尋ねることは）「過去にどのようにして，何らかの出来事で成功したのか」に関する情報であり，その情報を得ることで，今の問題解決への処方箋を導き出すことであろう。

4　クライエントが持つ価値観と人生のゴール——最終目標の共有・設定

　みなさんはアセスメント面接を通して，担当しているクライエントが「何を大切にしているのか」「どんなことだけは譲れないと考えているのか」を見つけ出しているだろうか。クライエントの価値観がどこにあるのか，人生で何をゴールにしているのか，を知ることがないままでいると，クライエントからの

第Ⅱ部　総合的・多面的アセスメントで得られるクライエントの情報

信頼感を大きく損ってしまう可能性がある。一方，クライエントが大切にしている価値観を尊重した援助ができれば，細かい部分で少々不満なことがあっても，クライエントはその援助に対して満足感を抱くことができる。事例8-4・5を読んで，そのことを考えていただきたい。

事例8-4　「仕事ができない自分など生きている意味が無い」

　大手商社で部長を務める川崎さんは，現在40代後半である。会社では出世頭と言われた有能なビジネスマンで，寝る暇も惜しんで仕事の準備をする人である。健康にも自信のあった川崎さんであったが，ある日，どうもいつもとは比べ物にならないほどの疲労を感じた。しかし大切な会議があったため，無理を押して会社に出勤した。翌日，起きてみると，体の自由が利かなかった。救急搬送された病院で脳梗塞を起こしていることがわかり，急遽入院，そして，片麻痺となった。漸く自宅に戻れることになり，退院時の話し合いで，家族はみんな「良かった。とにかくお父さんが生きていてくれて。生きていてくれるだけで私たちは幸せです。これからは，少しゆっくり休んで下さい」と口を揃えて言った。

　しかし，川崎さんはじっと押し黙ったままだった。ワーカーも家族と同様「川崎さん，良かったですね。やっと退院できますね。ご家族がおっしゃるように，これからは少しゆっくりとして下さいね」と声をかけた。すると突然川崎さんは，強い口調で「いい加減なことを言わないで下さい。私から仕事が無くなったら死んだのも同然です。誰も私の気持ちなんかわかってくれないんだ」と怒りを押し殺すように言った。自宅に戻った川崎さんは，リハビリテーションには全く興味を示さず，うつ状態になってしまった。

事例8-5　「あなたはここで一番優れたワーカーだ」

　アメリカのナーシング・ホーム（日本の老人ホームに相当する施設）でワーカーとして働く日本人の由紀子さんは，大学を卒業してから渡米したため，他のアメリカ人のワーカーに比べると英語力では劣る。しかし，由紀子さんは常にクライエントとの対話を欠かさず，それぞれのクライエントが何を大切にして生きているのかを理解することに努めていた。そのような折，日常生活の様々な領域で支援が必要であったが，自立心が高く頑張り屋で，みんなが無理だと言っていたことを達成したことも何回かあった入所者のメアリーさんは，事あるごとに「家に帰りたい。ここは悪くは無いけれど，家が一番良い」と言い続け，時折スタッフを困らせていた。その都度スタッフたちは「そんなの無理なのは，わかっているでしょう」と説得し

204

第8章 クライエント自身の特性を知る

ようとするのだが，メアリーさんは頑として「自宅に戻り自立生活を試してみたい」と言い続けていた。

さすがにその頻度が高いため，在宅生活が可能かどうかを話し合うため，施設でカンファレンスが開催された。施設のスタッフの多くは「絶対無理」という判断を下そうとしていた。しかし，メアリーさんが自分のやりたいことに挑戦すること，自立できること，可能性を試すことを大切にしており，さらに，挑戦して駄目な時はきちんとそのことを受け入れる力を持っていることを知っていた由紀子さんは，ワーカーとして，そのようなメアリーさんの特性を客観的事実とともに他のスタッフに伝えた。そして，「メアリーさんが自宅に戻り自立生活が可能かどうかを試してみることは，意味がある。メアリーさんは自分で決めたことを実行し，それが駄目ならその事実を受け入れられる人だ。たとえ駄目だとわかっても，それによって今後のこのホームでの生活にプラスの影響をもたらすと思う」という意見を述べた。由紀子さんのこの報告により，施設ではメアリーさんの「お試し在宅生活」を決定し，丁寧に在宅生活を支える準備を行った。そして，メアリーさんは嬉々として家に戻った。

しかし，現実はそう甘くはなかった。それから2カ月後，また，ホームにメアリーさんの姿があった。しかし，メアリーさんは決して打ちひしがれていなかった。むしろ，以前よりも元気だった。そして彼女は由紀子さんに対して「由紀子，あなたは，このホームで一番優れたワーカーね。『私が家に戻りたい』という思いを叶えるために，しっかりと準備をしてくれて私にそれを試させてくれた。2カ月間という短い間だったけれど，自分がやりたいと考えたことを試すチャンスをもらえたこと，それだけで私は大満足。そして，うまくはいかなかったけれど，今はもう，ここで暮らすことが一番だと言えるようになったわ。本当にありがとう」とお礼を述べたのだった。

事例8-4・5は，他の人からみると「こちらの方が良いのではないか」と考えることも，本人にとって大切なこと，本人の価値観に合っていなければ，本人にとっては満足するどころか，かえって異なる価値観を無理強いしてしまうことを示すものである。もちろん事例8-4の川崎さんは，いつかは現実を受け入れていかなければならないが，最初から無理やり他の人の価値観を押し付けることで本人に「誰にも理解されていない」という阻害感を抱かせることになっていることは明らかだろう。

205

第Ⅱ部　総合的・多面的アセスメントで得られるクライエントの情報

5　本章のまとめ

　本章では，統合的・多面的アセスメント面接で重要な情報として，クライエント自身が歩んできた人生，そのプロセスで身に付けた，人との関係の築き方，価値観，強さを理解する重要性について述べてきた。このような情報の解釈に役立つと思われる愛着理論，ストレングス・アプローチも同時に紹介してきた。精神分析理論や愛着理論といったものは，時に古い理論である，とかあまりにも心理的に偏りすぎていると考えられることもある。

　しかしながら本章で解説したように，これらの理論の中に含まれているエッセンスともいわれる考え方は，ワーカーがクライエントをより深く理解するために有益でもあると考える。何度も述べてきているように，ソーシャルワーク実践における支援はカウンセリングや心理療法とは異なり，多くの場合，クライエントに不足している資源やサービスをクライエントと結びつけることで，クライエントの福利を向上させることを目指している。この特徴が前述したような「クライエントの心理的側面の理解」を忘れがちなのかもしれない。しかし経験を積んだ優れたワーカーたちは，このような人間理解の理論を習得し，それらを柔軟に応用していることも事実である。

注
(1)　同様にエリクソンの発達段階（Erikson 1948；1977）やクラインの対象関係理論（Klein 1988）などもフロイト理論の発展した形であることを述べている。フロイトが心理性的といわれる側面に焦点を絞っていたのに比べ，彼らは社会的情緒的な関係性に焦点を絞っている所が特徴である。
(2)　Goldberg et al.（1999）を遠藤（2005）が引用したもの。

第**9**章	クライエントの問題対処力と資源を把握する

本章の目的理解につながる質問

① 困難な状況に置かれながらも，その問題の解決に「前向きだ」と感じるクライエントはいましたか。もしいれば，その人は何故そうだったのかわかりましたか。

② 最初は自分の問題と「向き合うこと」を避けていたように見えたクライエントが，援助プロセスで変化していった経験はありますか。もしあれば，その理由がわかりましたか。

③ 同じような問題に直面しながら，問題への対処の仕方は人それぞれです。それにはどのような要因が関係していると考えられますか。

④ クライエントのニーズの判断をどのようにしていますか。

　本章では「（7）クライエントの問題対処力と問題対処のための資源」「（8）問題を解決するためにクライエントが使える人的・物的資源」「（9）クライエントのニーズと今後必要な外部資源」に関する情報が統合的・多面的アセスメントで果たす役割と，それらの情報がなぜ役立つのかの理解に応用できるストレスコーピング理論，ソーシャルサポート理論について論じる。最後に本章のまとめとして，統合的・多面的アセスメントのための情報枠組みを用いてクライエント情報をどのように整理していくかを，第4章でその一部を紹介した在宅介護支援センターにおける事例を使って解説する。

1　クライエントの問題対処力の理解

（1）クライエントの判断は重要な情報
　まず，事例9-1を読んでいただきたい。

207

第Ⅱ部　総合的・多面的アセスメントで得られるクライエントの情報

事例9-1　問題状況の中でも前向きに将来を考える人

　川田さん（30歳・男性）は，家は経済的に豊かではなかったため，アルバイトを
しながら専門学校に行き，元々興味を持っていた理学療法士の仕事に就いている。
学校を卒業後，10年弱仕事をしてきた。自分が担当する患者さんたちの中には，リ
ハビリテーションを経て，入院前とはそれほど変わらない生活に戻れる人もいれば，
一方で，辛いリハビリテーションを毎日行っても，それほど回復が見込めない人も
いる。しかし，患者さんたちと話し合う中で「不思議だな」と感じることがよくあ
る。それは，患者さんたちの予後の見通しと，患者さんたちの現状の受け入れ方が
必ずしも一致していないことである。予後の見通しがそれほど明るくないにもかか
わらず，「できる限りの努力をしていきますね。あなたにもこれからお世話になり
ますが，よろしくね」と現状を前向きに捉えている人に会うと，その人から人生で
大切なことを教えてもらった気持ちになると同時に，「どうしてこの人はこんなふ
うに前向きに考えられるのだろう」と不思議に思う。

　ソーシャルワーカーとして仕事をしていれば，川田さんのような経験もして
おり，「これはなぜだろう」とすでに考えてきたかもしれない。人は「困難な
出来事」に出会った時，反応が必ずしも一様ではない。困難な出来事は「スト
レスを引き起こす出来事」[1]と言い換えることもできる。心理学的ストレスコー
ピングの研究者等は，このような個人差が生まれるのは，個人がその出来事を
どのように捉え，判断するか，さらにストレス状況に対処する（乗り切る）資
源をどれだけ持っているか等によって，その後にとる対処法（コーピング）が
異なる，と考えた（例：Lazarus & Folkman, 1984=1991；Folkman, 2011）。例えば，
ある人が今まで20年間勤め上げた会社が倒産して失業したとしよう。おそらく，
普通は「大変なことが起きた。自分はどうしたらよいのだろうか」と考えるだ
ろう。しかし，この人に十分な経済的な蓄えがあり（経済的資源），家族もこの
状況を理解してくれ「今まで随分一生懸命働いてきたのだから，ここで少しは
休憩してそれから次の仕事を探したら」と言ってくれ（家族の心理的サポート），
次の仕事につながる資格を持っていて（個人の知的資源），過去にも失業してそ
の後より良い仕事に就いたという経験があれば（過去のストレスを乗り越えた経
験），どうだろうか。この人はおそらく，最初の大変だ，という考えから「こ
の状況はきっと乗り切れる」という捉え方をし，何らかの対処の仕方を考えは
じめるだろう。

208

第9章　クライエントの問題対処力と資源を把握する

　一方，貧弱な資源しか持たない人であれば，「どうしようもできない」とこの出来事を「脅威」に感じ，立ちすくんで何もできなくなるかもしれない。以下，ラザラスとフォルクマンによる「ストレスコーピング理論」の概要を紹介し，アセスメントの際にしっかりとクライエントの対処力を理解することの意味を考えたい。統合的・多面的アセスメントのための情報枠組みの中には「クライエントは，どのように自分の問題を捉えているのか」が含まれており，これはラザラスとフォルクマンのストレスコーピング理論の「評価」や「対処」に相当する。

（2）問題に出会った時の対処行動

　私たちは，辛い出来事に出会った時，悲しい，苦しいといったような感情を抱く。そんな時理路整然と，自分の問題を分析し，この後どうしたらよいのか，という対処法を考えられる人は多くないだろう。ラザラスも，そのような現実を認識し，ストレスを引き起こすような出来事に出会った時の対処プロセスで「情緒・感情」を考慮するのは必然である，と述べている（Lazarus 1993）。配偶者の死，病気，失業，離婚，今までできていたことが突然できなくなるような障害を持つ，といった辛く苦しい出来事が起きた時，私たちはそれぞれ，その出来事に何らかの反応をする。その反応は，深い悲しみや怒り等の情緒（感情）的な表現となって表れる。前述したように，統合的・多面的アセスメントでは，「（4）クライエントの問題の捉え方」の項目で，「この問題に関してクライエントは，どのように考え（思考），感じ（感情），どんな行動をとっているのか（行動）」という3側面から問題に対する反応を捉えようとし，人の問題への反応が単純ではないことを認識している。

　後述するように，ラザラスらの理論では，問題が本人にとってどのように捉えられるかという，認知的な機能の重要性を強調しているが，そのプロセスが決して一貫して知的な営みでないことも述べている。さらに，自分が出会った出来事にどう対処するかは，「個人特性」と「環境要因」の2つの要因の関係性から生み出される，と考える。個人特性とは人が持つ資源とも言い換えられ，経済力，健康，思考力・判断力などの知的な力，性格特性などが含まれる。環境要因とはその人の周囲の人々からのサポート（ソーシャルサポート），社会，

209

第Ⅱ部　総合的・多面的アセスメントで得られるクライエントの情報

などがその人にどう関わっているか，である。

　ラザラスによると，ソーシャルサポートと呼ばれる他者からのサポートが困難な出来事の対応に非常に大きな役割を果たす。このソーシャルサポートの果たす役割の重要性は数々の研究で証明されてきた。このような環境要因は，第4章で紹介したエコマップが示すクライエントを取り巻く環境と同様であると考えられるだろう。ラザラスらの理論は，時代の変遷に沿って修正を加えつつ発展している。また，彼らのストレスコーピング理論は数多くの研究者により実証研究も行われ，理論に関する書籍も数多く出版されてきている（例：クーパーら 2006；Folkman（ed.）2011；小杉編著 2002；マグワァイア 1994など）が，紙幅の関係で，本章では，この理論がソーシャルワークにどう生きてくるかに焦点を絞っていきたい。

（3）自分に起きた出来事をどのように捉えるのか
——「捉え方」（評価）が問題対処に与える影響

　私たちは，日々様々なストレスにさらされて生活をしている。「心理的ストレスとは，人間と環境の間の特定の関係であり，その関係とは，その人の原動力（resources）に負担をかけたり，資源を超えたり，幸福を脅かしたりすると評価されるものである」（Lazarus & Folkman, 1984=1991）とラザラスらは述べている。ストレスの度合いは日常のイライラを引き起こすような出来事から，自分の人生自体の危険を感じるようなものまで，その度合いは異なる。このようなストレスを引き起こす可能性のある出来事に出会った時，人がどのようなプロセスをとって出来事に対処していくのかを理論化したラザラスとフォルクマンが着目したのは，「人がその出来事をどのように見積もるか，値踏みするのか，どのように受け取るか」といった「認知」の側面であった。彼らは，それを "appraisal" という用語で表現した。日本では，「評価」と翻訳され，評価は「1次的評価」「2次的評価」の2種類に分けて対処プロセスが説明されてきた。

　前述したように原典で使用された用語の "appraisal" は，「評価」という訳語の他に「見積り」「値踏み」という訳もあることでわかるように，「何かの価値や意味を考えてそこに判断を下す」といった意味合いも持っている。「評価」

210

第9章　クライエントの問題対処力と資源を把握する

という訳語がこのような意味を持つこと，また，この評価が単純なものでもないことをお断りした上で，これから「評価」とは何を意味しているのか，筆者なりの補足説明も加えて紹介していきたい。

　何らかの出来事に出会った時，人はその出来事を「①無関係，②無害-肯定的，③ストレスフル」の3種類に区別されている「1次的評価」を行う。無関係と見積もったとすれば，その出来事は当事者にとって「失うものも得るものもない」(Lazarus & Folkman, 1984=1991：33) ため問題にならない。無害-肯定的評価という見積もりは，その出来事が何らかの良いことをもたらしてくれると見積もることである。しかし，良いことにも何らかの不快なことがついてくるかもしれないため，評価は，複雑に混ざり合ったものと考えられている。

　最後の「ストレスフル」は文字通り，その出来事が自分にとってストレスを引き起こすという評価を下すものであり，ラザラスらはこの評価をさらに「害―喪失，脅威，挑戦」の3種類に分類している。「害―喪失」はその出来事により，すでに「自己評価や社会的評価に対する何らかの損害を受けている」もので，「脅威」は「まだ起きていないが，予想されるような害―喪失に関連」するもので，「挑戦」は「出合った事態に特有の利得や成長の可能性などに焦点を絞ったもの」である。「脅威」「挑戦」のどちらの捉え方をしても，その出来事に対する対処努力が必要とされる (Lazarus & Folkman, 1984=1991：34)。「2次評価」とは，「何とかその状況を切り抜けなければならない」時に起き，「どのような対処方法が可能か，その対処方法で思った通りに成し遂げられそうか，そして，特定の手段を適用できそうかなどの考慮」をすることである (Lazarus & Folkman, 1984=1991：36)。

　このようなプロセスを経て，人は何らかの対処行動をとるのだが，「対処過程は，人間と環境の関係の間柄を変える」(ラザラス講演／林編・訳 1990：25) というように，個人の対処の仕方が周囲の環境に影響を与え，それによってまたその個人の対処法も影響を受ける。対処法は，大きく2種類に分類されている。問題に直接向き合い，その解決法を積極的に探し行動をとる対処法を「問題中心の対処」と呼び，問題の解決よりもその問題のせいで起きてきた感情への対応をしようとする対処法を，「情動中心の対処」と呼んでいる。問題中心

211

第Ⅱ部　総合的・多面的アセスメントで得られるクライエントの情報

の対処法は，感情中心の対処法よりも望ましいように見えるが，実際には個人が直面しているストレスの種類によっては（例：解決が不可能な問題など），必ずしもそうであるとはいえない。

　対処の仕方は，時の経過とともに変化することも多い。ワーカーが出会った当初は何も考えることができず，思考停止しているように見えたクライエントが，時間が経つと自分の問題に取り組みはじめるのも決して珍しくない。対処の結果は，短期的な結果を見るものだけではない。長期的な対処の効果を見る場合，時間の経過とともに適応度も変化するので「ストレスを経験している期間の中でどの時点における適応を取り上げているのか」によっても，その対処の結果に何が役立つかは異なってくることを忘れてはならないだろう。

　ストレス対処法は，人の健康に影響を与えるといわれ，その関連性に関する研究結果は多数報告されている。島津は先行研究をレビューし，これまでに見られた「健康とコーピング方略に関連する発見」を5点にまとめているので，紹介したい。それらは，「(1)状況とコーピング方略との適合性」「(2)それぞれの方略の長所と短所」「(3)短期的効果と長期的効果」「(4)方略の組み合わせ」「(5)対処資源の程度」であった（島津 2006：30）。

　この研究結果を筆者なりに，ソーシャルワークに応用してみたい。前述したように，クライエントが直面している問題状況によって，どのような対処法がその後の健康に有効に働くかは異なる。また，問題に焦点を絞って積極的にそれを解決しようとする方略も短期間であれば，それはクライエント自身が「自分の人生を自分自身がコントロールできている感覚」を持てるなどの理由ではプラスの影響となるだろうが，その対処のための努力が容易に結果を導き出せるのでなければ，時間の経過とともにエネルギーを使い果たしてしまい，クライエントにマイナスの結果をもたらすということだろう。ストレス対処法は，それほどシンプルなものではない。何らかのストレスを引き起こす出来事に出会った時，当初は「その現実を受け入れない」という捉え方をして何とか自分自身のバランスを保ちつつ，自分が安定してくるに従い，問題をしっかりと見つめることができ，解決法を考えていけることもある。プロセスを考慮することが必要であるということは，実践経験を持つ人であればよく理解できるだろう。つまり問題を抱えたクライエントが，それほど容易に「自らの問題解決に

第9章　クライエントの問題対処力と資源を把握する

向けて積極的に動ける」という想定は難しいということを，この研究結果は示しているといえるだろう。

2　問題対処に関連する様々な資源

（1）統合的・多面的アセスメントにおける資源理解

　ワーカーがクライエントに出会い，問題解決の支援をしようとする時，「あぁ，よかった。このクライエントには経済的な余裕があるので，その心配はしなくて済む」「この人はあまり沢山資源は無いけれど，『自分のことを自分で決定し，その決定に責任を持つことができる』力がある」などと考えることがある。このような思考は，クライエントの持つ問題対処力の評価をしているとも言い換えられる。

　「困難事例」と呼ばれ，ワーカーが，一体，どこからどうアプローチをすればいいのか悩んでしまう事例の場合には，クライエントが数多くの問題を抱えている上に，それらの問題の解決に必要な資源をほとんど持っていないということも多い。その資源とは，前述したような，経済力，健康，社会的地位，知的能力（情報収集や決断・判断に役立つ），人間関係形成力，性格特性（物事を楽天的に捉えられるかどうか）などであろう。さらに，過去に大変な出来事を乗り切った経験があれば，それもまた役に立つ資源となりうる。同じような状況にあるクライエントでも，このような資源をどれだけ持っているかによって，問題解決がより困難になったりより容易になったりする。資源がどのように問題対処に関係してくるかを理解するために，少々極端な違いになっているが次の2人の子どもの事例を読んでほしい。

事例9-2　2人の少年の「いじめ」の受け取り方とその後の対処行動
　学校の友人達からいじめられ，不登校になった14歳の少年（聡君と大輝君）がいる。2人ともクラスの中でいわれのないいじめを受け，学校に行くのが嫌になっている。聡君は裕福な家庭の息子で，小さい頃から健康，父親も母親も専門職である。成績は優秀で，スポーツもよくできる。学校でのいじめはあるものの，これまで参加することができた野球・サッカーなどのサークルの友人とは，今も繋がっている。

213

第Ⅱ部　総合的・多面的アセスメントで得られるクライエントの情報

小さい頃から楽天的で「まぁいいかぁ。きっとなんとかなる」というのが口癖だった。今回の学校でのいじめに関しても，早くから父親と母親にそのことを打ち明けることができていた。両親は，聡君の話をよく聞いてくれ，学校にもいじめの事を話し，適切な対応を学校側に要求した。

その後，学校がとった対策は，いじめをした子どもたちに注意し，子どもたちから聡君に対して謝らせるというものであった。しかしながら，その経緯を見ていた両親は，今後も大きく状況が変わらないであろうことを見抜いた。そして，この状況を聡君とも話し合い「あなたが悪いわけじゃないからね。自分が悪いことをしなくても，世の中には理不尽なことも起きる。そんな時はその場所から離れて，自分を受け入れてくれる場所を見つけることも解決法の一つだから」と言って，色々な人から情報を収集し，聡君をしばらくの間，海外の学校に行かせることに決めた。

さらに今回のことが聡君にとってトラウマにならないようにカウンセラーを探し出し，相談できる環境を作った。なぜこのようなことが起きたのか，次に同じようなことが起きたら何ができるのか，なぜ今回は適切な対応が取られなかったのかを聡君がしっかりと考え，今後に備えることも忘れなかった。海外の学校に行くにあたり，ホストファミリーを注意深く探し，聡君が新しい環境で徐々に強さを身に付けられるような配慮を怠らなかった。聡君は，自分の学校で起きたことを野球やサッカーの仲間には話をし，彼らからの共感を得ることもできた。

一方，大輝君の家庭は，決して裕福とはいえない。父親は仕事で怪我をして以来働くことができない。また母親も，祖母が認知症のためパートタイムで仕事をしながら祖母の介護をしている。このような状況で，学校でいじめられたことを家族に話すと家族に負担がかかると思い，言い出すことができないでいる。

小さい頃から弟や妹の面倒を見たり母親の家事を手伝ったりすることで，あまり勉強する時間もできず，学校での成績もそれほど良いとはいえない。父親は，自分が働けないことで辛い思いをしており，その辛さは，お酒を飲むことで紛らわせている。時にお酒を飲みすぎることもあり，そのような時には大声で母親や子どもたちを怒鳴りつけることもある。

このような環境の中で皆が喧嘩をしないでいてほしいと考える大輝君は，常に先の事を心配し不安になる性格である。将来に関しても，うまくいっても定時制の高校に行けるかどうかという将来像を描いている。できるだけ早く自活して家にお金を入れたいと考えている。大輝君は同級生から「あいつは性格が暗いよ」と言われている。今回，学校でいじめを受けても，言い返すこともできないし，親に話すことなどは決してできない。そのため，学校に行くふりをして毎日家を出るだけは出ているが，人に見つからないように時間を過ごし帰ってきている。

第9章　クライエントの問題対処力と資源を把握する

　先にお断りしたように，この事例の2人の少年には，少々極端な資源の違い
を付けたが，「その人が持っている資源によって，同じ問題でも，対処の仕方
が変化する」ということを示してみた。このことを理解していれば，大輝君が
クライエントである場合，ワーカーは，この問題をどのようにして解決してい
くかに関して，より多くの資源とサポートを提供する必要性があることがわか
るだろう。

　ただし，ここで注意すべき点は，より多くの資源を持っていることが，単純
にそのクライエントの問題解決に役立つわけでもないことである。資源が少な
くても，その少ない資源を有効に活かせることが，問題解決につながることも
忘れないでほしい。事例では，人間関係形成力として，本人が持つ他者との関
係を作る力を表現したが，実際には，その人を支援してくれる人がどこに存在
するのか，その人たちはどのような支援をしてくれるのか，をしっかりとアセ
スメントする必要がある。このことは，次々項で，より詳しく述べていきたい。

（2）問題解決のためにクライエントが使える人的・物的資源

　問題解決に関係する人的，物的資源に関しては，ソーシャルサポートという
視点から理解を深めることができる。ソーシャルサポートとは，人が誰かから
何らかの支援を受けることであり，支援内容には，目に見えにくい「自己評価
のサポート（情緒的サポートとも言い換えられる）」や，物，金，労働など目に見
える物的な資源を提供する「道具的サポート」も含まれる。

　サポートの提供をするのは，家族，友人，などの「インフォーマル・サポー
ター」，また，医療機関，社会福祉機関，といったフォーマルな支援を提供す
る機関などの「フォーマル・サポーター」である。これらのサポーターが提供
するサポートがクライエントにとってどんな影響を与えているか（真に役立っ
ているのか，それほど役立っていないのか，マイナスの影響を及ぼしているのか）を視
覚的に見られるアセスメント・ツールの一つがすでに紹介したエコマップであ
る。エコマップを使用することで，クライエントを取り巻く環境がよりよく見
えてくる。ここでソーシャルサポートが持つ「機能」と呼ばれる異なる働きに
ついて少し詳しくみていきたい。

第Ⅱ部　総合的・多面的アセスメントで得られるクライエントの情報

（3）ソーシャルサポートの機能

1）ソーシャルサポートとは何か

　前述したように，ストレスコーピング理論で，ストレスの高い状況に置かれた人に対して大きな役割を果たすといわれる資源の一つにソーシャルサポートがある。ソーシャルサポートと呼ばれている他者からの心理的・物質的な支援の働きは，死亡率にまで影響しているといわれている（Berkman 1985）。また，第8章で解説をした逆境の中でも力を発揮できるレジリエンスを示す人にも，少なくとも誰か一人その人が逆境にある時，サポートしてくれる人が存在していた，といわれている。

　ソーシャルワークのアセスメント面接でも，クライエントが現在直面している問題を解決・軽減するためにサポートに関する状況を理解しておく必要がある。「現在，どんなサポートを誰から得ており，それはクライエントにどのような影響を与えているのか」という現在のサポートのあり方，そして，今得ているサポートやサポートを提供してくれる人が問題解決・軽減にとって最適でない可能性もあるため，今後に関して「今後，どのような種類のサポートが必要で，それを提供するのは，現在のサポーターが本当に最適なのか」を検討する必要がある。サポーターらしく見える人がいても，その人の存在が少しもクライエントの福利を高めない，あるいは，かえってマイナスの影響を与えていることもある。そのため，ただサポーターがいるということだけで安心するのではなく，「クライエントの問題対処力をしっかりと見極めた上で，どのような人がどのようなサポートをすることが必要なのか，それらのサポートを統合してみるとクライエントにとって良い結果がでるのか」を考えなければならない。ソーシャルサポートと健康の関連性を指摘し，それをどのように介入法として応用できるかを論じる Uchino は，「究極的に，健康に関連することを証明するのは，情緒的サポートを得ているということかもしれない。しかし，我々がソーシャルサポートプロセスを考える中で，あるいは，介入法を展開する中で，サポートスキルが持つ役割を無視すべきではない」（Uchino 2004：174）と，サポートの持つ力を指摘している。表9-1は，筆者が Wills（1985）を基にまとめた6つのソーシャルサポート機能である。uchino が情緒的サポートと呼んでいるのは，この表9-1の「（1）自己評価サポート」と同様であると考え

第9章　クライエントの問題対処力と資源を把握する

表9-1　ソーシャルサポートの機能別6分類とそれらのサポートを提供するのに必要な技術[1]

サポートの機能別分類名	サポート機能の説明	そのサポートをするのに必要な技術
(1)自己評価サポート[2]	自分の能力・社会的価値・仕事での能力に疑いを持った時に有効に働く。自分がマイナスに考えていた自己像の側面を打ち明けることで，自分の評価を再度高めることができる	・傾　聴 ・感情・技術の反射 ・共　感 ・再保証 ・自己開示 ・非審判的態度の保持
(2)地位のサポート	自分が何らかの役割を果たしていることで得られるサポート	・相手に役割を与えること ・役割を果たしている相手を認めること
(3)情報のサポート	問題の本質，問題に関係している資源に関する知識，代替的な行動に至る道筋に関する情報を提供すること	・適切な情報ネットワークを持っていること ・相手のニーズに見合った情報を見つけ出すこと
(4)道具的サポート	実際的な課題に対する援助の提供	相手に必要な具体的な援助力をもっていること（例：お金，労働力など）
(5)社会的コンパニオン	共にいる，出かけるなどの社会活動のサポート	・コンパニオンとして使える時間の所有，相手にとって重荷にならないこと。
(6)モチベーションのサポート	根気よく何かを継続したり，解決に向かって進んでいけたりするようにモチベーションを高めるサポート	・励まし ・努力の結果の予測とその再保証 ・将来の希望を見つけ相手に伝える ・フラストレーションの対処の方法 ・共に頑張ろうというメッセージの伝達

注：(1) Wills（1985）を基に筆者作成。
　　(2)情緒的サポートとも呼ばれる。
出所：渡部（2011：43）。

てよいだろう。

　ソーシャルサポートは多面性を持っている。前述したように，サポーターの人数，サポーター間の関係性，互恵性，サポートが果たす機能，サポートの結果（良い結果か悪い結果か）など様々な側面から考えることができる。そのような多面性の中でも，アセスメントの際に特に着目しておきたいことの一つが「サポートが果たす機能」である。これらの6つのサポート機能は，ワーカーのような専門職によってのみ提供される訳ではない。家族，友人，知人，近隣

第Ⅱ部　総合的・多面的アセスメントで得られるクライエントの情報

（インフォーマル・サポーターと呼ばれている）やワーカー，医療従事者，社会福祉関係者等（フォーマル・サポーターと呼ばれている）の誰もが，これらのサポートを提供している。本章では，表 9-1 に従ってこれらの 6 つのサポートの果たす役割，機能を説明する。その上で，アセスメント面接を含むソーシャルワークの支援プロセスの中で，6 つのサポートがワーカーによってどのような形で提供されるのかについて述べる。

2）6つのソーシャルサポート

①　自己評価サポート

　人は，自分自身が他者から評価されることで，その評価を自分のものとして内在化していく。「自己評価」ができているとは，自分自身が「価値ある存在，尊敬に値する存在」であることを確信できることである。この自己評価が欠如すると，自分が他者からぞんざいに扱われた時も，これを不当であると考えられなくなってしまう。自分が尊敬に値する存在であるということは「他の人は自分を受け入れてくれている」と確信できることでもある。第 4 章で述べた誰かの語りに耳を傾ける「傾聴」は「相手を受け入れている」ことを示す最初のステップであり，人の話に真剣に耳を傾けることは，その人に対して関心を持っていることの表現である。この傾聴を通して，語りを聞いてもらう人が自分自身の価値を感じ取ることができるのである。

　アセスメント面接は，多くの場合，ソーシャルワーカーとクライエントが初めて出会う場所であり，クライエントがその場面で，どれだけの真実を語ることができるのかは，ソーシャルワーカーの姿勢にかかっているといえる。「クライエントの語りに耳を傾け，自分の理解が正しいかどうかを明確にするために，クライエントが表現した感情や事実を反射して確かめ，その上で共感を示すことができ，自分が持っている価値基準に照らし合わせてクライエントを審判することなく，クライエントが適切に行えている事柄に対してはフィードバックし，再保証を行う」ことを徹底して実践できれば，クライエントも自分自身を表現しやすくなるだろう。クライエントは，何らかの理由で自分だけでは解決できない「問題」にぶつかり，ワーカーの所にやってくる。その「誰かに助けを求めなければならない」という行為自体が「自己評価」を低減させる可能性を持つものである。

218

第9章　クライエントの問題対処力と資源を把握する

　自己開示とは「相手に自分自身のことをオープンにすること」である。この自己開示は，単に何でも自分のことを相手に話すことではない。すでに第4章で述べたように，ワーカーは，自分自身の価値観やバイアスを十分自覚し，「自己覚知」と呼ばれる自己理解の訓練をした上で，クライエントに真摯な姿勢で向き合うことである。ソーシャルワーク援助プロセスでは，クライエントの必要性に応じて，様々なサポートを用いる。この「自己評価サポート」は，ワーカーであれば，どのような場合にも提供するべきサポートであり，このサポートが無ければ，豊かな情報をクライエントに語ってもらえないだろう。シャウアーらは，アウシュヴィッツ強制収容所の生存者でノーベル平和賞受賞者のエリー・ウィーゼル（E. Wiesel）の「私が説明できないから，あなたが理解できないのではありません。あなたが理解できないから私が説明できないのです」という含蓄の深い引用をして，語りを聴くものに課せられた役割の重さを教えてくれている[4]（シャウアーら 2010：14）。

　②　地位のサポート

　人は社会生活上，様々な地位をもっている。地位は「役割」という言葉に置き換えた方がわかりやすいかもしれない。若い人は自分には「地位」が無いと考えるかもしれないが，「役割」という言葉に置き換えてみれば，家族の一員としての役割，学校やサークルのメンバーとしての役割等を持っている。成人し，社会生活を始めると，職場での役割や地域での役割などその役割がより広がってくる。役割によって私たちは様々な仕事を要求されるため，それが負担になることも少なくないが，実はそのような役割は私たち自身に対するサポートも提供しているといえる。なぜなら役割を与えられることによって，自分が「承認されている」と感じることができ，自己評価にもつながる可能性があるからである。

　アセスメントの際にも「クライエントが，社会の中でどのように役割を持って生活をしているのか，その役割からどのようなプラスの影響やマイナスの影響を受けているのか」を理解し，支援によってクライエントから役割を取り上げすぎないように注意しないといけない。第8章で説明した「強さ（ストレングス）」には，「クライエントが社会の中で維持している地位」が含まれることも少なくない。ソーシャルワークでは，クライエントとの「協働作業」として

219

第Ⅱ部　総合的・多面的アセスメントで得られるクライエントの情報

援助プロセスを進めていく。これは，クライエント自身が援助プロセスの中で「役割」を持つことであり，クライエントのストレングスを活かしていると解釈できるだろう。

　③　情報のサポート

　ワーカーの援助では「情報提供」の場面が多くあり，情報提供は重要な位置を占めている。クライエントが何らかのサービスを必要としている時は，「そのサービスを得るためにはどうすればよいのか，どのような条件を満たしていなければならないか」を知りたいだろう。しかし，クライエントが自分の気持ちをまだ整理できておらず，混乱している「アセスメント面接の初期段階」に次々と情報を提供されたとしても，それはクライエントにとってサポートとはならない可能性が高い。このようなことを考えず「単に情報を伝える」ことは，「情報サポート」ではない。ワーカーがクライエントの問題の本質を見極め，問題解決のために本当に必要な情報を理解して提供できた時，初めて情報は「サポート」となり，援助プロセスで活かされる。

　④　道具的サポート

　これは「手段的サポート」と訳されることもあり，問題解決に必要な金銭，住居，家事援助など，具体的に目に見えやすいサポートである。ソーシャルワークでは，「社会資源を有効に用いる」ことによって問題解決を図ろうとする。社会資源に含まれるサービス等は道具的サポートになる。ワーカーが気を付けるべきことは，「容易にクライエントとサービスを結び付ける」のではなく，アセスメント面接で得た情報を統合して，サービスを得ることでクライエントの生活がどのように変化するか，までもしっかりと考えることであろう。

　⑤　社会的コンパニオン（サポート）

　このサポートは「ただその人の側にいる，あるいは何らかの行動を共にする」というサポーターの「存在」自体によるサポートである。人は，相手にとって重荷にならないで，「ただそこにいる」ことだけを必要とすることがある。例えば，大切な人を亡くして悲嘆に暮れている時などである。ワーカーが何もできないことも時には起こりうる。そのような時に，ワーカーが「そこに共にいてくれる」こと自体がサポートになり得る。

第9章　クライエントの問題対処力と資源を把握する

⑥　モチベーションのサポート

「大変なこと」「辛いこと」「根気よく頑張らなければならないこと」などに直面している時，必要なサポートである。ソーシャルワークの援助プロセスは，決して平坦な道のりではない。長い時間のかかるリハビリテーション，仕事探し，親子関係の修復など，時には，途中でクライエントが息切れしてしまうかもしれない。そのような時にワーカーにできることは，クライエントを（根拠を持って）勇気づけ，クライエントが進んでいく先に，どのような希望があるのかを説明できることである。

また，途中で遭遇するであろうフラストレーションへの対処法を共に考え，ワーカーが常に傍らにいることをクライエントに伝えることである。これはクライエントの問題状況やクライエント自身，彼らを取り巻く環境をその時々で適切にアセスメントし，そのアセスメントに基づいて実施されている支援の結果を，モニタリングできていて初めて可能になる。何度も強調するが，適切なアセスメントができていれば，将来起こりうる問題の予測もできるはずである。

（4）フォーマル・サポーターとインフォーマル・サポーター

前述したように，ソーシャルサポーターには，フォーマル・サポーターとインフォーマル・サポーターがいる。病院のワーカーや行政のワーカー等は「フォーマル・サポーター」と分類され，仕事上支援役割を持っている。彼らは業務上の責任と専門職としての知識・スキルさらに職業倫理などを学んでいることがメリットであるが，役職範囲に縛られており，自由な動きがしにくいというデメリットもある。

一方，インフォーマル・サポーターと呼ばれる友人，近隣，ボランティアなどの人々は特別な「役割」に縛られることなく（一部のボランティの人々はトレーニングを受けて，フォーマルとインフォーマルの中間的な立場にあるといえるかもしれないが）その支援範囲の自由さがメリットになる。しかし個人の善意に任されていることも多いため，サポートの仕方を間違えば，この自由さがデメリットにもなる。以下は，フォーマル・サポートとインフォーマル・サポートが上手く協働できなかった事例である。

221

第Ⅱ部　総合的・多面的アセスメントで得られるクライエントの情報

事例 9 - 3　サポーターが本人のストレス源

　定子さんは現在75歳である。父母ともに早く亡くなり，遠方に住む妹ともほとんど行き来はしていない。20歳の頃から小さな会社の事務員として長く働き続け，60歳で定年を迎えた後も70歳になるまで清掃の仕事をしていた。一人暮らしが長くなり，「他人とは暮らしたくない。私は我儘だから」と職場の仲間にも話していた。人付き合いは良い方ではなく，仲間とは話はするが特に親しい友人といえる人はいなかった。同じマンションに長年住んでいるが，ずっと仕事をしていたこともあり，近所付き合いもあまりなかった。

　仕事を辞めてからは地域のボランティア活動に参加したり，小旅行を楽しむなどしたりして楽しく暮らしていた。しかし，1年前ぐらいから様子に変化が表れてきた。スーパーマーケットに同じ物を何回も買いに行くなどの行動が目立つようになったのだ。民生委員さんがそのことを地域包括支援センターに相談したことがきっかけとなり介護認定を受け，アルツハイマー型の認知症であることもわかった。本人は「自分の好きな，住み慣れたこのマンションでずっと暮らしたい」という強い思いを表明したこともあり，介護保険サービスなどを使って在宅生活を継続する援助計画が作成された。しかし定子さんは「デイサービスは嫌い」と言って1～2日行っただけで通うのをやめてしまった。その代わりに，マンションの住人の1人が「一人暮らしの高齢者の集いの場になるように」と始めた小さなカフェに出入りするようになった。カフェは朝10時から夕方5時までの間，簡単な食事や飲み物を提供するが，定子さんはほぼ1日中そこで時間を過ごす上に，時間外にもやって来た。オーナーの隆さんは，ボランティア講座を受けたことがきっかけでこの活動を始めた親切な人だったが，その内，あまりにも頻繁に自分の所に来る定子さんをケアしきれなくなり，市役所，地域包括支援センター，民生委員，近隣の人々などに，「定子さんは施設に入った方がよいのではないか」と相談をするようになった。

　このようにサポーターとみなされていた人が，サポートを受けていた人を追い詰める結果になることもある。そのため，ワーカーは，慎重にサポーターの果たしている役割をアセスメントしなければならない。

　問題対処の方法に関しては，本人の問題の捉え方（評価），持っている様々な資源，ソーシャルサポーターの存在が影響していることは前述した通りである。次の事例は，『笑いと治癒力』という書籍の出版で有名になったノーマン・カズンズが難病を克服したプロセスを問題対処という観点から解釈したものである。参考にしていただきたい。

222

第9章　クライエントの問題対処力と資源を把握する

事例9-4　コーピング理論の応用──ノーマン・カズンズの例から[(1)]

　今から半世紀以上前1964年に，旧ソビエト連邦（今のロシア）へのストレスの多い旅を終えてアメリカに戻ってすぐ，治癒の可能性はほとんど無いと宣告された膠原病の一種の難病を発症したにもかかわらず，その後，様々な試みの末病気を克服した男性がいた。彼はノーマン・カズンズ（N. Cousins）というジャーナリスト[(2)]であった。

　その後，病気から回復し15年経って，初めて彼はこの病気の経験を出版することができた。最後にはカリフォルニア大学ロサンゼルス校の精神医学部と行動科学学部で教鞭を執り，75歳で亡くなった。彼は1979年に，この時の経験を *Anatomy of an Illness*（英語の訳＝病気の解剖。邦題　笑いと治癒力）として著した。邦題に見られるように，彼の治癒を支えたのはビデオ機器も存在しない時代に友人のプロデューサーから映写機を借り出し，闘病中に見続けたコメディ番組から得た「笑い」であったことを当時の医療のあり方に対する批判も交えて，分析的な視点で描き出して大きな反響を得た。

　その後，「笑い」は「広い意味でのポジティブ感情のメタファー」であると述べ，実は，「希望，信念，愛情，生きる意欲，陽気さ，ユーモア，想像力，遊び心，自信，大きな期待，私はこれらのすべてが治療的な価値を持っていたと信じている」と記した（Cousins 1983：44）。カズンズの難病克服は私たちが出会うクライエントの問題解決とは少し性格を異にする部分もあるかもしれないが，これまで説明してきた大きな問題を抱えた時にその問題をどう捉え（出来事の評価），自分が持つ対処に役立つ資源をどのように使い（対処資源），その際，ソーシャルサポーターたちが何をしてくれたのか（ソーシャルサポートの機能）を見ていくのに役立つ。彼は稀有というほどの対処資源を持っていた人ではあるが，彼の遭遇した問題も非常に大きかった。そこで，彼の問題対処のプロセスを簡単にではあるが，筆者なりに分析してみたい。カズンズは数多くの資源を持っていた。第1に彼自身が語っているのだが，ポジティブに物事を捉える人（性格特性）であり，第2に彼の高い思考力と批判力（知的な力），第3にこの思考力や批判力を使い必要な情報を収集し（行動力），第4に，医師に自分の考えを伝えそれを実行してもらえるだけの社会的地位も持ち，第5に，治療に大きな影響力を持つ医師の協力的行動（自己評価サポート，道具的サポート，モチベーションのサポート）と，友人がユーモアフィルムと映写機を貸し出してくれる（道具的サポート）といった協力により，自分が笑え，痛みを忘れる番組を見ることができた，といった数々の資源を持っていた。また，カズンズの問題への取り組みは，第8章で取り上げたクライエントの個人特性で論じた強さ（ストレングス）やレジリエンス，の観点からも理解可能かもしれない。

223

第Ⅱ部　総合的・多面的アセスメントで得られるクライエントの情報

注：(1)　参考資料（Article Title-Norman Cousins Biography, Author-Editors, TheFamousPeople.
com, Website-TheFamousPeople. com, URL-https://www.thefamouspeople.com/profiles/norman
-cousins-5029.php Last Updated-November 10, 2017.）
(2)　1915年ニューヨーク生まれ，1990年没。

3　問題対処とアセスメント面接
——ソーシャルサポートの情報を支援につなぐ方法——

　第4章で述べたように，統合的・多面的アセスメントのための情報枠組みは，そこにある9項目について1つずつクライエントに尋ねていくことで情報を得ようとするものではない。これらの項目はクライエントを理解するために重要な情報の枠組みである。クライエントが問題をどのように対処しようとするのか，どんなソーシャルサポートを持っているのかなどに関する情報を得る際にも，クライエントが中心であり，クライエントの語りの文脈に沿って最適な機会を見極め，関連情報を尋ねていくことが必要となる。

　例えば，アセスメント面接の初期に必ず尋ね，クライエントが話してくれるであろう「（1）クライエントの問題意識」「（2）主訴」「（3）問題の具体的な特性」「（4）クライエントの問題の捉え方」に関する情報が語られている時に，クライエントのこれまでの問題対処や，ソーシャルサポーターに関する情報を尋ねる機会が出てくるかもしれない。

　あるいは「（5）クライエントの特性」に話題が移った時に，その中で尋ねることができるかもしれない。ここで，どんな風にそのような機会を見つけられるか，クライエントに「（3）問題の具体的な特性」（クライエントにとっては比較的話しやすい内容〔事例9-5〕）を尋ねつつ，それをきっかけにクライエントの問題対処の特性をどのようにして，聴かせてもらえるのかに関して例を挙げてみたい。

　事例9-5　子育て相談に来た母親からソーシャルサポートの状況を聞かせてもらう
　子育て相談にやってきた32歳の母親の鈴木さんは，自分自身が子どもの頃，親から厳しい躾を受けていたため，子育てに対する不安を抱えている。ワーカーは初回面接で，自己紹介・守秘義務の説明などを要領よく伝えた後，「今日はどのようなことで，こちらにいらっしゃったのでしょうか」と主訴を尋ねた。それに応じて

第9章 クライエントの問題対処力と資源を把握する

「実は，自分の子育てに自信が持てないんです。今のやり方は良くない，ということだけはわかるのですが，具体的にどうやって変えていけるのか，今一つ自分でも明確でなくて……。実は，私は小さい頃に親から非常に厳しく躾けられて育ってきました。親が怖くて自分の言いたい事ややりたい事をすべて押し殺し，それでもなんとか大学にも入ることができました。

　大学時代に，ボランティア活動で経済的にゆとりのない子どもたちの家庭教師をしてきました。その時に知り合ったボランティア仲間の何人かは，辛い家庭環境の中で育ってきた人たちでした。その人たちと話をする中で，自分が持っていた親に対する思いも少しは整理できたと考えています。夫はその当時のボランティア仲間の１人です。そのため私の生い立ちも知っていて，私に配慮を示してくれます。しかし，夫が仕事で忙しく子どもの世話は私１人の方にかかる時が多いため，ついつい私の親のように，子どもに対して厳しく接してしまうことがあります。今，世間で言われている児童虐待というような子どもに手を挙げる事はしませんが，きつい言葉で子どもを叱ったりすることがあります。その時に私の頭の中に浮かんでいるのは，父親や母親に恥じないような子育てをしなければ，という思いです。父親や母親の子育てのやり方が嫌いだったにもかかわらず，このように両親のことを常に考えている自分がいます」と，なんとか今の子育ての仕方を変えていきたいという自分の問題解決の動機を含めて主訴を話してくれた。ワーカーは，鈴木さんが自分の問題の原点にさかのぼって，解決に向けて現状を整理して語る力のある人であることに気づいた。

　そこで，鈴木さんに「ご自分で課題に気づき，それを何とかしたいとこうやって相談に来られたというのは，鈴木さんのお力の表れだと受け取らせていただきました。今話して下さった内容の中にも，学生時代に友人と話すことで自分自身を振り返り，人生を切り開いてきたことが見て取れました。先程，鈴木さんが話された今後の子育てを考えていく上で，もう少しお話を聞かせていただきたいのですが，よろしいでしょうか」と意向を尋ねた。すると「はい，もちろんです」と落ち着いた答えが返ってきた。そこでワーカーは，「子ども時代は，ご両親が厳しくて自分のしたいことを我慢してこられたようですね。その当時，ご両親との間で起きたこと，そしてその時どんな風に考えたり感じたり行動されたのか，少し具体的に教えて下さいますか」と，過去の具体的な内容を聞かせてもらい，さらに話題は，今の鈴木さんと子どもとの間のやりとりに移った。

　そこで明らかになってきたことは，子ども時代から我慢強く，頑張り屋で，成績も良く，学校でも模範的な生徒として生きてきたこと，両親の自分に対する厳しい接し方に対しても，その理由を考えることができ我慢してきたこと，しかし親と同じような人生を歩まないと決心し，それを守ろうと努力を続けてきていること，な

225

第Ⅱ部　総合的・多面的アセスメントで得られるクライエントの情報

どであった。さらに，必要な時には友人に相談をし，今回のケースに見られるように自分自身に必要な資源は何かを探し，その資源を使うために相談に来るという行動を起こすこともできている。また子どもとのやり取りに関しても，自分の中に沸き起こる感情を自覚する力を持っている。これらはすべて，これまでに実生活の中でストレスを引き起こすような状況に遭遇した時，動員させてきた資源であることがわかった。

　もし面接がこのように進んだとしたら，クライエントである鈴木さんの過去の問題対処の仕方，その時使うことができた資源，に関する情報とともに現在の問題に対してどのような対処をしようとしているかも見えてくる。その結果「鈴木さんは相当の問題対処力を持っている」という仮説を立てることができるだろう。しかし，このような力を持っているにもかかわらず，鈴木さんは今困っている。そのため，上のような仮説を立てたとしても，鈴木さんに向けて「大丈夫ですよ。あなたのようにしっかりした方ならば」とここで面接を終えてしまったのでは，適切なアセスメントを基にした援助法を提案したとはいえない。ソーシャルワーカーにできることは，鈴木さんがどんな時に，どのような力を使えていたのかを本人にしっかりとフィードバックし，今回の「子育て」という問題に関して，それらの力をどう役立てることができると思うかを本人に尋ねてみることである。そうすることで，本当に鈴木さん自身の力だけで今回の問題を解決に導くことができるのか，あるいはこれまでの面接で語られていなかった，何らかのより深い問題が隠れているのかを確かめることができるのである。

4　クライエントのニーズに必要な外部資源

　これで統合的・多面的アセスメントのための情報枠組みで挙げた9項目のうち8項目までの解説を終えた。最後の項目は，これまで論じてきたすべての情報を分析・統合した結果出てくる「クライエントのニーズ」と，それを基にした「今後必要な外部資源」である。クライエントが自分の経験している問題をどう捉え，どのような対応をしようとしているのか，その対応法に関係する成育歴，人との関係の作り方，強さ・長所，価値観・人生のゴール，問題対処の

第9章　クライエントの問題対処力と資源を把握する

特徴などに関する情報を十分理解できるようなアセスメント面接をすることができれば，クライエントの真のニーズを明確にでき，クライエント自身の持つ力と資源を最大限に活かす援助計画を作成できる。その際，クライエントが持っていないため見つけなければならない，ニーズ充足に必要な「外部資源」は何かを考え，その動員法を見つけ出していく。

　本書の締めくくり，そして，統合的・多面的アセスメントのための情報枠組みの最後として，これまで解説してきた8項目の情報がどのようにニーズ発見と必要な外部資源に結びついていくか，また，本書で紹介した統合的・多面的アセスメントの視点を使って情報をどのように整理していくかを，具体的にご理解いただきたい。そのために，第4章で紹介した奥川・渡部監修（2007）に登場した事例（事例4-3・4）とは少し異なるインテーク面接を経て，訪問面接へと発展していった事例（事例9-6～8）を使いたい。この事例では，要介護の夫のことを心配して，介護者である妻が在宅介護支援センターに相談の電話をかけてきた所から始まっている。つまり，相談援助のプロセスでいえば，インテークから開始されている。DVDが作成されたのは，介護保険が発足して間もない頃で，地域包括支援センターもできておらず，DVD作成の主目的は，相談援助面接の学びであったことをお断りした上で，以下，事例作成当時の状況設定を説明する。

① 　夫は脳梗塞の治療が終了し退院しているが，その際，介護保険申請をせず，まだケアマネジャーはついていない。
② 　相談場所は，地域包括支援センターではなく在宅介護支援センターであり，電話のインテーク面接後，2人のワーカーが自宅訪問をして正式な「アセスメント面接」を実施する。
③ 　（緊急度にもよるが）訪問によるアセスメント面接時に援助計画も作成し，その実行に向けての手配をする。

　登場するワーカーは，第4章で紹介した山手ワーカーと近藤ワーカーである。電話のインテーク面接は，山手ワーカーが担当した。第4章では，山手ワーカーはインテーク面接において相談者の思いを汲み取ることができず，話の途中

第Ⅱ部　総合的・多面的アセスメントで得られるクライエントの情報

で（丁寧にではあるが）電話を切られたが，本章で紹介するのは，「インテーク⁽⁵⁾→訪問アセスメント面接→援助計画作成・実行」までの「援助プロセスすべてが含まれる事例展開」である。

　この事例9－6の展開では，山手ワーカーは，インテークにおいて相談者である小林智子さん（妻）の話をきちんと聞くことができたという設定である。そのため，小林智子さんは「山手ワーカーに訪問してもらい，さらに今後のことを相談したい」という意志を表明した。しかし，山手ワーカーはまだ経験の浅い若手であるため，電話のインテークで「妻の心臓病の状態が悪く手術を勧められている」ということまでは聞き出せていない。そこで，相談歴10年以上でかつ以前医療ソーシャルワーカーをしていた，臨床力の高い近藤ワーカーとともに，このクライエント宅を訪問することになったというのが，この事例の始まりである。

　このことを念頭において，事例9－6～8をお読みいただきたい。

事例9－6　電話でのインテーク面接と相談内容

・登場人物

小 林 智 子：電話をかけてきた妻（60代，以下の会話では「相談者」と表記）。

小 林 修 二：4カ月前に脳梗塞で病院に運ばれ今は在宅生活中（60代後半）。

近藤ワーカー：相談歴10年のベテランワーカー。以前はリハビリテーション病院で働いていたため，リハビリテーションに関する知識が豊か。

山手ワーカー：数カ月前に特別養護老人ホームの介護職を経て，相談職になったばかり。

1．山　　　手：はい，中央在宅介護支援センターの山手でございます。

2．相 談 者：もしもし，私もう疲れてしまって……。このままでは共倒れになりそうで，どこか夫を預かってくれる所はありませんか？

3．山　　　手：共倒れになりそうなんですか。それは困りましたね。できるだけご相談させていただきますので，もう少し詳しくお話を伺ってもよろしいでしょうか？

4．相 談 者：どんなことでしょうか？

5．山　　　手：さきほど共倒れとおっしゃいましたが，具体的にはどのようなご事情なんでしょうか？

第9章 クライエントの問題対処力と資源を把握する

6．相 談 者：私，もともと心臓が悪くて，東西病院に通っていたんですが，最近
とても疲れやすくて，主治医の先生から「しばらく安静にしていた
ほうがよろしいんですがねえ」と言われてしまったんです。

7．山 手：そうですか。それはお辛いでしょうね。入院される必要はないんで
しょうか？

8．相 談 者：ええ，今の所は入院しなくても安静にしていればよいとのことでし
た。でも，主人の世話がありますから，……子どもには頼めません
し……。

（このあとの内容の概要）上のような会話の後，山手ワーカーは，子どもに頼めな
いというクライエントに何か事情があるのか，と尋ねるが，それに対して子どもが
いるならそうできないのか，と不安を表明したクライエントの思いを汲み取ったも
のの，次にはショートステイという方法が取れるとサービスを提案してしまう。し
かしクライエントはショートステイというサービスがわからないようであることに
気づいた山手ワーカーは，これまでクライエントが語った内容を再度整理し直し，
クライエントの置かれている状況を確認した後，訪問することを申し出た。クライ
エントが訪問を承諾。具体的に訪問日時を設定し，クライエントは「結構です。そ
れではお待ちしています」と山手ワーカーの訪問を受け入れた。

出所：奥川・渡部監修（2007）付属冊子8-13頁を要約。

事例9-7　インテーク面接後の妻との事前面接における経緯説明

・夫の小林修二氏に合う前，妻の智子さん，近藤ワーカー，山手ワーカーの3人で
の面接の概略

　自宅を訪問する前から近藤ワーカーは，妻の智子さんが夫に自分の病状をまだ話
していないことに関して，前もって話をしておく必要性を感じていた。自宅を訪問
した際にも，智子さんは，近藤ワーカーと山手ワーカーの2人を夫の待つ居間に招
じ入れる前に，客間に2人を連れていった。2人のワーカーは，まず妻の智子さん
が思いを語る場を持つことにした。

　面接で，近藤ワーカーは再度，智子さんの思い（夫の世話をできる限り自分がし
たい）ということを確認した。しかし，同時に智子さんが夫に本当のこと（自分は
入院の必要があるということ）を話すのに躊躇していることも明らかになった。近
藤ワーカーは，智子さんの思いを実現するためには，智子さんがまず自分の体を立
て直す必要がある，という現実を伝えるとともに，「できるだけお二人が納得でき
る形で暮らしていけるよう，手立てを見つけていきましょうね」「そのために，私
どもも精一杯お力になりたい」と，一緒に問題解決を考えていこうと提案した。10

229

第Ⅱ部　総合的・多面的アセスメントで得られるクライアントの情報

分ほど，小林智子さんとの話し合いをした後，小林智子さんは近藤ワーカーと山手
ワーカーの2人を夫の小林修二氏が待つ居室に連れていってくれた。

事例9‐8　夫妻揃ってのアセスメント面接と援助計画作成

　2人のワーカーと妻の智子さんが10分間ほど話し合っている間，要介護者の夫の
修二さんは居室でじっと待っていた。そして，いよいよ，妻がその居室へと2人の
ワーカーを招き入れた。修二さんは，杖を脇に置き，きっちりした身なりをしてシ
ャキッとした様子で座っていた。2人のワーカーは，夫妻の前に位置をとり，訪問
の意図・自己紹介を行った。その後わかった情報，やりとりは以下のようなもので
あった。

　修二さんは4カ月ほど前に脳梗塞を発症し，片麻痺となった。病前，血圧は高か
ったものの，服薬管理もしっかりとできていて食べ物にも注意を払っていた。妻が
病弱であるにもかかわらず，自分が要介護状態になったという現状について残念な
思いはあるが，「……なったものはしょうがない。何とか自分でできることを増や
していかないと……」と言える力を持っている。その一方で，山手ワーカーが「今
おできにならないことは何か？」と尋ねると，押さえていた思いが湧き出たように
一瞬「これじゃ何もできないのと同じだ」という感情を表現した。しかし，その後
すぐに感情を押さえて冷静に会話を継続した。

　その後，日常生活動作のアセスメントを含め，具体的に起床時から就寝時までの
体の移動の状態を実際に見せてもらうことになった。その際，夫妻はこれまでの経
過を思い出し，情報提供しながら，発病したての頃に比べてもずいぶんと良くなっ
たことを報告する一方で，妻が夫の転倒を非常に心配し，不安でしょうがないこと
が語られた。妻の智子さんはその理由を，「……初めのうちは病院の先生方にも
『ベッドから立ち上がる時や，トイレに行く時は，奥さんが必ず見ていて下さいね』
って言われていたものですから，いつもつきっきりだったんです。ですが，主人が
私の身体のことをいたわって，勝手に自分で動きはじめてしまったんです。ですが，
私は不安で不安でしょうがないので，『一人で歩くのはよして下さい』って言って
るんですけど……」と述べた。しかし夫の修二さんは，妻が疲れているのを無理さ
せたくない，と妻を思いやっての行動だった。「……，僕も何とか早く歩けるよう
にと思って，医者や看護婦さんの許可を得ないで，自分で試してみたんですよ。い
や，PT訓練室では，もうその頃は練習してましたからね。それで，転んでしまっ
て，それ以来，医者や看護婦さんたちの信頼をすっかり失ってしまって，まいった
な，あの時は……」と自分の失敗を話してくれた。その後は全く転倒したこともな
いことは明らかにはなったものの，妻と夫は自分たちの考え方を譲ろうとせず，や

第9章　クライエントの問題対処力と資源を把握する

りとりは膠着状態となった。その様子を見ていた近藤ワーカーは動作確認を一旦停止してこれまで得た情報の整理と確認を行った。

　近藤ワーカーは，両者の考えの持つプラスの側面を損なわないように，夫に関しては「……退院する際に主治医や看護婦さんたちから，ベッドから動く時には見守りが必要だと言われても，奥さまのお身体のこともあるので，負担をかけまいとご自分で動いているうちに身体もしっかりとしてきたということ……」妻に関しては，「……退院した時に比べると，ご主人のお身体の動かし方はしっかりしてきたとは思えるけれども，万一のことがあったら，夜もおちおち寝ていられないほど気がかり」という思いを整理して伝えた。夫妻は近藤ワーカーのまとめた内容に同意し，付加情報として妻の過去の病歴や家族史，お互いのより深い感情（前妻のこと・2人のなれそめ・夫妻が持つお互いへの思い）を表現した。妻の心配，夫の焦りについて近藤ワーカーは，「奥さまから見ればそのようなお気持ちになられるのは，ご主人のことを心から思えばこそなんですよね。ご主人も奥さまのお身体のことが心配なんですよね」と思いを代弁した。さらに，このような2人の思いやりを2人が持つ力であるとして「いつまでもお互いに思いを寄せ合っていらっしゃるお2人は，とっても素敵なご夫婦ですね」と伝えると同時に，夫に向けて，「奥さまの病気については，年期が入っておられるようですから，ご主人は，今の奥さまのお身体の状態は，もうお気づきですよね」と問いかけた。それに対して夫は，妻の状況が厳しいであろうことはわかっていた，妻は辛抱強く，頑張り屋である，もうギリギリではないかとわかっていることを語った上で，自分自身，正直に話してくれない妻を心配してどうすればよいか「考えあぐねていた」ことを正直に話された。さらに自分の方から「どこかで相談にのってもらおうかと動きはじめること」を考えていたとも語られた。そのように語った上で，夫は直接妻に「智子，本当は先生に『入院しなさい』って言われたんじゃないのか？」と尋ねた。その問いかけに黙ってしまった妻が話しやすいように「奥さまは，もしご自分が入院されてしまわれたら，その間，ご主人のお世話はどうすればよいのかが気がかりなんですよね？」と真実を語ることを後押しすると，智子さんは「ええ，そうなんです」とやっと真実を夫に告げた。その言葉を聞いた修二さんは2人のワーカーにしっかりと向き合って「近藤さんに，山手さん，妻が療養している間，この僕にどんな方策があるのでしょうか」と自ら援助を求めた。

　夫妻の考えの合意を経て出てきた修二さんからの申し出が確固たるものであることは明らかであった。そのため，近藤ワーカーは，ここから「アセスメント面接」としての面接の特性を活かしながらも（必要に応じて情報を得ていくこと），「援助計画作成・計画実施」へと面接の目的をシフトしていった。近藤ワーカーは，今回の訪問面接に先立ち，自分たちが提案できるサービス（介護保険使用のみでなくそ

第Ⅱ部　総合的・多面的アセスメントで得られるクライエントの情報

の他の方法も含めて）を下調べしていた。その下調べを基にして 3 つの援助計画案を夫妻に伝えた。その際，それぞれの方法をとることで夫妻にかかってくる経済的負担，必要な準備（妻の入院中に誰がどのように夫のケアをすることができるか，必要な書類は何でそれを誰が入手することができるか，などの詳細），といったことを丁寧に説明した。どんなメリット，どんなデメリットがあるかの情報提供も実施している。

　この時の近藤ワーカーの情報提供は，第 8 章で述べたように「問題の本質，問題に関係している資源に関する知識」を持ったワーカーによって，夫妻が「代替的な行動に至る道筋に関する情報を提供」されたといえ，その点で「情報提供サポート」機能を果たしている。つまり，情報の提供の仕方は「相手にとって必要な時に，わかりやすく，その情報を得ることで自分の新たな解決法を考えられる」ということである。近藤ワーカーが提案した 3 つの案は，(1)（主治医やリハビリ担当者の意見を聞いた上での）リハビリ専門病院入院，(2)老人保健施設利用，(3)在宅生活を継続しながらの訪問リハビリ訓練（その間，ホームヘルプサービスや他の在宅サービスを利用），であった。この 3 案を述べ，詳しくそれらを使った場合に起きうることに関する情報を述べるにあたり，クライエントが不安を残さない十分な心配りがなされていた。例えば，第 1 番目の案である「リハビリ専門病院への入院」に関しても妻の入院期間の方が夫の入院期間よりも長くなった場合をも想定して「おそらく，小林さんの場合は，短期の集中訓練ということになるでしょうから，奥さまの入院が長引いた場合は，その後の算段を考える必要があります。ですが，その際にも私どもがご一緒に考えさせていただきます」と自分たちワーカーにできる援助を明確に伝えている。このような応答のおかげで，心配し続けていた妻も「それなら心強いですわ」と言えるまでになった。

　3 つの案が説明されるプロセスでは，ワーカーが一方的に説明するのではなく，夫妻の考えが十分表明されるやりとりをしており，近藤ワーカーは，3 案のそれぞれに必要になってきた新たな情報をも夫妻に尋ね，アセスメント面接が援助計画作成と同時に進行していく。そこで，新たにわかったのは，夫妻には公的サービスを使用せず，自費サービスを使うことができるだけの蓄えと年金という「経済的なゆとり」（経済的資源）があり，義理の娘と夫とはすでに今後のことで話し合いがなされており，手助けしたいと考えていること（ソーシャルサポーターの存在），娘は義母のことを心配していることがわかった。妻の智子さんは，自分が知らなかった家族の思いを聞くことでさらに安心することができてきた。また，智子さんが何故，「子どもには頼めませんし」とインテーク面接で語ったのか，その背景も見えてきた。それは，義理の娘（佳子さん）が更年期で苦しんでいたことを知っていた（しかし，すでに大丈夫になっている），孫娘が出産し，その世話で義理の娘が忙し

232

第9章　クライエントの問題対処力と資源を把握する

くしているのではないか，と気を遣っていたことであった。この会話の間に修二さんからは，智子さんと義理の娘が仲が良く，娘は実の母親が病弱であったこともあり，「……小さい時から家事を手伝ってくれて，親の私が言うのもなんですが，出来のいい，いい娘だと思います」という家族の力も語られた。

　最終的に夫の修二さんが選択した案はリハビリテーション専門病院への入院であった。これは，3案の中でも，修二さんの価値観（自分のことは自分でしたい），人生のゴール（夫婦2人支え合って暮らしたい。妻を守りたい）に近いものであった。小林氏はそのことを「僕としては，できればもう少し安定した歩き方になりたいんで，リハビリテーションの訓練のしっかりした病院に入りたいんです」と自ら決定しその意思をワーカーたちに伝えた。

　この意思表示により，近藤ワーカーは早速電話で病院が確保できるかどうかを確かめるという「援助計画実施」の第一歩をその場で取り始めた。電話を終えた近藤ワーカーに修二さんは「最初はどうなることかと思ったけど，ここまできっちりと話を聞いてくれて，こんなに早く対応して下さるとは思いませんでした」と感謝を伝えると，智子さんも「ほんとうに，ねえ」と答えている。そして，面接は以下のようなやり取りで終了した。

修二さん：おかげで目途が立ちました。（夫人を見ながら）一生懸命僕たちのことを考えてくれてね。

智子さん：こんなに考えて下さるなんて。

修二さん：安心して，入院できそうです。

出所：奥川・渡部監修（2007）付属冊子12-62頁を要約。「　」会話部分は引用。DVD 発売に先立ち，VHS 版が2003年に発売されている。現映像の録画日は2002年2月であったため，看護師を看護婦と表記。

　事例9-6～8から得られた情報を統合的・多面的アセスメントのための情報枠組みで挙げた9項目に当てはめて整理したものを資料9-1に示した（章末参照）。続く資料9-2には，本書ですでに解説した「ワーカー役割，援助関係」に関して，分析したものを示した（章末参照）。この2つの表で明らかなように，常にすべての必要な豊かな情報が得られるわけではないし，不要なこともある。十分得られなかった情報に関しては，そのことを記載して使用できる。情報整理の仕方は，決められた形にこだわるのではなく，ご自分にとって最も使いやすい方法を見つけることが大切であると考える。筆者は，このようなアセスメント情報の整理の仕方を実際の研修や大学の授業で紹介しているが，その際にも使い方は自由であることを付け加えている。

233

第Ⅱ部　総合的・多面的アセスメントで得られるクライエントの情報

本章で試みたように異なる面接場面から得られた情報を区別して記載することもできるだろうし，継続事例であれば，文字の色を変える，日時を記載する，などして，アセスメント情報を補足していきながら，援助法の振り返りに使用できるかもしれない。応用してみたいとお考えの方は，ご自分なりの使用法を見つけて下されば幸いである。

実践で忙しい日々を送るワーカーにとって，このような形で日々の実践のすべてを整理する時間はないだろう。しかし，少なくとも担当ケースの中から数ケースを選択して，このように整理することで，クライエントだけでなく，自らの役割に関してもしっかりとアセスメントする思考枠組みに慣れ，実践に応用していってほしいと願っている。また，実践現場にはいない方であれば，事例集などを活用して，アセスメントからクライエントにとって最善の援助計画作成がいかにあるべきかを考えるツールになるとも考える。

5　本章のまとめ

最終章の第9章では，クライエントが直面する問題にどのように対処できるのか，という問題対処に焦点を絞って，その対処に影響を与える，問題の捉え方（問題の評価），問題の捉え方やその後の対処に影響を与える可能性のあるクライエントが持つ様々な資源，などをラザラスらによるストレスコーピング理論を応用しながら解説をしてきた。クライエントが持つ資源の量・質，特にそれらの資源の中でもソーシャルサポートと呼ばれる他者から得る情緒的，物質的支援がクライエントの問題対処に果たす役割をしっかりとアセスメントする重要性が明らかになったと考える。

ワーカーが提供する援助もフォーマル・サポート（専門職からのサポート）と呼ばれるソーシャルサポートである。ワーカーは，クライエントがインフォーマル・サポーター（家族，友人，知人などからのサポート）から得ているサポートがクライエントに与えている影響を的確に理解し，必要に応じてマイナスの影響を与えているサポーターからの影響を軽減したり，不足しているサポートを補ったりしていくことが大切である。本書の締めくくりとして，統合的・多面的アセスメントのための情報枠組みの応用を試みた。第4章で一部紹介した奥

川・渡部監修（2007）の事例を使って，情報の整理をするとともに，「ソーシャルワーカー役割，援助関係」の分析も行った。このようにクライエントのみならず，ワーカー自らのアセスメントをも実施することによって，ワーカーが「専門職として質の向上」を図り，クライエントに最善の援助を提供できるのではないだろうか。

注
(1)　ストレスという用語は14世紀初頭にすでに使用されているが，この用語を一躍有名にしたのは心理学領域ではない。物理学者・生物学者のロバート・フック（R. Hooke）が「橋のような人工建造物は，様々な自然の力（地震，強風など）が与える負荷に耐えうるように設計されるべきである」と述べた時，そのプロセスを説明するのに使用したのが「負荷，ストレス，歪み」という用語であった。その後，20世紀初頭の心理学にも，この分析が影響を与えた（Lazarus 1993：2）。
(2)　ストレス研究の歴史，多様な問題領域における研究結果，研究で用いられたストレス対処法の結果，測定尺度の違いによりもたらされた有効な対処法に関する議論など，専門書をご一読いただきたい。
(3)　心理学的ストレスモデルにおいて，ストレスに対処する時に個々人が用いる方法は「ストレス対処法」「ストレスコーピング」「コーピング方略」などとも訳されている。
(4)　Elie Wiesel のインタビュー。「アカデミーオブアチーブメント」（1996年）として，シャウアーら（2010）によって紹介されている。
(5)　奥川・渡部監修（2007）では，演習用に３種類の面接場面をあえて設定し，面接における応答の意味の理解を深めている。

第Ⅱ部　総合的・多面的アセスメントで得られるクライエントの情報

資料 9 - 1　統合的・多面的アセスメントのための情報枠組みに基づく事例 9 - 6 ～ 8 の整理

9項目	妻	夫
（1）クライエントの問題意識 ——なぜ，クライエントは援助を受けようと思ったのか？進んで援助を受けようと思っているのか？	(A)夫の介護を自分がしなければならない時に，自分自身が心臓病で安静を必要とされたことでどうしたらよいか迷い，（病院の看護師からの紹介で）相談をしてみた。援助を受けたいと考えているが，自分の中には両価的な気持ちがある。 (B)（近藤ワーカーのサポートにより）より積極的に問題解決を考えようとしている。	(C)（援助を受けることに積極的）自らが相談をしたのではないが，妻の病気が良くないことを感づいており，なんとかしてあげたいと思っていたが，それを（妻が気を使っていることを知り）なかなか言い出せずにいた。面接の中で妻の病状が悪化していて入院が必要ということが明らかになった時には，自分から 2 人のワーカーに現状を何とかしたいので力を貸してほしい，と積極的に援助を求めている。
（2）主訴——クライエントは何が問題だと述べているのか？	(A)「もう疲れてしまった。このままでは共倒れになる。夫を預かってほしい」という言葉が相談の際の第一声であり，主訴であった。 (B)（実は）自分の体がつらいが病状を夫に話すことはためらわれる。自分の体調を安定させて夫と自宅で暮らしたい。	(B)（面接の早い時期に自分から言い出したわけではないが）妻の体調が最近悪くなっているが，自分は脳梗塞の後遺症のために自分で自分のことができなくて悩んでいることを「……家内は，……最近特に調子がよくないんだ。……自分のことは自分でしようと思ってるんだが，……何か良い方策はないものかと，僕も悩んでいたところなんです」と自分自身が問題の解決法に困っていたと述べている。
（3）問題の具体的な特性——問題は，いつ始まりどのぐらいの期間継続しているのか，問題の起こる頻度，問題が起こる場所や時，誰といる時，問題はクライエントが日常生活を営むのにどれほど障害になっているのか？　問題が起きるのに関係した出来事・人・機関は何か？	（介護者である妻の「問題」を本人の心臓病として，これに関する具体的な内容）電話をかけてきた当日，医師から入院の必要ありと診断される。心臓病は（発症の具体的時期不明）若い頃よりあり，手術後，服薬で生活するも継続，問題が起きる場所・時等は特定できない。現在は日常生活を営むのも困難な状況。問題が起きるのに関連した出来事は夫の脳梗塞とその後の転倒である。	（夫が介護を要することを「問題」と考えた場合）脳梗塞 4 カ月前，4 月15日に脳梗塞で入院，左片まひになる。現在までリハビリ中。（「問題」を夫の日常生活に介助が必要になったこと，とすれば，問題の頻度・場所・時はそれぞれの介助が必要な時になる。（日常生活での障害の程度）＝洗面所までは杖歩行。見守りが必要な状況。関係した機関は病院。（問題を深刻化させた）出来事は，転倒と妻の病状悪化。

236

第9章　クライエントの問題対処力と資源を把握する

9項目	妻	夫
（4）クライエントの問題の捉え方——問題に関するクライエントの考え，<u>感情</u>，および<u>行動</u>は何か？	自分が病気で入院してしまったら夫の介護をする人がいなくなるので，なんとか自分が介護を継続しなければならないと考え（考え），実際にそうしてきているが（行動），その一方で辛さが増してきており（感じ方），医師のアドバイスの意味を理解（思考）しているが，決断ができず（行動），苦しんでいる（感情）。	（自分でできることを増やしていきたいと思うが）自分でできることは「何もできないのと同じ」と感じて苛立ちを持っている（感情）。自分の苛立ちが「健康な時との比較」によって起きていることがわかっている（考え）。そのような中，自立を目指し一生懸命にリハビリテーションを実行し（行動），焦りもあって，一度転倒をしたが，その後は気を付けている。転倒の理由は，妻に心配をかけたくない，負担を増やしたくない，という思いの強さによるものであった。（妻の病気に関しては）「今やギリギリの状態である」という認識があり，妻には話さず，娘とはどのようにすればよいかの相談をし，今後の問題解決に向けての行動をとりはじめていた。
（5）クライエントの特性——①どのような人生を歩んできたのか（<u>成育歴</u>）？　②<u>どんなライフサイクルにいるのか</u>，③<u>家族や友人を含む他者との関係性</u>，④<u>強さ・長所</u>，⑤<u>価値観・人生のゴール</u>，⑥<u>人生で起きた特記事項</u>	①成育史・③他者との関係の持ち方：元家族や結婚前の他者との関係性の持ち方に関する情報は多くは得られなかったが，夫が後輩から慕われていたこと，妻は元会社の部下で，心臓病で亡くなった前妻とも家族ぐるみで付き合ってきたことはわかっており，妻も同僚や上司と強い信頼関係を形成できる人であることはわかる。前妻から「智子さんなら」と夫のことを託されるだけの信頼を得ていた。妻は，夫の介護は自分がしていきたい，という強い責任感を持ち，夫も同様，妻を守らなければという責任感を持ち合う関係性にある。しかし，一方で，娘以外の人にはこのような状態を話したり，何らかのサポートを頼んだりすることはできていないようでもある（経済的な資源，娘の支援などで今回の問題の解決はできそうなため，他者との関係性に関しては，それ以上の情報入手に至っていない）。義理の娘は新しい母との関係も良いが，ちょうど自分の娘が妊娠した時だったので，彼女に心配をかけないでおきたいと考え，今回のことも自分だけで処理しようとしている。しかし，義理の娘は自分でできることは手伝いたいと考え，それを父親には伝えており，家族観でも相互サポート体制ができているようである。②ライフサイクル：初老期。家族としては「子どもが独立」して，「夫婦2人」の生活になる時期である。社会的な地位，健康などを喪失していく時期にいる。このクライエント夫妻の場合もまさにこの初老期に出会うであろう課題を経験している。	

第Ⅱ部　総合的・多面的アセスメントで得られるクライエントの情報

9項目	妻	夫
	④強さ・長所：自分が手術を要するような状態であっても夫のことを優先させる夫に対する強い責任感と思いやりがある。また，相談員とのやりとりを通して見えたことも同様で，自分が大変な状況に陥っていても，相手に対する思いやりの行動や言葉を出せる人である。	④根気よくリハビリテーションを行える力。強い自立への思い（時としてこれが「あせり」となり，転倒も引き起こした）。妻に対する思いやり。妻が言葉にしなくても，何が起こっているかを読み取り，かつ，それを不用意には口に出さない理解力と分別。
	⑤価値観・人生のゴール：夫婦2人でお互いを大切にして暮らしていきたい。なるべく娘たちには迷惑をかけたくない。	⑤左に同じ。病気で亡くした前妻と同じ病を抱えた妻を守りたい。
	⑥特記事項：2人は再婚。夫は妻を亡くした後，妻と同じ病気を抱えていた現在の妻と再婚。	
（6）クライエントの問題理解に必要な固有の情報——特に当該クライエントの問題を理解するのに必要な情報	持病の心臓病で服薬を継続してきたが，この時点では入院・検査が必要な状態になっている。放っておけば大変な状態に陥る，とのことを医師から伝えられている。経済的にはあまり問題なし。理解力，決断力も高い。	脳梗塞の後遺症がどこまで回復させられるのか，に関しては今後も引き続き状況を観察していく必要あり。これまでの経過からは，自立歩行可能な段階に進めていることがわかっている。現時点での歩行はかなり安定。無理して歩行したための課題もあり。降圧剤と血液をサラサラにする薬を服薬中。妻の不在時のサービスを自費で賄う財力あり。理解力，決断力，実行力高い。

第9章　クライエントの問題対処力と資源を把握する

9項目	妻	夫
（7）クライエントの問題対処力と問題対処のための資源——今回の問題解決のためにどのような方法がとられたか？　クライエントは，これまで人生で起きた問題に対してどのような取り組み方をしてきたか？　どのような問題対処に役立つ資源を持っているのか？　今回の問題に対して使っている方法は，これまでクライエントが他の問題の対処に使ってきたのと同じようなものか？	（これまでの成育史を詳細に聞いていないが，おそらく）問題が起きた時には，自分自身が人に頼ることなく，辛抱強く努力してきたようである。持病を抱え服薬しながらの生活で，「限界のある生活」への適応力をつけてきたと考えられる。このようなこれまでの問題への対処経験もあり，これまで生活は滞り無く進んできたようである。思考力，他者への配慮，近しい関係の会社の同僚や上司などとの深い関係形成力，自分の「限界」に気づき支援を求める力，専門職からの支援を得て「問題解決」をしようとする力，などの資源を持つ一方で，今回は，今までサポーター役割を果たしてくれていた夫の突然の病気（ストレスを引き起こす他の問題の存在），自分たちの老い，といったことで，新たな挑戦ともとれる状況となった。今回の問題を「何とかできる」と評価したものの，そこで当初，取ろうとした解決法には無理があったようだ。	今の妻と同じ病気を抱えた前妻の看病をし，家族への思いやりを見せ，会社で信頼され，といった力を備えている。これまでの人生で起きた前妻の死も乗り越え，再婚した現在の妻と新たな生活を築く新たなことへの挑戦もできる力を持っている。今回の面接内容から見て取れるように，自分で問題解決を積極的に考え，その準備をするという問題解決型の対処ができる力を持っている。また，自分の病気に関しても（脳梗塞の後遺症に関して）少しでも早く，自分でできることを増やしたいと考え，リハビリテーションに励んできたように，いくつかの困難に出会いそれを乗り越えてきた「過去の問題対処経験」を持ち，レジリエンスもある。一方で，頑張りすぎて，かえって回復を遅くするような「転倒」も起こしてしまったことは，妻と同様，老化も一因となり，今までと同様の問題対処ではうまくいきにくくなっているようである。しかし，今回の問題に出会った時，妻が気遣わないように，娘と連絡を取り，その状況をかなり冷静に評価し，「問題解決」に向けた行動をとることができている。
（8）問題を解決するためにクライエントが使える人的・物的資源	妻の病院，主治医，夫の病院，主治医，リハビリテーションスタッフ，娘家族（地域などの情報は十分ではないが，今回の問題ではクライエントが選択した問題解決法を見る限りこれだけの情報量で十分であると考えられる）。	
（9）クライエントのニーズと今後必要な外部の資源——どのようなニーズや欲求が満たされないためにこの問題が起こっているのか？　クライエントの問題対処に今後必要な外部資源は何か？	ニーズ：夫に不便な思いをさせることなく，また，夫が転倒などすることを心配することなく，自分が入院・手術をして，健康を取り戻し自宅に戻り，夫の世話を続けられること。	ニーズ：自分自身の歩行が今より安定するようなリハビリテーションを受けることで，妻を安心して入院させること。自分の歩行の安定により（必要に応じて）病弱な妻に無理をさせないで済むこと。

239

第Ⅱ部　総合的・多面的アセスメントで得られるクライエントの情報

9項目	妻	夫
	必要な外部資源：夫妻の置かれている状況を理解してくれる病院関係者（入院する病院のワーカー，医師などと再度きちんと話し合う必要あり）。自分の入院中，（義理の娘は手伝ってはくれると言っているが，自分の入院期間が長引き夫が先に在宅生活を始めた場合にも）夫のことを心配せずにいられるようにしっかりと夫の身の回りの世話を手助けしてくれる資源。	必要な外部資源：妻の入院中，リハビリテーションを継続し，より自立度が高くなるような歩行を可能にしてくれるリハビリテーション病院，（妻の入院期間が長引き自分が先に退院して戻り，娘の手伝いだけでは不十分になった時の）家事支援を提供してくれる資源。

注：(1) 段階を追ってわかってきた情報内容の整理（(A)は事例 9 - 6 , (B)は事例 9 - 7 , (C)は事例 9 - 8 から得た情報）。

(2) ここでは，便宜上 A, B, C に分けているが，一部場面を通してわかってきたこともあることをご理解願いたい。

第9章　クライエントの問題対処力と資源を把握する

資料9-2　ワーカー役割・援助関係アセスメントの枠組みと情報

項　　目	内　　容
①クライエントが期待していた役割——クライエントおよびその家族はソーシャルワーカーをどのようなことをしてくれる人と見ていたのだろうか？	妻は山手ワーカーとのインテーク面接段階では，（病院の看護師から紹介されたその日に電話をしてきたということもあり），ワーカーが何をどこまでしてくれるのかは，よくわかっていなかったようである。しかし，夫に会う前に，迷いと不安を感じていた妻とまず話をして安心して夫との面接にのぞめるように配慮した近藤ワーカーに会うことで，ワーカーが自分の迷いをも受け入れてくれ納得できる解決法を見つけてくれる専門職であるらしいと気づいた。夫も同様に，妻と自分の意見の相違を単なるマイナス要因として取るのではなく，プラス要因として捉えてくれた近藤ワーカーに出会い，ワーカーに自分たちの解決策を尋ねるように変化したようである。
②ワーカーが果たそうとしていた役割——ワーカーは，クライエント及び家族に対して何をしようとしていたのか（予定していた自分のとるべき役割・援助ゴールなどを含む）	山手ワーカーは経験が短いこともあり，夫妻の間にある葛藤が表面化しないよう，時折，現実を直視することをさけるような調停役割をとろうとした。しかし，近藤ワーカーは，山手ワーカーがそのような役割を取ろうとした時に，クライエント夫妻が現実をきちんと直視できるように面接を進め，クライエント夫妻にとって「最適な解決策」を見つけようとしていた。クライエントの強さ（ストレングス）に着目し，そのフィードバックもして，クライエントが持つ力を引き出し，それを使って問題を乗り切るような役割をとった。ソーシャルワーカーとしてクライエントをエンパワーし，現実的な援助ゴールを設定する役割を果たすことができていた。
③ワーカーとクライエントとの関係性——ワーカーとクライエントとの間にはどのような関係が成立していたのだろうか。そこにある関係性は専門職としての援助的関係性になっていたか。	①で述べたように，インテーク段階ではまだ十分な関係性は形成できていなかったが，面接が進むにつれて，クライエント夫妻は自分たちの思いと状況をしっかりと理解した上で解決策を一緒に見つけていこうとする（特に）近藤ワーカーの姿勢に信頼を寄せるようになっていったようだ。夫が要介護状態であっても，その身体状況のアセスメントだけに偏らず，夫妻の心理的な状況のアセスメントも実施し，夫妻の間の課題を明らかにしている。近藤ワーカーは，夫妻の確認を得ながら，何が起こったのか，今後何をすればどうなるのか，という状況の整理を実施し，フォーマルな資源のみでなくインフォーマルな資源の使用も含めた問題解決法の選択肢を提案し，丁寧にそれらの方法を取った際の長所・短所をも説明するという専門的関係を構築できていた。

出所：渡部編著（2007：339）を修正・加筆。

あとがき

　定年まで残す所2年と少しになり，最後の仕事としてこの本を出版したいと思った。1999年に初めての単著『高齢者援助における相談面接の理論と実際』を上梓した際，故久保紘章先生が過分なコメントを下さった書評の最後に「……できれば，このような本をソーシャルワークで出版して欲しい」と書いてくださったことをずっと記憶しており，いつかは実現したいと思っていたが，本書によって，やっと長年の願いを現実にすることができた。

　本書の刊行が可能になったのは，数えきれないほど多くの人々の教えやサポートのおかげである。多くの機会と知的刺激を与えてくださった国際医療福祉大学大学院教授の白澤政和先生，後述するように私が日本で再度実践と関わりを持つきっかけをくれた対人援助職トレーナーの故奥川幸子氏，良きアドバイザーとして私を導いて下さる明治学院大学教授の北川清一先生，日本の大学院に在籍していた時の指導教授でありアメリカ留学のきっかけを作って下さった関西学院大学名誉教授の武田建先生，日本女子大学で知的刺激とともに多くのサポートを提供して下さった岩田正美名誉教授と社会福祉学科の同僚たち，大学院生，数々の研修で私に実践課題を教えてくれるとともにアセスメントの視点が有用であるというフィードバックにより勇気を与えてくれた実践家とそのクライエントの方々に，深く感謝したい。日本社会福祉学会，日本ソーシャルワーク学会等の学会活動からは，多くの学びを得た。また，アメリカで私のスーパーバイザーとしてソーシャルワーカーのあるべき姿を示してくれたペニー・トロップマン先生，研究の楽しさ，研究者としての真摯な姿勢を身をもって示して下さったミシガン大学名誉教授で博士論文の主査であったシーラ・フェルド先生，がいなければこの本は書けなかった。

　白澤先生は，私が1995年に日本に戻って間もない時，鋭い人間観察力で2人の相性の良さを見抜き，「自らの実践の言葉」を持ち，クライエントを徹底的に大切にした実践をする故奥川氏に引き合わせて下さった。彼女の仕事内容は，

使用する言葉は違うものの，私がアメリカで学んだ基本で説明ができる基本に
忠実なものだった。残念ながら2018年9月に逝去されたが，きっと天国で出版
を喜んで下さっていると信じている。ソーシャルワークの本質・原点をいつも
大切にされる北川先生は，今回の出版にあたりミネルヴァ書房を紹介して下さ
った。これら多くの方々のサポートがあって，この本を書きたい，出版したい，
と考え長い時間がかかったが，実現することができた。また，私が本の企画で
迷っている時，自分の事のように真剣に議論を重ねて下さった上，丁寧な校正
をしてくれたミネルヴァ書房編集部の音田潔さんの力添えなしにはこの出版は
あり得なかった。そして最後に執筆がうまくいかず呻吟している時，いつも傍
らで励ましてくれた夫リチャード・グリーン，ここで名前を挙げきれなかった
多くの皆様にも深い感謝の意を表わしたい。

　ソーシャルワークを取り巻く環境は決して楽観的なものではない。しかし援
助を必要とする人々に最適な支援を提供できる力を備えたワーカーの育成をと
めてはならないはずである。その一助となることを目指し，作家の故井上ひさ
し氏がよく色紙に書いていたという「むずかしいことをやさしく，やさしいこ
とをふかく」という言葉を強く意識しながら書き続けた。本書が，実践現場に
いる方々のみならず，研究者，教育者の方々にとって少しでもお役に立つこと
を願っている。

　2019年7月

渡部律子

参考文献

イーガン，ジェラード／福井康之・飯田栄訳（1992）『カウンセリング・ワークブック ——熟練カウンセラーをめざす』創元社。

井上牧子・西澤利朗編著（2017）『精神医学ソーシャルワークの原点を探る——精神保健福祉士の再考』光生館。

今泉智樹（2017）『クライエントの信頼を深め心を開かせるカウンセリングの技術』同文舘出版。

岩田正美（2017）『貧困の戦後史——貧困の「かたち」はどう変わったのか』筑摩選書。

エリクソン，E. H.／仁科弥生訳（1977）『幼児期と社会 1』みすず書房。

エリクソン，E. H.・J. M. エリクソン／村瀬孝雄・近藤邦夫訳（2001）『ライフサイクル，その完結』みすず書房。

遠藤利彦（2005）「アタッチメント理論の基本的枠組み」数井みゆき・遠藤利彦編著『アタッチメント』ミネルヴァ書房，1-31頁。

大段智亮（1978）『面接の技法』メジカルフレンド社。

岡部卓・長友祐三・池谷秀登編著（2017）『生活保護ソーシャルワークはいま——より良い実践を目指して』ミネルヴァ書房。

奥川幸子（1997）『未知との遭遇——癒しとしての面接』三輪書店。

奥川幸子・渡部律子監修（2007）『DVD 面接への招待』中央法規出版。

奥田いさよ（1991）「面接の技法——技術・態度・基本的な考え方」奥田いさよ編著『対人援助のカウンセリング——その理論と看護・福祉のケーススタディー』川島書店，114-141頁。

小山聡子（2016）「豊かな知識と批判的精神を育むソーシャルワーク教育——現状の整理とクリティカルな視点から見た今後」『ソーシャルワーク実践研究』4，3-15頁。

カズンズ，ノーマン／松田銑訳（2001）『笑いと治癒力』岩波現代文庫。

河合隼雄・鷲田清一（2010）『臨床とことば』朝日文庫。

北川清一（2017）「ソーシャルワークの新たな展開」北川清一・久保美紀編著『ソーシャルワークへの招待』（シリーズ・社会福祉の視座②）ミネルヴァ書房，219-237頁。

北島英治（2016）『グローバルスタンダートにもとづくソーシャルワーク・プラクティス——価値と理論』ミネルヴァ書房。

クーパー，C. L.・C. デューイ／大塚泰正・岩崎健二・高橋修・鈴木綾子訳（2006）『ス

トレスの心理学——その展望と歴史』北大路書房。

小杉正太郎編著（2002）『ストレス心理学——個人差のプロセスとコーピング』川島書店。

小杉正太郎編（2006）『ストレスと健康の心理学』（朝倉心理学講座⑲）朝倉書店。

ゴーブル，フランク／小口忠彦監訳（1972）『マズローの心理学』産業能率大学出版部。

小松源助（1989）『面接のすすめ方』（福祉相談ブックレット①）全国社会福祉協議会。

坂中正義編著（2017）『傾聴の心理学—— PCA をまなぶ——カウンセリング・フォーカシング・エンカウンター・グループ』創元社。

坂野雄二・前田基成編著（2002）『セルフ・エフィカシーの臨床心理学』北大路書房。

塩田規子（2015）「児童養護施設で暮らす高齢女児への自立支援とソーシャルワーク——家族関係の修復を図るかかわりの内省的分析」塩田規子編著『ソーシャルワーク実践の事例分析』（ソーシャルワーク研究所ブックレット③）ソーシャルワーク研究所。

篠原純史（2018）「退院支援役割に葛藤する急性期病院ソーシャルワーカーの組織内グループスーパービジョン」福山和女・渡部律子・小原真知子・浅野正嗣・佐原まちこ編著『保険・医療・福祉専門職のためのスーパービジョン——支援の質を高める手法の理論と実際』（新・MINERVA 福祉ライブラリー⑳）ミネルヴァ書房，249-257頁。

島津明人（2006）「コーピングと健康」小杉正太郎編『ストレスと健康の心理学』朝倉書店，21-34頁。

シャウアー，マギー，フランク・ノイナー，トマス・エルバート／森茂起監訳，明石加代・牧田潔・森年恵訳（2010）『ナラティヴ・エクスポージャー・セラピー——人生史を語るトラウマ治療』金剛出版。

社会福祉専門職団体協議会国際委員会（日本ソーシャルワーカー協会・日本社会福祉士会・日本医療社会福祉協会・日本精神保健福祉士協会）（2016）「ソーシャルワーク専門職のグローバル定義と解説」（https://www.jacsw.or.jp/06_kokusai/IFSW/files/SW_teigi_01705.pdf, 2019年 2 月 6 日アクセス）。

庄司順一・西澤哲編（2001）『ソーシャルワーカーのための心理学』（社会福祉基礎シリーズ⑫）有斐閣。

白石大介（1988）『対人援助技術の実際——面接を中心に』創元社。

杉原保史（2015）『プロカウンセラーの共感の技術』創元社。

鈴木隆男（2003）「ライフサイクルからみた発達心理学」平山愉・鈴木隆男編著『ライフサイクルからみた発達の基礎』（発達心理学の基礎と臨床①）ミネルヴァ書房，1-18頁。

副田あけみ（2018a）『多機関協働の時代——高齢者の医療・介護ニーズ・分野横断的ニ

ーズへの支援』関東学院大学出版会。

副田あけみ（2018b）「記録の定義と種類」副田あけみ・小島章吾編著『ソーシャルワーク記録——理論と技法 改訂版』誠信書房，2-7頁。

玉城夏子（2017）「DV被害者への支援」岡部卓・長友祐三・池谷秀登編著『生活保護ソーシャルワークはいま——より良い実践を目指して』ミネルヴァ書房，79-94頁。

丹野義彦・石塚琢磨・毛利伊吹・杉山明子（2015）『臨床心理学』（New Liberal Arts Selection）有斐閣。

デューイ，ジョン／市村尚久訳（2004）『経験と教育』講談社学術文庫。

中川米造（1994）『医療のクリニック——「癒やしの医療」のために』新曜社。

中村雄二郎（1992）『臨床の知とは何か』岩波新書。

二木立（2018a）『地域包括ケアと福祉改革』勁草書房。

二木立（2018b）「近年の医療・福祉改革とソーシャルワーカーの役割——改革はソーシャルワーカーにとって危機か，好機か？」（第13回愛知県医療ソーシャルワーク学会・基調講演配布資料別紙2）。

西澤哲（2019）「心理職における事例検討会の特徴と『記録』の活用法——子供支援の実践事例を手がかりに」『ソーシャルワーク実践研究』9，42-45頁。

西村良二（1993）『心理面接のすすめ方——精神力動的心理療法入門』ナカニシヤ出版。

日本社会福祉教育学校連盟監修（2015）『ソーシャルワーク・スーパービジョン論』中央法規出版。

日本社会福祉士会HP（https://www.jacsw.or.jp/01_csw/04_cswtoha/law02.html, 2018年3月30日アクセス）。

日本精神保健福祉士協会監修，田村綾子編著（2017）『ソーシャルワークの面接技術と記録の思考過程』（精神保健福祉士の実践知に学ぶソーシャルワーク②）中央法規出版。

ハーセン，M.・V. B. ヴァンハッセル編／深澤美智子監訳（2001）『臨床面接のすすめかた——初心者のための13章』日本評論社。

林眞帆（2014）「ソーシャルワークにおける『わかる』ことの意味」『別府大学紀要』55，7-104頁。

福富昌城（2009）「相談援助のためのアウトリーチの技術」社会福祉士養成講座編集委員会編『相談援助の理論と方法 第2版』（新・社会福祉士養成講座⑦）中央法規出版，149-173頁。

ブラマー，ローレンス・M.／対馬忠・対馬ユキコ訳（1978）『人間援助の心理学——新しい生きがいの探求』サイマル出版会。

ベンジャミン，アルフレッド／林美子・上杉明訳（1997）『カウンセリング入門——支援する心と技術 新装版』春秋社。

247

マグヮァイア，L.／小松源助・稲沢公一訳（1994）『対人援助のためのソーシャルサポートシステム』川島書店。

森川美子（2009）「中年期の心理と課題」永井徹監修，田中信一・下川昭夫編『中年期・老年期の臨床心理学』培風館，1-28頁。

山崎美貴子（2018）「全体像の把握から援助につなぐ」『社会福祉学習双書』編集委員会編『社会福祉援助技術論1——相談援助の基盤と専門職／相談援助の理論と方法（社会福祉学習双書2018⑨）全国社会福祉協議会，72-87頁。

吉田弘道（2001）「青年期の発達と臨床」庄司順一・西澤哲編『ソーシャルワーカーのための心理学』（社会福祉基礎シリーズ⑫）有斐閣，117-140頁。

ラザラス，R. S. 講演／林俊一郎編・訳（1990）『ストレスとコーピング——ラザラス理論への招待』星和書店。

ラザラス，R. S.・S. フォルクマン／本明寛・春木豊・織田正美監訳（1991）『ストレスの心理学——認知的評価と対処の研究』実務教育出版。原典出版年は，1984。

レナード，ドロシー，ウォルター・スワップ／池村千秋訳（2013）『新装版 経験値を伝える技術』ダイヤモンド社。

鷲田清一（2015）『「聴く」ことの力——臨床哲学試論』ちくま学芸文庫。

渡部律子（1995）「ロールプレーと三段階フィードバックの組み合わせによる社会福祉援助面接技術教育の試み——アメリカの MSW プログラムの事例を通して」『日本社会福祉実践理論研究』3，47-65頁。

渡部律子（1999）『高齢者援助における相談面接の理論と実際』医歯薬出版。

渡部律子（2002）「ソーシャルワークの構成と過程」北島英治・副田あけみ・高橋重宏・渡部律子編『ソーシャルワーク実践の基礎理論』（社会福祉基礎シリーズ②）有斐閣，1-29頁。

渡部律子（2008）「社会福祉実践を支えるスーパービジョンの方法——ケアマネジャーにみるスーパービジョンの現状・課題・解決法」『社会福祉研究』103，69-81頁。

渡部律子（2011）『高齢者援助における相談面接の理論と実際 第2版』医歯薬出版。

渡部律子（2012）「アウトリーチ実践ができるソーシャルワーカー養成に影響を与える要因」『社会福祉研究』115，30-39頁。

渡部律子（2013）『「人間行動理解」で磨くケアマネジメント実践力』中央法規出版。

渡部律子（2015a）「相談援助のためのアセスメントの技術」社会福祉士養成講座編集委員会編『相談援助の理論と方法I 第3版』中央法規出版，181-204頁。

渡部律子（2015b）「ソーシャルワークの本質と専門職アイデンティティ——アイデンティティをめぐる先行研究にみる現状と課題」『ソーシャルワーク実践研究』2，3-18頁。

渡部律子（2016a）「ソーシャルワークとパワー」『ソーシャルワーク実践研究』3，1頁。

渡部律子（2016b）「ソーシャルワークにおける省察的実践とソーシャルワーカー養成
　　——ソーシャルワーク教育の課題と展望を考察する」『ソーシャルワーク実践研究』
　　4，16-30頁。

渡部律子（2018a）「アセスメントとプランニング」『社会福祉学双書』編集委員会編
　　『社会福祉援助技術論Ⅰ——相談援助の基盤と専門職・相談援助の理論と方法』（社
　　会福祉学習双書2018⑨）全国社会福祉協議会，175-222頁。

渡部律子（2018b）「ソーシャルワークの全体的な流れ」『社会福祉学双書』編集委員会
　　編『社会福祉援助技術論Ⅰ——相談援助の基盤と専門職・相談援助の理論と方法』
　　（社会福祉学習双書2018⑨）全国社会福祉協議会，160-174頁。

渡部律子（2018c）「ソーシャルワークの支援過程における『聴く』ことの意義・方法・
　　課題——専門職としての『共通基盤（common ground）』から読み解く」『ソーシ
　　ャルワーク実践研究』8，3-16頁。

渡部律子編著（2007）『基礎から学ぶ気づきの事例検討会——スーパーバイザーがいな
　　くても実践力は高められる』中央法規出版。

渡部律子監修（2007）『気づきの事例検討会——スーパービジョンの要素を取り入れて
　　実践力を磨く DVD 版』中央法規出版。

Adams, K., Matto, H., & Le Croy, C. (2009) "Limitations of evidence-based practice
　　for social work education: Unpacking the complexity" *Journal of Social Work
　　Education* 45, pp. 165-186.

Aldwin, C. M. (2007) *Stress, Coping and Development: An Integrated Perspective,*
　　The Guilford Press.

Anderson, K M. (2013) "Assessing strengths: identifying acts of resistance to vio-
　　lence and oppression" in D. Saleebey (ed.) *The Strengths Perspective In Social
　　Work Practice,* international 6th edition, Pearson.

Bandura, A. (1995) *Self-Efficacy in Changing Societies,* Cambridge University Press.
　　（＝1997，本明寛・野口京子監訳『激動社会の中の自己効力』金子書房。）

Barber, J. G. & A. H. Winefield (1986) "Learned helplessness as conditioned inatten-
　　tion to the target stimulus" *Journal of Experimental Psychology: General* 115
　　(3), pp. 236-246.

Barker, R. L. (2014) *The Social Work Dictionary 6th Edition,* NASW Press.

Barth, R. P., Lee, B. R., Lindsey M., A., Collins, K. S., Strieder, F., Chorpita, B. F., et
　　al. (2012) "Evidence-based practice at a crossroads: The timely emergence of
　　common elements and common factors" *Research on social work practice,* 22(1),
　　pp. 108-119.

Beddoe, L. (2013) "Health social work: Professional identity and knowledge" *Quali-*

tative Social Work: Research and Practice 12(1), pp. 24-40.

Bellefeuille, G. (2006) "Rethinking Reflective Practice Education in Social Work Education: A Blended Constructivist and Objectivist Instructional Design Strategy for Web-Based Child Welfare Practice Course" *Journal of Social Work Education* 42(1), pp. 85-103.

Berkman, L. F. (1985) "The Relationship of Social Networks and Social Support to Morbidity and Mortality" in Cohen, S. & Syme, S. L. (eds.) *Social Support and Health*, Academic Press, pp. 241-262.

Bowlby, J. (1969/1982) *Attachment and loss. Vol. 1. Attachment*, Basic Books.

Bruce, L. (2013) *Reflective Practice for Social Workers-A handbook for developing professional confidence*, Open New York University Press.

Burns, T. & M. Firm (2012) *Assertive Outreach in Mental Health: A Manual for Practitioners*, Oxford University Press.

Chiristine, K. & T. Scragg (ed.) (2016) *Reflective Practice in Social Work 4th Edition*, Sage.

Cicirelli, V. G. (1991) "Attachment theory in old age: protection of the attachment figure" in K. Pillemer & K. McCartney (eds) *Parent-Child Relations Across the Life Course*, Hillsdale, Lawrence Erlbaum.

Comier, W. H. & S. L. Cormier (1991) *Interviewing Strategies for Helpers: Fundamental Skills and Cognitive Behavioral Interventions 4th Edition*, Brooks/Cole.

Cormier S., Nurius, P. S., & Osborn, C. T. (2013) *Interviewing and Change Strategies for Helpers 8th Edition*, Cengage Learning.

Cournoyer, B. (1991) *The Social Work Skills Workbook*, Wadsworth.

Cousins, N. (1983) *The Healing Heart*, Avon Books.

Derrida, J. (1973) *Writing and Difference*, Chicago University Press.

Dewey, J. (1997) *Experience and Education*, Touchstone. (=2004, 市村尚久『経験と教育』講談社。)

Disblasio, F. A. & J. R. Belcher (1993) "Social Work outreach to homeless people and the need to address issues of self-esteem" *Health and Social Work* 18(4), pp. 281-287.

Dolan, P. C. & J. Pinkerton (eds.) (2006) *Family Support as Reflective Practice*, Jessica Kingsley Publisher.

Drisko, J. W. (2004) "Common factors in psychotherapy outcome: Meta-analytic findings and their implications for practice and research" *Families in Society* 85(1), pp. 81-90.

Erikson, E. H. (1948) *Children and Society*, Penguin.

Erikson, E. H. (1977) *Childhood and Society*, Granada.

Erickson, M. H. (1959) *Hypnotherapy: An Exploratory Casebook*, Irvington.

Folkman, S. (2011), "Stress, Health, and Coping: An Overview" in Folkman, S. (eds.) *The Oxford Handbook of Stress, Health, and Coping*, Oxford University Press, pp. 3-11.

Folkman, S. (ed.) (2011) *The Oxford Handbook of Stress, Health, and Coping*, Oxford University Press.

Fook, J., M. Ryan & L. Hawkins (1997) "Towards a theory of social work expertise" *British Journal of Social Work* 27(3), pp. 399-417.

Gibelman, M. (1999) "The search for identity: Defining social work-past, present, future" *Social Work* 44(4), pp. 298-310.

Gilligan, R. (2002) "Promoting positive outcomes in children in need" in J. Horwath (ed.) *The Child's World: The Comprehensive Guide to Assessing Children in Need*, Jessica Kingsley.

Gilligan, R. (2007) "Adversity, resilience and education of young people in public care" *Emotional and behavioural Difficulties* 12(2), pp. 135-145.

Glicken, M. D. (2005) *Improving the Effectiveness of the Helping Professions: An Evidence Based Approach to Practice*, Sage.

Goldberg, S., J. Grusec & J. Jenkins (1999) "Confidence in protection: arguments for a narrow definition of attachment" *Journal of Family Psychology* 13, pp. 475-483.

Grobman, L. M. (ed.) (2005) *More Days in the Lives of Social Workers: 35 "Real-Life" Stories of Advocacy, Outreach, and Other Intriguing Roles in Social Work Practice*, White Hat Communications.

Hantman, S. & M. BenOz (2014) "There are no shortcuts: Trusting the social work training process" *Journal of Social Work* 14(5), pp. 491-505.

Harlow, H. F. (1958) "The nature of love" *American Psychologist* 13, pp. 673-685.

Hartman, A. (1978) "Diagrammatic assessment of family relationships" *Social Casework* 59, pp. 465-476.

Hepworth, D. H. & J. A. Larsen (1993) *Direct Social Work Practice 4th Editon*, Brooks/Cole.

Hepworth, D. H., R. H. Rooney, G. D. Rooney, K. Strom-Gottfriend & J. A. Larsen. (2010) *Direct Social Work Practice-Theory and Practice 8th Edition*, Brooks/Cole.

Hepworth, D. H., R. H. Rooney, G. D. & K. S. Gottfried (2016) *Direct SocialWork*

Practice: Theory and Skills 9th Edition, Brooks/Cole.

Hepworth, D. H., R. H. Rooney, G. D. Rooney & K. Strom-Gottfried (2017) *Direct Social Work Practice: Theory and Skills 10th. Editon,* Brooks/Cole.

Hersen, M. & Van Hasselt, M. V. B. (1998) *Basic Interviewing-A Practical Guide for Counselors and Clinicians,* Routledge. (= 2001, 深澤美智子監訳『臨床面接のすすめ方――初心者のための13章』日本評論社。)

Holyoak, K. J (1992) "Symbolic connectionism: toward third generation theories of expertise" in Ericsson, K. A. & Smith, J. (eds.) *Towards a General Theory of Expertise,* Cambridge University Press.

Homer, N. (2004) *What is social work? Context and perspectives 1st Edition,* Learning Matters.

Ingram, R., J. Fenton, A. Hodson & D. Jindal-Snap (2014) Reflective Social Work Practice, Palgrave Macmillan.

Ivey, A. E., M. D'Andrea, M. B. Ivey & L. Simek-Morgan (2007) *Theories of Counseling and Psychotherapy: A Multicultural Perspective 6th Edition,* Pearson Education.

Juhila, K. & L. S. Abrams (2011) "Special issue editorial: Constructing identities in social work settings" *Qualitative Social Work: Research and Practice* 10(3), pp. 277-292.

Kadushin, A. & D. Harkness (2002) *Supervision in Social Work 4th Edition,* Columbia University Press.

Kadushin, A. & D. Harkness (2004) *Supervision in Social Work 5th Edition,* Columbia University Press. (= 2016, 福山和女監修, 萬歳芙美子・荻野ひろみ監訳, 田中千枝子責任編集『スーパービジョン イン ソーシャルワーク 第5版』中央法規出版。)

Karpetis, G. (2014) "Advocating the clinical social work professional identity: A biographical study" *Journal of Social Work Practice* 28(1), pp. 23-41.

Klein, M. (1988) *Love, Guilt and Reparation and Other Works*: 1921-1945, Virago.

Knott, C. & T. Scragg (2016) *Reflective Practice in Social Work 4th Edition,* Sage.

Kolb, D. A. (1984) *Experimental Learning,* Practice Hall.

Lazarus, R. S. (1993) "From Psychological Stress to the Emotions: A History of Changing Outlooks" *Annual Review of Psychology* 44, pp. 1-22.

Lazarus, R. S. & Folkman, S. (1984) *Stress Appraisal, and Coping,* Springer. (= 1991, 春木豊・織田正美監訳『ストレスの心理学』実務教育出版。)

Lee Dunjung, F. Mishna & S. Brennenstuh (2010) "How to Critically Evaluate Case

Studies in Social Work" *Research on Social Work Practice* 20(6), pp. 682-689.

Levy, J. S. (2011) *Homeless Outreach & Housing First: Lessons Learned,* Loving Healing Press.

Lindahl, K. (2003) *Practicing the sacred art of listening: The Listening Center Workshop,* Skylight Paths.

Mainstone, F. (2014) *Mastering Whole Family Assessment in Social Work-Balancing the Needs of Children, Adults and Their Families,* Jessica Kingsley Publishers.

Martin, R. (2010) Social work assessment. Learning Matters Ltd. Chapter 3 Theoretical underpinning to assessment, pp. 38-55.

Meyer, C. H. (1995) "Assessment" in *Encyclopedia of Social Work 19th Edition,* NASW, pp. 260-270.

Miller, S., Hubble, M., Chow, D. & Seidel, J. (2013) "The outcome of psychotherapy: Yesterday, today and tomorrow" *Psychotherapy* 50(1), pp. 88-97.

Milner, J., J. S. Myers & P. O'Byrne (2015) *Assessment in social work 4th Edition,* Palgrave.

Norcross, J. C. & Lambert, M. J. (2006) "The therapy relationship" in J. C. Norcross, L. E. Beutler, & R. F. Levant (eds.) *Evidence-based practices in mental health: Debate and dialogue on the fundamental questions,* American Psychological Association, pp. 208-217.

O'Rourke, L. (2010) *Recording in social work-Not just an administrative task,* The policy press.

Parker, J. & G. Bradley (2003) *Social work practice: Assessment, planning, intervention and review,* Learning Matters.

Payne, M. (2005) *Modern Social Work Theory 3rd Edition,* Palgrave.

Polany, M. (1966) *The Tacit Dimension,* Doubleday. (=2003, 高橋勇夫訳『暗黙知の次元』ちくま学芸文庫。)

Redmond, B. (2006) *Reflection in action: Developing reflective practice in health and social services,* Ashgate.

Roberts, A. R. & J. Gilbert & G. J. Greene (eds.) (2002) *Social Workers' Desk Reference,* Oxford University Press.

Robert, R. & L. Barker (2004) *The Social Work Dictionary 6th Edition,* National Association of Social Workers.

Schön, D. (1983) *The Reflective Practitioner: How Professionals Think in Action,* Basic Books. (=2001, 佐藤学・秋田喜代美訳『専門家の知恵——反省的実践家は行為しながら考える』ゆみる出版。)

Seligman, M. E. P. (1975) *Helplessness: on Depression, Development and Death,.* Freeman.

Sheldon, B. (1995) *Cognitive-behavioral therapy: Research, Practice, and Philosophy,* Routledge.

Söderfeldt, M., B. Söderfeldt & Warg, Lars-Erik (1995) "Burnout in Social Work" *Social Work* 40(5), pp. 638-645.

Tsui, Ming-sum (2005) *Social Work Supervision,* Sage.

Uchino, B. (2004) *Social Support and Physical Health: Understanding the Health Consequences of Relationships,* Yale University Press.

Walker, S. & C. Beckett (2011) *Social Work Assessment and Intervention 2nd Edition,* Russell House Publishing.

Walsh, J. (2013) *Theories for Direct Social Work Practice 3rd Edition,* Cengage Learning.

Wannacott, J. (2012) *Mastering Social Work Supervision,* Jessica Kingsley.

Webbler, M. & Nathan, J. (eds.) (2010) *Reflective Practice in Mental Health,* Jessica Kingsley Publishers.

Werner, H. D. (1986) "Cognitive Theory" in Turner, F. (ed.) *Social Work Treatment,* Free Press, pp. 91-129.

Whittington, C (2007) "Assessment in social work: A guide for learning and teaching" *SCIE Knowledge Guide* 18. (www.scie.org.uk/publications/).

Wills, T. A. (1985) "Supportive functions of interpersonal relationships" in Cohen, S. & S. L. Syme (eds.) *Social Support and Health,* Academic Press, pp. 61-82.

Wittgenstein, L. (1980) *Remarks on the Philosophy of Psychology,* Blackwell.

索　引

あ　行

愛・集団所属欲求　167
愛着パターン　196
アイデンティティ　190
　——形成　59
アウトリーチ　14, 70
アセスメント　4
　——項目シート　32
　——は「継続的」プロセス　12
　——面接　27
アタッチメント　195
安全と安定の欲求　167
安定した養育環境　196
暗黙知　117
生きづらさ　134
意思決定プロセス　34
1次的評価　210
一時保護所　180
インテーク　70
インフォーマル・サポーター　215
エキスパート研究　60
エコロジカルな視点　8
援助計画作成　71
援助計画実行　71
援助的関係性　12
援助の入り口　75
援助のゴール　76
援助の終結・評価　71
援助のプロセス　69
援助への橋渡し　83
援助法計画　10
援助を拒否する人　46
援助を求めることを躊躇する理由　160
援助を求める理由　35, 160
応答の質　86
置き換え　184
教え方のバリエーション　150

か　行

親子関係の歴史　26

解決志向モデル　203
外部資源　226
学習性無気力理論　166
学習性無力感　18
家族システムと外界との関わり　45
家族システム理論　19
家族内の力関係　46
課題が生まれた背景　32
課題に対峙する姿勢　116
カタルシス　89
価値観　37, 203
葛藤　64
家庭内の境界　46
家庭復帰　181
仮アセスメント　96
感情と事実の反射　98
聴いたものの責任　90
気づきの事例検討会　3
教育的機能　15
強化子　174
共感的理解　89
共通言語構築　73
共通のクライエントの理解の基盤　9
記録　12, 127
クライエント参加　10
クライエント自身の持つ力　10
クライエントとの協働　145
クライエントとの共同作業　9
クライエントに対する尊敬　37
クライエントの行動の意味　2
クライエントの参加意思　163
クライエントの責務　96
クライエントの特性　37
クライエントの福利優先　7
クライエントの無力化　56

255

クレーム対応　34
経験至上主義　63, 115
経験知　118
経験的学習サイクル　125
経験の理論　115
傾聴　218
契約　70
欠乏動機　168
言語反応バリエーション　96
「建設的な」話し合い　138
建設的フィードバック　143
行為の意味　115
行為の中の省察　118
攻撃性　176
行動観察　172
行動しながら考える　115
行動の引き金　174
行動分析　174
行動変容　182
　　──理論　182
行動理論　174
合理的な判断　166
高齢者虐待　196
固有の情報　37
根拠を伴う正確な情報　27
困難事例　25, 213

さ 行

再アセスメント　70
最適な援助　190
ジェネラリスト　8
ジェネリックソーシャルワーク視点　58
支援後の「予測」　12
支援者としての役割　6
自我の対処法　183
自我の防衛規制　18, 161
時期尚早の解決方法の伝達　105
刺激反応モデル　174
資源の量・質　236
思考・行動の循環プロセス　126
思考と行動の一体化　131
思考プロセス　4, 133
思考枠組み　236

自己開示　219
自己覚知　18, 127, 219
自己決定　106
自己効力感モデル　59
自己実現欲求　167
自己評価　218
　　──のサポート　215
事実と意見の区別　34
システム理論　45
死生観　126
自尊心・他者による尊敬欲求　167
実践経験年数　135
実践の言語化　4
実践のゴール　3
実践の振り返り　111
実践力向上　135
児童虐待ケース　32
児童虐待死事件　40
指導方法のバリエーション　137
児童養護施設　172
自発的クライエント　163
自分の存在が持つ価値　7
使命感　12
使命の自覚　30
社会環境への働きかけ　63
社会診断　27
社会的コンパニオン　220
社会福祉士及び介護福祉士法　54
収集した情報の分析・統合　33
熟練度に見合った教え方　150
主訴　36, 86, 162
　　──を受け止める　106
受理面接　70
循環型の経験・理論の相互作用　122
循環プロセス　15
昇華　14
浄化作用　→カタルシス
「詳細」なゴール　61
省察的実践　12
情緒的サポート　215
情動中心の対処　211
情動の共感　93
情報収集　10

索　引

情報提供　107
情報の「分析・統合」　78
情報の根拠　171
情報のサポート　220
情報の分析・統合　10
情報を収集する力　38
ショーン，D. A.　113
初回面接　86
職業アイデンティティ　14
初心者の特性　60
所属組織の方針　51
所属組織や制度・施策が及ぼす影響　14
自立支援　41
　　──医療　80
事例検討会　10
人生のゴール　37, 203
診断　171
人的資源　39
心理・社会的アセスメント　77
心理社会的危機　191
心理的構造モデル　183
スーパーバイザー　15
　　──への依存　137
スーパーバイジー　15
　　──のアセスメント　137
　　──の力の見積もり　150
　　──の到達点　15, 144
スーパービジョンの３つの機能　139, 142
スーパービジョンのステップ　146
スーパービジョンの存在意義　139
スキルの使い分け　61
優れた実践の言語化　114
ストレスコーピング理論　17, 126
ストレスフル　211
ストレングス視点　8, 197
成育史　44
生活保護　32
省察的ソーシャルワーク実践　15
省察力　111
成長動機　168
生理的欲求　167
説明責任　34
専門職の独りよがり　64

専門職論　114
専門的な関係性　7
相互関係　27
相互作用　9
喪失経験　126
ソーシャルサポート理論　17
ソーシャルワーカーの固定観念　27
ソーシャルワーカーの使命　50
ソーシャルワーク実践理論　113
ソーシャルワーク専門職のグローバル定義　54
ソーシャルワークのアイデンティティ　51
組織の要請　57

た　行

退院支援ワーカー　32
退行　184
対立概念の融合　120
他職種からの受け取られ方　53
ダブル・ループ　123
探求質問　75
地域包括支援センター　44
逐語録　151
知識・技術の応用可能性　59
知識の弱さ　56
知性化　184
知的なプロセス　93
DV ケース　81
提案・助言　107
デューイ，J.　113
電話相談　85
投影　183
道具的サポート　215, 220
統合的・多面的アセスメント　4
トラウマ　214

な　行

ナラティブモデル　201
二次情報　137
２次的評価　210
日常生活にとっての深刻度　170
乳児院　180
認知スタイルの変容　182
認知の歪み　175

257

認知療法 175
認知理論 174
ネグレクト 26

は　行

パワーの非対称性 93
判断の妥当性 33
判断力 38
反動形成 184
ピアグループ・スーパービジョン 133
非言語メッセージ 98
非現実的な援助 175
非自発的クライエント 163
人と環境の交互作用 58
否認 183
批判 106
秘密保持原則 70
フィードバック 10, 107
フェア（公平）な関係 76
フォーマル・サポーター 215
物的資源 39
ブラックボックス 3
ブリーフ・セラピー 203
報告書 33
ホストファミリー 214
ポランニー，M. 117
本能的欲求 176

ま　行

マニュアル化 99
水際作戦 41
ミッション 12
見通し（予測） 39
民生委員 43
無害-肯定的 211
無関係 211
無条件の肯定的配慮 89
明確化・確認 98
面接で避けたい15のパターン 106
面接の継続の選択 106

面接中断の決定権 107
目的達成の確認方法決定 98
モニタリング 71, 82
問題意識 162
問題解決の動機 225
問題設定 116
問題対処のための支援 38
問題対処力 38
問題中心の対処 211
問題の具体的な特性 36
問題の脱構築化 201
問題の探索 106
問題の捉え方 36
問題発見 14

や　行

役割獲得 121
役割期待 95
役割認識 46
役割への期待 25
役割モデル 59
養育困難 180
要約記録 151
抑圧 184
予測した仕事 60
欲求段階 166

ら・わ　行

ライフ・ヒストリー 44
ライフサイクル 37, 190
リスクのアセスメント 35, 40
両価的な感情 164
理論と実践をつなぐ 13
理論を応用する試み 5
歴史 187
レジリエンス 196
　──モデル 201
ロールプレイ 2, 131
ワーカーのジレンマ 94

著者紹介

渡部律子（わたなべ・りつこ）

1953年生。
1978年　関西学院大学大学院修士課程修了。
1983年　ミシガン大学大学院社会福祉学修士（M. S. W.）取得。
1988年　ミシガン大学大学院心理学修士取得。
1990年　ミシガン大学大学院哲学博士（Ph. D. 専攻：ソーシャルワーク・心理学）取得。
現　在　日本女子大学人間社会学部社会福祉学科教授。
主　著　『基礎から学ぶ気づきの事例検討会──スーパーバイザーがいなくても実践力は高められる』中央法規出版，2007年。
　　　　『ソーシャルワーク実践の基礎理論 改訂版』（共編）有斐閣，2007年。
　　　　『高齢者援助における相談面接の理論と実際 第2版』医歯薬出版，2011年。
　　　　『「人間行動理解」で磨くケアマネジメント実践力』中央法規出版，2013年。
　　　　『ケアマネジメントの進め方──利用者満足を高める100のチェックポイント』（共編）中央法規出版，2015年。
　　　　『保健・医療・福祉専門職のための スーパービジョン──支援の質を高める手法の理論と実際』（共編著）ミネルヴァ書房，2018年。

新・MINERVA福祉ライブラリー㉞

福祉専門職のための統合的・多面的アセスメント
──相互作用を深め最適な支援を導くための基礎──

2019年10月20日　初版第1刷発行　　　　　　　　　〈検印省略〉
2022年10月30日　初版第3刷発行

定価はカバーに
表示しています

著　者　渡　部　律　子
発行者　杉　田　啓　三
印刷者　江　戸　孝　典

発行所　株式会社　ミネルヴァ書房
607-8494　京都市山科区日ノ岡堤谷町1
電話代表　075-581-5191
振替口座　01020-0-8076

© 渡部律子，2019　　　　　　　　共同印刷工業・藤沢製本

ISBN978-4-623-08676-4
Printed in Japan

福祉政策とソーシャルワークをつなぐ

椋野美智子編著

四六判／264頁／本体2800円

主体性を引き出す OJT が福祉現場を変える

社会福祉法人京都府社会福祉協議会監修／津田耕一著

A5判／232頁／本体2500円

福祉は「性」とどう向き合うか

結城康博・米村美奈・武子　愛・後藤宰人著

四六判／244頁／本体2200円

地域の見方を変えると福祉実践が変わる

松端克文著

A5判／274頁／本体3000円

生活保護ソーシャルワークはいま

岡部卓・長友祐三・池谷秀登編著

A5判／252頁／本体2500円

子どものニーズをみつめる児童養護施設のあゆみ

大江ひろみ・山辺朗子・石塚かおる編著

A5判／304頁／本体3000円

―――――― ミネルヴァ書房 ――――――

https://www.minervashobo.co.jp/